FAXUE LILUN JIANGYIGAO
—— DANGQIAN DE FAXUE JIAOYU SHIWOMEN HULUELE SHENME

法学理论讲义稿

——当前的法学教育使我们忽略了什么

周　元／著

中国政法大学出版社

2019·北京

图书在版编目（ＣＩＰ）数据

　　法学理论讲义稿：当前的法学教育使我们忽略了什么/周元著. —北京：中国政法大学出版社，2019.12

　　ISBN 978-7-5620-9442-5

　　Ⅰ.①法… Ⅱ.①周… Ⅲ.①法学－理论研究②法学教育－研究 Ⅳ.①D90

　　中国版本图书馆 CIP 数据核字(2019)第 300861 号

出 版 者　　中国政法大学出版社

地　　址　　北京市海淀区西土城路 25 号

邮寄地址　　北京 100088 信箱 8034 分箱　　邮编 100088

网　　址　　http://www.cuplpress.com (网络实名：中国政法大学出版社)

电　　话　　010-58908285(总编室) 58908433 (编辑部) 58908334(邮购部)

承　　印　　固安华明印业有限公司

开　　本　　720mm×960mm　1/16

印　　张　　17

字　　数　　280 千字

版　　次　　2019 年 12 月第 1 版

印　　次　　2019 年 12 月第 1 次印刷

定　　价　　79.00 元

序
Preface

在法学教学中，理论法学的教学难度是比较大的。同时，教学也是对理论的一种运用，教师在教学中会不断重新思考自己过去所学，不断遇到新的知识和理论的冲击，不断接受法律实践的检验，对理论的认识会越来越深入，越来越清晰。这个过程从某种意义上说是痛苦的，更是快乐的。作者将自己在教学和研究中的所感所思集结为本书，与对法学理论有兴趣的同行们分享，这是极为有益的事。

作者是我的硕士生，后来师从孙国华教授读博士，在比较了不同法学流派研究方法的基础上，她对马克思主义法哲学产生了浓厚的理论兴趣。作者以自己教学中遇到的问题为线索，对我国法学理论教学中一些普遍流行的观点提出了疑问，并从法学研究方法层面作出了分析。可能是限于篇幅，作者对一些问题的分析还不够深入和系统，某些结论也显得过于简单甚至是武断，但我认为，她的观察敏锐、大胆，而且抓住了理论法学研究的核心问题——法学研究的方法。马克思主义经典作家的法哲学观点主要集中在法（权利）与利益的关系，关于法（权利）的本质的学说是它的集中表现，而科学认识法的本质的思想方法就是唯物辩证法。

法学理论体系中无疑要包括法的价值研究。公平正义是法律的旗帜。离开公平正义，所谓法律信仰就没有了价值依托。秩序也好，效率也好，都不能作为法律信仰的终极基础。因此，法学理论不仅要说明权利义务是如何分配的，而且要说明权利义务为什么要这样分配，以及应当如何分配。利益分析当然不是法学研究的唯一指向，但却是法学研究不可或缺的内容。即使是标榜"价值中立"的法学派别，其理论实际上也浸透着某些价值理念，并以此作为无须证明的理论前提。

去年是中华人民共和国成立七十周年，七十年来我国的现代化建设经历了无数艰难和曲折，终于摸索出一条不同于以往发达国家的道路。近年来，我国社会科学界开始研究这条道路的理论逻辑，反思西方主流哲学和社会科学理论在基本范畴和思想方法上的局限性和非科学性，并试图以后起国家，包括中国现代化建设的经验为基础，构建新的、更为科学的话语体系。在我看来，作为社会科学重要组成部分的法学，特别是理论法学也应当开始就一些西方主流理论的基础部分作出检视和反思了。例如，个人本位、意志自由、机会均等（权利平等）、契约正义等这样一些理念是否科学，能否成为法律制度的普世价值？"公权力"与"私权利"二元对立的思维框架是否真实的反映了人类社会制度演进的基本矛盾，又能否成为"法治"理念的基础？

马克思主义博大精深，研究马克思主义法学理论殊为不易。一方面，马克思主义经典作家并没有建立完整的法学理论，另一方面，以往对于马克思主义理论观点的教条化、片面化阐释又造成了学界对马克思主义的普遍误解。因此，作为后来者，必须发掘、认识和运用经典作家们的思想方法，继承、批判和借鉴现有的法学理论因子，在新的目标和条件下，建构当代中国的马克思主义法学理论体系。这是一项巨大的工程，希望作者能够在日常教学和科研的同时，始终保持对马克思主义法哲学的理论兴趣，把这项研究继续下去。中国特色社会主义法治理论和实践的探索，还有很长的路要走，也希望这本著作能为同行们观察和分析法学理论问题开启一些新的思路。

张曙光[1]

2020 年 2 月 27 日

---

[1] 原中国人民大学法学院法理教研室主任，现广东培正学院校长。

自 序
Preface

　　我自中国人民大学毕业后进入昆明理工大学法学院任教，担任法学研究生"法学理论"课程的主讲教师，期间短暂讲授过本科生的法理学课程。

　　从学生到教师，在与法理学打交道的 17 年里，对法理授课的难度和它在学生心目中的印象有诸多的体会与感受。在当前的法学专业教育课程体系中，虽然法理学在本科阶段被列为核心课程，但事实上这门课是很边缘化的，学生们对课程内容的接受能力很低。正是由于学生法理基础差的缘故，很多学校都在研究生阶段开设法学理论课程。

　　本来，法理课应当是法学专业课程中最能激发学生批判性思考能力、想象力以及对问题的敏感性的课程，但是，大多数学生对法理的印象不过是"枯燥无用"，对法理学概念的记忆无法使他们形成体系性的认识能力。加之社会、学校、家长、教师、学生们把学习和就业过早地、过于密切地联系起来，学生对司法考试（法律职业资格考试）愈发看重，而对应试价值不大、缺乏明显"职业""实务"面向的课程的关注和用心程度越来越低。由此，法理课被边缘化的趋势不断强化。

　　上述这种情况，跟中小学教育应试化、机械化的倾向有关，刚迈入大学的学生，很难转换思维方式，依然想通过强行记忆来开展"学习"。同时，现在的学生又"早熟"，以至过于功利地看待课程及分数对于毕业、就业的意义，抗拒深度探索，使法理学这门最为讲求思考深度的课程十分"不得人心"。甚至，很多大学教师也迎合眼下学生的特点和需求，以一种短视的、实用的态度来引导学生的学习和评价课程的价值，并认为法理与实践脱节。有些学校和教师想要通过调整法理课的上课节奏来解决法理课难以被学生所接受的问题，比如，原本于大一阶段上完全部法理课程，如今分为"初阶"法理课和"高阶"法理课，分别于大一和大二（或大三）来讲授。但是，这一"解决办法"并不能从实质上提高学生的兴趣和接受能力。

　　我在中国人民大学上学时，全部法理课均是在大一完成，我本人亦是通过中学式学习方法在应付这门课。本科期间我对它一直一知半解，甚至可以说毫无清晰的认识，却也不妨碍我对它产生兴趣并选择研读法理专业的研究生。我并未因"枯燥"而止步不前，这可能得益于自己并未简单地接受教材上的概念框架，而老师们多元化的思维让我在接受教育的过程中没有形成过于功利的实用性态度。

法学专业教育体现的"实用主义""实证主义"取向在无形中影响着教师和学生的认知。当前的法学教育有着明显的重心，司法审判过程中的法律适用是法学专业中的"显学"。然而，司法审判（法律适用）仅是整个法的形成和运作过程中的一个环节和一个层面，一旦大家的焦点主要集中在某一环节、某一层面上，就会忽视、漠视其他环节和层面，视野窄化、角度偏狭，进而导致对法律现象的认知变得肤浅。比如，近年来，法学理论领域最为热烈的争论就是"法教义学"和"社科法学"之间的争论。两大派别在方法论上的争论也包括对法学教育定位的争论。法教义学派展现明显的"司法本位"，认为社科法学的研究仅能作为法学教育和司法实践的补充性资料。社科法学派则强调社会学研究方法对于提升法学学生认识能力来说具有不可或缺的重要价值。在我看来，表面上，两者的争议很激烈，但实际分歧并没有那么大，因为二者的视野都比十几年前法学理论界"中国法学向何处去"的争议要狭小得多，更加"实证"化，阉割了广阔、有价值的研究领域。[1] 法学理论研究的深度和广度逐渐削弱，深刻影响到法理教学。

因法理思考肤浅化的影响，一些学者和教师在缺乏深度批判的前提下推崇西方法学理论和研究技术，甚而直接拿西方的"法治"标准来评价我国的理论、制度，造成很多问题。在这样的条件下，马克思主义法学理论研究和教学面临很大困境。一方面，能够深入理解马克思主义法学理论及其与西方主流法理念差异的教师不多，因为深入了解差异依赖于对马克思主义哲学、政治经济学和西方法哲学、西方经济学、政治学以及社会学、各国政治法律制度现实的贯通。另一方面，灌输性、重记诵的教育模式，使学生们甚至一些老师教条主义地理解专业概念理论和马克思主义的内涵，从而很难真正理解马克思主义法学理论的价值。

长期致力于马克思主义法理学研究方向的我，既不希望看到法理学价值被低估，也不希望看到马克思主义法学理论的价值被低估，因此想借由这本

---

[1] 参见附录2论文。

书来激发法学专业人士乃至专业以外的其他人对于法理思考、马克思主义法理学的兴趣，力图改变大家认为法理课过于枯燥的印象，同时，也不想牺牲理论思考的深度、严肃性，法理思考本身的严肃性使它在一定意义上必然是枯燥的，如果承受不了枯燥，也无法从中获得有价值的东西。能够使其变得不那么枯燥的唯一方式，就是尽可能激发大家的想象力。美国的社会学家米尔斯写过一本《社会学的想象力》，我想展示一种"法理的想象力"。除此之外，日本学者写的《青年们，读马克思吧》〔1〕也给了我非常深刻的印象，他们结合日本当下的社会现实问题为青年人解释马克思主义理论，让读者感受到吸引力。我国却少有作品能够做到这一点。我希望能朝着这一方向做一种努力。〔2〕

如何让习惯于应试化、机械化教育的学生深入理解重大的社会问题、时代课题、流行思潮的实质，很值得花一番心思。教育内容和形态需要革新，而切入点显得非常重要，深刻影响学生的接受程度。所以，我以当前法学教育给学生提升认识能力造成的阻碍、"损害"入手来开启法学理论课程，能力上的"损害"是与他们切身相关的，以此来告诉他们理论与现实并不脱节。以往，很少有教师会直接跟学生谈教育问题，很多老师秉承着教师教学（灌输）学生学习（接受）的理念，把教育等同于教学，认为学生不必了解教学如何开展。可是，我认为，学生作为教育参与者，如果能够让其深入理解老师从事教育工作的意义和教学内容、教学方式的价值，或许能够对他们自己为什么要接受教育、想要接受什么样的教育作出主动思考，对他们的学习取向、人生抉择产生积极影响。

至于为何明确地以"忽略了什么"作为线索来描述当前法学教育存在的问题，凝练我的观察、感受，源自我在 2016 年年末 2017 年年初那个冬天阅读的一本非法学专业的外文书带来的灵感。这本书提到，新闻很少会带领人

---

〔1〕〔日〕内田树、石川康宏：《青年们，读马克思吧》，于永妍、王伟译，红旗出版社 2013 年版。

〔2〕书稿完成后，我曾将它发给几位师长阅读，请他们提意见。有老师认为这本书的内容并未完全展现法理学的整个知识体系。在此，我想重申，我并非意在写一本教材，而是想做一种尝试，即如何通过教学让人们更好地理解马克思主义法学理论关于"法的本质"的观点。我认为这一问题是马克思主义法理学的核心问题，亦应是教学的重中之重。我接触到的很多人，从本科学过法理学的年轻学生到资深法学教授，很多人都未能真正理解这个问题，既说明它不是那么容易理解，也说明当前的教育对它的重视不足。

们去讨论一直不曾解决的问题及其根本性原因、问题解决面临的复杂性，而是让人们过度关注眼下的问题并将问题的原因归咎于懒惰、愚蠢、敌意，认为这些问题能够依赖某智者得以迅捷地解决。[1]忽略新闻报道内容以外的情形，会对人们的认知和感受产生很大影响。我读到这段话时在页边空白处写下了"忽略了什么？"来表达我当时的体会。于是，"忽略"这个词就深深扎根在我的心里，两年多来一直萦绕在我的思绪中，终于在 2019 年的暑假成型。说起来，那是一本纸质很轻薄、个头比较小、存在感有点儿低的书，曾一度在我外出旅行的途中滑落出行李袋，如果我在旅途中不幸丢了它，或许今天就不会有这样一本书，感谢它！

本书以作者讲授的"法学理论"课程讲义为主，讲义的内容架构和使用的案例在 2016 年已基本定型。该课程入选过昆明理工大学研究生优质课程，作为试点课程参与昆明理工大学实施的教育部、云南省教育厅"全面综合型"研究生课程改革试点项目并于 2019 年 3 月以优秀等级结项。讲义稿主体内容之前的导论，融合我就读博士研究生期间有关法学研究方法的研究[2]同我对当前法学教育和理论研究现状的体会。在讲义稿之后，以附录形式收录两篇文章，以作补充，包括我博士论文中有关刑法理论争议的讨论《如何理解四要件犯罪构成学说和三阶层犯罪论的差异》[3]（完成于 2011 年，附录 1）、刊载于《朝阳法律评论·孙国华教授纪念文集》的文章《论马克思主义法理学的使命——从孙国华老师留下的问题谈起》[4]（完成于 2018 年，附录 2）。

---

〔1〕 See Alain De Botton, *The News—A User's Manual*, Pengunin Books Perss, 2014, p. 54. 原文：What the news seldom bothers to mention is why things don't change very much; why great power and resources can't solve our difficulties at a stoke. It doesn't induct us with any degree of subtlety into the genuine reasons for calling decision 'difficult'. It leaves us instead to assume with mounting fury that every ongoing problem can only be the result of intense laziness, stupidity or malevolence—and could be solved in a few relatively decive and simple steps by someone intelligent and ingenious (perhaps the journalist herself).

〔2〕 参见周元："从犯罪论体系之争看法学方法论"，中国人民大学 2011 年博士学位论文。该论文未曾出版。附录 1 主要涉及刑法理论的部分内容，博士论文涉及到的其他内容如对西方方法哲学、法律实证主义的批判渗透于讲义稿中。

〔3〕 对收录到本书的内容作了一定调整，但基本保留了原文生涩的特点，主要作为参考资料提供给大家。在那个时期，去处理这么复杂的问题，显得有些自大，不过，任何成体系的观点都是从杂乱无章未成体系的想法中生长出来的。

〔4〕 参见周元："论马克思主义法理学的使命——从孙国华老师留下的问题谈起"，载《朝阳法律评论》编委会编：《孙国华教授纪念文集（《朝阳法律评论》特辑）》，浙江人民出版社 2018 年版，第 245～268 页。

能将学术上的志趣和教育上的体悟、期盼密切结合起来，着实是一件幸事。

此外，还需就脚注作一说明。有些脚注中出现未标明页码的著作，是我推荐的一些延伸性阅读的书目。另，讲义稿对《法理学》教材的引用，视需要交替使用人民大学版教材的两个版本（第 2 版和第 4 版），较旧的版本是我当年上学时用的版本，以兹对比。十一年间教材上的基本观点没有很大变化，如最新版无变化，则引用新版，如我认为新版的内容有需商榷之处，则采用旧版内容。〔1〕

若有疏漏错误，是我的责任。不足之处请大家指正。

周　元

2019 年 10 月 15 日

（2020 年 4 月 14 日修订）

---

〔1〕 参见孙国华、朱景文主编：《法理学》（第 2 版），中国人民大学出版社 2004 年版；孙国华、朱景文主编：《法理学》（第 4 版），中国人民大学出版社 2015 年版。

目 录|*contents*

导言　当前的法学教育使我们忽略了什么？

在书里，作者常常是努力说服他人接受他所思考的结果；而在课堂上，教师应努力向他人说明一个人是如何思考的，同时，揭示出当这个人思考有所得时，他的感觉多么美妙。所以，在我看来，教师应该把各种假设、事实、方法和判断加以明确。他不应该保留什么东西，而是应该让事情一步步来，并在给出他自己的选择之前，不断重复揭示所有范围内的道德选择。但若是以这样一种方式写作，则会非常枯燥，也不可能保持自我清醒。这就是为什么那些精彩的讲演印刷成书之后，效果不佳的一个原因。[1]

——C. 赖特·米尔斯

我的初衷是想要在这本书中尽可能保持讲义稿的原味，努力展示我是如何思考的。我认为，唯有如此，才能使有意研习法理的人们更容易进入我所讲述的内容。不过，为了避免米尔斯提到的"难以保持自我清醒"以及"频繁过度澄清"的问题，我也会尽可能地穿插一些带着"学术谨慎"[2]的总结性段落来梳理认识问题的线索和框架，这篇导言就属此类。读者可以根据自身的兴趣来安排阅读的顺序，既可以选择先阅读导言，也可以先进入"讲义稿"的阅读，或许，你在正文中碰到的疑惑，可能会在回顾导言时发现破解疑惑的线索。

---

〔1〕 参见〔美〕C. 赖特·米尔斯：《社会学的想象力》（第2版），陈强、张永强译，生活·读书·新知三联书店2005年版，第86页。

〔2〕 在我上学期间，曾遇到一位老师，他将"思想家"和"学术家"作了区分。我的理解，学术家是严格遵循学术权威承认的"学术范式"的那一类学者，而思想家是能够突破"学术范式"、具备强大社会洞察力的学者。我们未必都能成为"思想家"，但都需要突破既定思路的思考能力，去发现和解决"学术范式"不愿、不能发现和解决的问题。在后文的讨论中，还会触及到"学术家"与"思想家"思路不同的问题，这也算是本书贯穿始终的一条线索。

1

一、当前法学教育中存在的普遍性问题——"以规则为中心"

近年来，不同领域的学者渐渐发现当前的法学教育和研究中存在一个突出问题，即以现行的法律规则界定学科边界，忽视基础理论（哲学层面）的深入探讨。

英国证据法学者威廉·特文宁在他的著作《反思证据：开拓性论著》中，一针见血地指出，把证据学科的研究范围与证据法规则的范围等量齐观，集中体现了目前法学研究和法学教育中"以规则为中心"的阐释传统，这一传统的问题表现在这些方面：过于狭隘，缺乏理论根基，难以与其他类型的讨论相联系，过于关注某些问题而忽略其他问题，这种不平衡性带来误解和谬见，使人们对整体学科产生错误印象。[1]而问题的原因在于"法学研究已经将法律规范作为其起点……当代证据研究基本等同于证据规则的研究，正如法律推理的研究几乎被完全局限于有关法律争议问题的推理一样……这只不过是对法律规则的过分关注所带来的法学研究同以下两方面的双重分离：一方面是人文主义和知识传统的核心部分，另一方面则是法律实践的某些重要方面的现实和关切"。[2]针对法学研究和法学专业课程设置中排他性地关注法律规则的问题，特文宁提出"认真对待事实"的立场，认为"事实"值得受到与"规则"同等的重视，他用了一个调侃式的比喻来提出法学教育改革思路——把法学专业的学位定性为"事实学士"，更加开放地运用其他学科来研究法律、关注社会发展问题等与事实相关的课题，当然，这一创新性的看法毫无疑问会被很多认为"法学院只应该教授法律"的人士所反对。[3]虽然作为英国的证据法学者，特文宁关注"事实"的态度倾向与判例法重事实处理的传统相联系，但是他也着力提出"认真对待事实"对于培养学生高层次理解能力的普遍性意义，不应该"在没有一个恰当理论的基础上灌输技术"，局限于"确保即时可用的技巧方面的最低能力的需求"，而应该在正

---

〔1〕 参见［英］威廉·特文宁：《反思证据：开拓性论著》，吴洪淇等译，中国人民大学出版社2015年版，第1~3页。

〔2〕 ［英］威廉·特文宁：《反思证据：开拓性论著》，吴洪淇等译，中国人民大学出版社2015年版，第6~7页。

〔3〕 特文宁构造的教育改革及其认为的这种改革可能引发的争议很有意思，有兴趣的读者可以自行阅读，详见［英］威廉·特文宁：《反思证据：开拓性论著》，吴洪淇等译，中国人民大学出版社2015年版，第15~16页。

式的法学教育中"集中关注那些代表一种长期投入的问题，既关注理解也关注技能，关注可转移的技能而不是适用范围狭隘的技巧"。[1]在我看来，他希望学生能够在法学教育中更多地关注到法律与其他学科、社会各领域课题的衔接，而目前的法学教育使人们一头扎进"规则"中，会导致对法律问题的扭曲认识。

美国比较法学者威廉·B. 埃瓦尔德从"比较法的贫乏"中发现目前比较法学科的狭隘性源于缺乏哲学思考。流行的比较法模式，也就是他戏称为"电话簿方法（telephone-book approach）"主导的研究"集中关注实体性黑体字规则"，简单地将一种制度规则与另一种制度规则"相匹配（matching）"，逃避对历史和理论的研究，从而"有意"地排除了对影响制度规则产生、发展的政治、文化等因素的研究。[2]这样的研究，相当于将各国各地区的制度规则视为相类的纯技术规则，忽视制度规则创制和运作的社会环境差异、思想文化差异，很容易导致对他国制度规则的误解。在他看来，比较法学科之所以变得如此肤浅，原因在于，未能很好地思考比较法哲学问题，或者说抛弃了哲学，仅对"法律是什么"这个问题给予最粗浅教条的回答，也就是把"实体性黑体字规则"当成法律的全部，并在默认这一前提的条件下开展研究。[3]在我的理解，这种类型的研究其实是预设了一种"共识"——法律规则具有中立的"普适性"。

上述学者关注的主要是，遵循"以规则为中心"的标准来界定学科范围造成人们认识上的疏漏、偏差、浅薄。其他一些学者则关注狭隘的"法律人思维方式"给学生的人格所造成的不良影响。法学家、心理学家安德鲁·沃森表达了这样的观点："法学院的教育以某种有害于职业表现的方式，清晰地塑造着法科学生的性格发展……主要的性格学上的发展变化是变得'无情感'……明显的淡泊和情绪迟钝可被看成性格学上对基本感情的抵抗……这种玩世不恭是一种性格学上的反抗，它使人回避以内在的激发焦虑的能力来

---

〔1〕［英］威廉·特文宁：《反思证据：开拓性论著》，吴洪淇等译，中国人民大学出版社 2015 年版，第 22 页。

〔2〕参见［美］威廉·B. 埃瓦尔德：《比较法哲学》，于庆生、郭宪功译，魏磊杰校，中国法制出版社 2016 年版，第 117 页。

〔3〕参见［美］威廉·B. 埃瓦尔德：《比较法哲学》，于庆生、郭宪功译，魏磊杰校，中国法制出版社 2016 年版，第 82 页。

关怀别人的必要性。"[1]邓肯·肯尼迪指出：法律职业等级制，建立在极端的功能专业化和能力分化基础上，扭曲正义的观念。[2]这些学者的评论，针对的是美国法学院教育狭隘化与法律行业商业化共同促成的法律专业人士认识上与人格上的麻木。在美国，"法律职业共同体"体现着一种根深蒂固的意识形态，这种意识形态反映了也造就了共同体成员的精英特权地位，其正当性立基于"法治国"理想和法律专业的学位门槛，一方面，以限制政府权力、保障个人权利作为主导理念的法治观[3]塑造了法律职业特殊的、伟大的形象；另一方面，法律职业共同体为确保职业垄断地位而设置的学位门槛增加了法学（法律）专业高深神秘的感觉，维系其作为一个有较强独立性和政治力量的集团而存在。[4]大型律所主导的商业化律师业务市场使法律职业人员或有志于从事法律职业的人员把个人商业动机作为行动方针，法学院系教育中与商业化价值不符的内容就会受到挤压，最为关键的是，挤压的不仅是教育的内容，还有不利于商业价值目标扩张的理论观点。这样，法学院教育通过神圣化法律职业的地位，神秘化专业技巧来塑造"法律人"的社会等级和价值目标，使这群人专注于规则运用和庭审技巧、成本收益的功利计较，扭曲其对专业内容、职业导向的认知，阻碍他们对社会问题的深度探索以及作出恰当的价值判断、行动选择，狭隘的视野、碎片化的认识造成人格上的变化——变得冷漠、戏谑。"18世纪末，德国哲学家和诗人弗里德里希·席勒写道：'人永远被束缚在整体的一个孤零零的小碎片上，人自己也只好把自己造就成一个碎片。他耳朵里听到的永远只是他推动的那个齿轮发出的单调乏味的嘈杂声，他永远不能发展他本质的和谐。他不是把人性印在他的天性上，而是仅仅变成他的职业和他的专门知识的标志'但即便是席勒，也根本无法想象，一个世纪以后的个人和社会将会破碎成什么样"[5]如果"专业"教育通过造就单一功能性的"单向度的人"，造成人的破碎和人之间的等级分

---

〔1〕 ［美］博西格诺等：《法律之门》（第8版），邓子滨译，华夏出版社2017年版，第490页。

〔2〕 ［美］博西格诺等：《法律之门》（第8版），邓子滨译，华夏出版社2017年版，第500页。

〔3〕 这是西方主流法理念对于"法治"的唯一理解，其缺陷后文会讨论到。

〔4〕 参见［英］罗杰·科特威尔：《法律社会学导论》（第2版），彭小龙译，中国政法大学出版社2015年版，第198~202页。

〔5〕 ［美］马克·泰勒：《为什么速度越快，时间越少——从马丁·路德到大数据时代的速度、金钱与生命》，文晗译，中国政法大学出版社2018年版，第75页。

化,这样的教育意义何在?

前面提到的这些学者从不同侧面发现了类似的问题,国外学者提到的问题在我国的法学教育中是否也存在? 不同的人或许会给出不同的答案。我认为上述问题实实在在地存在,而且,在我看来,这些问题不但存在,还比较严重。[1] 把法学的"专业性"系于对现行法律规则的解读和操作,将法律视为具有"普适性"、神圣性的技术性规则,是当前法学教育和研究变得狭隘的主要原因。如果任这种"法学世界观"流行下去,法学专业教育很难再培养出有正义热情、社会责任感的学生和公民。

有人可能会说,上面提到的都是英美国家学者之言,而英美国家的法律传统、法学教育体制与我国不同,他们的学者所讲述的问题并不适用于我国的法学教育。我并未想过将别人身上存在的问题直接套用在我们自己身上,然而,在当前法律全球化、学术交流频繁、律师业务导向和律所管理模式趋同的背景下,无论是哪一个国家,法学教育和理论研究、法律职业发展都会受到当下富影响力的思想潮流的影响,我国也不会例外。重要的是,我们应该如何理解这些思潮的实质,批判和澄清其传播的偏见,消除其给人们的认识和人格带来的负面影响。另一方面,我国教育实践中长期存在的应试化、机械化、碎片化特点,也影响了学生们认知能力的提升,使他们难以脱离开教材的教条框框和记忆背诵的学习方式,更易潜移默化地接受"以规则为中心"立场的影响。

二、"以规则为中心"关注的是什么? 又拒斥了什么?

要说清楚"以规则为中心"的实质,就不得不回顾历史上一些具有影响力的思想观点。

英美法系的判例法传统,发端于令状诉讼程式,法律规则总结归纳自个案事实,不预先设定统一的实体性规则,缺乏严密的形式体系,这一度被倡导大陆法系式成文法典的学者视为缺陷。譬如,德国社会学家马克斯·韦伯把体现"形式合理性"特点、可为经济生活提供稳定预期的成文制定法(以

---

〔1〕 我的认识出于当下我对自身所接触问题的直觉感受。这一问题是否具有普遍性或足够重要,或许,不同的人有不同的观感。我之所以想要把这个问题摆上台面,目的就是希望将来这样的问题不再值得我们关注。这一问题毫无疑问是实际存在的,读者即使不能基于我的判断把这一问题作为时代的重大命题来看待,起码可以把我关于这一问题的讨论作为对特定现象的描述来认真对待。

法国民法典、德国民法典为代表）视为先进法律制度的模板，而在其看来，英美法的"形式合理性"不足，难以充分满足稳定预期的功能需求。韦伯的观点深刻影响了后世对何为法律先进特性的认识和判断，加之，大陆法（特别是德国法）的体系化理论和规则易于传播和学习、借鉴，因而后起国家不少都是以大陆法系的法律制度为蓝本来实现本国法律"现代化"的。〔1〕从自清末变法以来我国的法学理论和制度发展的历史来看，我国很大程度上借鉴了大陆法系传统，新中国成立后，苏俄传统的影响更深，苏俄传统在规范层面与德国法渊源颇深。〔2〕而从近些年的理论和制度发展来看：法理学方面，21 世纪第一个十年，风头很足的是自德国传来的"法学方法论"（作为该门学科传入国内之中介的主要是我国台湾地区学者），第二个十年，美国式经验实证主义法社会学呈兴起之势，两大潮流的发展促生了"法教义学"和"社科法学"之争；〔3〕从刑法理论来看，德国（日本）的三阶层犯罪论发挥的影响逐渐增大，虽然在司法考试中以三阶层犯罪论替代四要件犯罪构成学说的做法存续时间很短，但是如今在刑法学者和学生群体中，以三阶层犯罪论分析问题的做法已呈普遍之势；于民法学界，在民法典起草的过程中，关于我国民法制度应当参考德国模式还是英美模式的考量也一直是民法学者关注的重心，中国大陆民法理论多借鉴自我国台湾地区、日本，而无论是晚清、中华民国还是日本，其学习榜样主要都是欧洲大陆国家。因此，总的来说，我国的法学理论与法律制度，与大陆法传统相接近，学者们对德国潘德克顿式法教义学理论及其支撑的抽象概念、规则体系有着更多的偏好。

而大陆法系的这一传统特色，比英美法传统更有利于"法学世界观"〔4〕的建立和传播。大陆法理论，沿用罗马法概念，自概念形成体系，再以理论体系来形塑立法，法律制度很大程度上是形而上理论的产物。这种形而上的

---

〔1〕 韦伯关于"形式合理性"的观点以及此后以该特征标识"法律""法治"并将其宣扬为法律进化目标的观点，是一种意识形态，后文会详细涉及到这一问题。

〔2〕 这里所指的主要是形式特征、规范层面的承继性。并不是说苏俄理论与德国理论在思想方法上一致，也不是说社会主义法律制度的价值目标与德国法律制度的目标相同。大陆法传统和英美法传统的区分也主要限于形式特征。

〔3〕 关于这一争论的探讨见附录 2 论文。

〔4〕 耶林于 19 世纪就在《法学的概念天国》里批判了重概念理论、演绎阐释的法律实证主义。德国潘德克顿学派将法教义学推到极致。德国传统理论主要依赖潘德克顿学派的话语，如今在民法学理论、"法学方法论"中依然盛行，我国学界也受之影响。

理论割裂了连贯的社会生活，迫使人们将思维固定于某一侧面来认识事实。比如，物权和债权划分、所有权至上所导致的僵化思维无法融贯地处理日益复杂的现实问题，如今应用范围很广的信托既不能全然以物权来解释，也不能全然以债权来理解，造成理论和制度上的尴尬。再比如，三阶层犯罪论造成事实判断和价值判断之间错误的断裂，影响人们对犯罪行为性质的恰当判断。[1]立足于将各种事实特征的概念化、类型化，德国的理论显现出近乎"完美"的体系性，而在法学家主导立法的过程中，晦涩的理论成为制定和实施法律的指导，从而使法律制度深深印刻着理论的特征。但是，普通人几乎无法理解这种制度，概念理论体系只能依赖受过严格学术训练的学者来解释（这也是德国法学家在本国法律职业群体中地位较高的原因），从而使法律愈发显得神秘化和技术化。在这样的背景下，法学教育培养的是能够诠释抽象概念理论的法学家。比如，在以拉伦茨"法学方法论"为代表的理论中，所谓的"事实"是被理论概念化、被规则类型化的"事实"，目的在于使作为法律适用对象的事实"涵摄"于法律规则以及理论所构造的体系之中，方法论体系是解释规则的基础，这是一种通过抽象规则、理论剪裁事实的视角，集中反映了"法学世界观"——接受这种视角的人，习惯于忽略既定法学概念理论之外的信息和问题。反观美国，法律职业人员关注规则解读和实务技巧的偏好，更多是实用主义盛行的结果，出于迎合律师工作——赢得官司的需要。在鼓励对抗的司法制度下，法律规则往往只是工具，律师要的是对法律规则的现实理解，有时，更重要的是有助于"赢"的"法外技巧"，比如，如何选择更易于产生有利于己方结果的法官或陪审团成员，如何通过品行评价增加或减弱证人证言的可信度，如何"合理"地为不同的案件业务分配资源以换取最大利润等诉讼策略。德国理论创造了"法学世界观"，让人们信奉法学家解读法律的权威，英美的法学院教育制造了"律师的自信"，让人们信奉律师运用法律规则的技巧，"法学院的考试就是测试一个人即兴表演的能力……我不知道为什么要感到奇怪。我们的蔬菜是人工着色的，我们的口味是被强化的……律师的教育者又能有什么不同呢？一旦学生们学会做戏，他们就过关了……他们有了律师的自信，就可以面对世界了"。[2]两条道路，殊途同

---

〔1〕　参见附录1论文。
〔2〕　［美］博西格诺等：《法律之门》（第8版），邓子滨译，华夏出版社2017年版，第493页。

归，把专业人士的视野集中在现行的法律规则及其操作上，集中在法律适用环节上。

通观我国法学理论、法律制度的发展和法律职业的导向，可以说，在法学教育和研究方面，受大陆法思维影响更深，而在法律职业发展面向上，英美的影响更大。[1]这一格局，深刻影响着我国法学教育的定位、内容以及法学专业人群对本专业取向的认知。这两方面影响的合流，使得法学专业的学生采取功利性很强的态度来对待各门课程，并且拒斥表面上看起来与法律职业资格考试（就业技巧）没有直接关系的学科。不但学生如此，很多教师也不加甄别地迎合学生和市场的需求，认为法学院的教育尤其是理论化比较强的课程不应该与现实脱节，而应该服务实践（很多人把"实践"仅仅理解为与司法环节紧密联系起来的对具体案件的处理）。这种倾向造成的直接结果是，法学专业的理论课程十分不受重视，首当其冲的就是探讨法哲学问题、培养批判性思维、讲述历史的法理学、法律思想史、法制史等课程，这些课程被认为是无用的、与"专业"关系不大的。与司法环节相距较远、但又属于法的形成和运作过程关键环节的政治决策、立法和司法审判环节之外的法律实施效果、影响等也得不到充分关注，在专业教育中被边缘化。这就形成了一种恶性循环，越不关注，越不用心；越不用心，越不关注。长此以往，不但造成自诩"专业"的人对这些"受排斥"课程的浅薄化理解，还造成对法学专业定位的浅薄化理解。浅薄造就功利，功利造就浅薄，这样的环境势必造就出"玩世不恭"的人。若接受法学专业教育的学生们成长为这样的人符合我们的期待吗？问题出在哪里？

我认为，当前法学教育中最大的问题是理论教学未深入人心。[2]曾有一些学生向我提出疑问："为什么要上'西方法律思想史'这种课？国外的、历史上的学者，他们的思想观点又不能直接适用于我国，适用于我国当前的司法实践，学它有什么用？尤其是当律师，只需处理眼前的具体案件，西方法律思想史谈论的内容离现实太远了！"是真的太远了吗？难道不是因为我们过

---

[1] 定位于实务的法律硕士学位模仿的是英美法律职业人员培养模式。大部分法学专业本科生、学术型硕士研究生选择的职业走向与法律硕士并无很大区别，他们对法学（法律）专业的认识也基本相同。

[2] 我这里说的"理论"并非是前面那种崇尚概念体系的理论。

于武断地把"历时"和"共时"划分开〔1〕吗？生活在如今这个信息爆炸的时代，人们多偏爱关注"当下"和"未来"（不久的未来），对于"过去"，习惯于将之与"落后的""陈旧的""逝去的"划等号，仿佛社会永远是在以一种线性的、向上的路线不断发展，这逐渐成为一种流行的价值标准——过去的不再重要，无需重视。对于很多法律专业人士来说，重要的是现行法律规则的内容和操作方式，对法律制度的发展历程包括思想理论如何影响制度的生成、发展稍事了解即可，甚至不了解也无所谓。然而，正是"过去"框定了我们的思维模式和行动选择，不深挖过去，就无法弄明白我们现行的制度从哪里来，我们为何要承认和遵循它，为何这样理解它而不是那样理解它，未来又将如何发展它。丧失对"过去"的追寻，对当下和将来的追寻也必然是盲目的。或许，"落后"的艾玛拉语能给我们一点启示，"在英语及许多其他语言中，一般用于比喻'未来'的意像是未来在我们'面前'，随着时间的流逝，我们将进入'眼前'的未来，在艾玛拉语中，未来并不在人们的面前，而处于'身后'，过去反而处于人们的'面前'"。〔2〕我们现在承认为"共识"的东西以及遵循为"规则"的东西，都不是天生而来的，我们之所以承认这些共识、遵循这些规则是因为我们的认识框架、思维方式容纳了这些东西，我们为何容纳这些东西，我们又忽视了哪些东西，我们忽视的东西是否使我们丧失了一部分借以深入认识自己和世界的视角、通道，丧失了作出价值判断、行动选择的其他可能性？这是不是值得我们好好探索一番？想在这里借用美国社会学者米尔顿·M.戈登的一句话："这匹马既不知道自己曾经在哪里，不清楚目前在哪里，也不明白自己正在朝着什么地方奔跑，但是它仍继续奔跑着！"〔3〕这位学者批判的是美国的族群关系研究聚焦于琐碎问题而忽视社会结构的盲目性，我借用来是为了警示法学（法律）专业人群中弥漫着的同类型盲目。

即使作为普通的法律工作者，日常面对的都是琐碎的具体案件，也不意

---

〔1〕 关于粗暴划分"共时"和"历时"造成的问题，参见［英］安东尼·吉登斯：《社会理论的核心问题——社会分析中的行动、结构与矛盾》，郭忠华、徐法寅译，上海译文出版社2015年版，第2~3页。

〔2〕 参见［美］凯莱布·埃弗里特：《数字起源》，鲁冬旭译，中信出版社2018年版，第9页。

〔3〕 ［美］米尔顿·M.戈登：《美国生活中的同化——种族、宗教和族源的角色》，马戎译，译林出版社2015年版，第6页。

味着不需要关照宏观社会问题。在具体而现实的生活、案例中，总能发现那些阻碍人们生存发展的问题，如何解决这些问题，如何通过制度改革和社会变革来解决这些问题，需要对实现社会正义的条件和方式有深入的认识，作出合理的判断。盲目信仰权威或规则，带来的只会是肤浅与冷漠，保持批判性探索才能让我们尽可能地避免盲目，对社会不公更加敏感，更不容易变得浅薄、麻木，才可激发出人们从事正义事业的热情、责任与勇气以及从事法律职业的使命感。有人可能认为，只有信仰才能产生尊重，无需对现行法律作批判性思考。而我认为，信仰和尊重是两码事，不作批判的信仰，只会加深人们对法的工具主义的态度，今天可以信仰这个，明天便可信仰相反的那个，只有经过批判思考才能理解法所蕴含的价值标准，增强人们矫正社会不公的参与感，产生尊重和责任感。

三、为什么"以规则为中心"？为什么忽略规则以外的东西？

前文主要说明为什么法学教育"以规则为中心"的倾向是个问题。虽然在其中也提及了这一倾向形成的理论传统历史渊源，但是之前关于历史上思想观点的讨论仅限于"以规则为中心"及其阐释传统兴起之后的阶段，主要目的在于说明这一传统对当今法学教育的影响。本部分的讨论，会把这个近代以来才形成的传统放到更长的历史时期中来讨论，来说明为什么这一传统会于近代兴起，从而使法学研究和教育发展到今天呈现出"以规则为中心"的特征。

某部文学作品很生动地揭示出了"法律人"风格背后的哲学态度，到位辛辣的讽刺，给我极为深刻的印象：一位年轻女孩儿形容自己的父亲"思考、讲话和行事都是律师风格……他很喜欢引用圣多马的话'我只相信我看到的'……跟他谈灵感、缪斯、激情或者绝望毫无意义，比跟一面墙谈还要糟糕！因为面对一面墙，如果你对它用力大喊，你还能期望最终让它出现裂缝。这在我父亲那里是不可能的，他那颗被权利和义务轰炸过的心寸草不生"。[1]在我看来，"我只相信我看到的"说的就是实证主义哲学，"以规则为中心"背后的法律实证主义是实证主义的一种形态。

─────────

[1] ［西班牙］安赫莱斯·多尼亚特：《高山上的小邮局》，蔡学娣译，上海人民出版社2018年版，第36页。以权利、义务概念来看待世界，明显是法学世界观的表现。

在理解法律实证主义的特性之前，我们要尝试摆脱关于社会历史发展进程的线性观念，即认为社会历史一直是从低级到高级、从落后到先进、从原始到现代依照线性上升的路线进化的，不存在倒退，旧的绝无可能比新的更有价值。这种关于社会进化的思维，受近代牛顿物理学和生物进化达尔文主义的影响，认为生物在自然环境中的演变模式能适用于社会，人类及人类社会的发展必然受自然规律支配，而且这一规律是完全能够被理性所认识和掌握的。受这种思维的引导，以及资本主义时期西方国家社会财富迅速积累成为"发达"的代表，逐渐形成了一种以资本主义道路界定的"现代化"方向——仿佛与发达国家的经济、政治和文化制度统一起来，就能获得同样"发达"的结果。在这个预设之下，模仿经济发达国家的法律制度，学习其背后的理论，"自然地"被当作实现"现代化"的必要手段。前文提到的社会学家韦伯之所以有如此大的影响力，与他致力于挖掘资本主义经济发展的关键条件很有关系。在他看来，新教伦理、法理政治、形式合理性的规则对于资本主义经济发展具有重要意义——没有这些，资本主义经济没法取得令人惊叹的成果。西方当代学者感兴趣的命题，诸如民主、法治与经济发展的关系，多是从他那里挖掘资源，或者不如说，是以韦伯的理论来界定自己的命题。也就意味着，这些学者承认韦伯预设的立场（不管奉行所谓"价值无涉"的韦伯是否意识到自身的研究有明显的倾向性），在他们的视野里，民主、法治、经济的发展，都应当以资本主义模式为标准，不符合这一标准的，便要进行质疑。

资本主义制度被塑造为标准模式与18世纪、19世纪实证主义哲学的兴盛有密切的关系。实证主义仅相信可以看到、触碰到的对象，科学研究的领域也被限定在此范围内，而探讨世界本质、价值目标的哲学被驱逐出实证主义界定的"科学"领域。[1]在实证主义可及的领域，出于对人类理性的强大自信，相信自然规律包括社会发展规律都是可以被理性所掌控的。实证主义的流行，意味着只有现行的一切包括现行制度才可被视为科学研究对象，法律实证主义逐渐生成。法律实证主义或称规范法学，认为实在法律规则以外的东西不应属于法理学、法学考察的范畴，把法律制度的价值目标等重要问题排除出法学领域，将此类问题定义为非科学所及的，从

---

〔1〕 实证主义为何成为主流，与哲学的转向有关，后文会再进行详细讨论。

而把重心放在对现行法律规范的阐释上面。[1]法律实证主义的立场，极大地制约法学研究的目的、内容、价值取向——法理学、法学研究局限于资本主义社会当下的制度，倾向于反映制度的既有外部特征（优越性）。这一完全承认现行制度合理性的立场使其能够作为符合资本主义政治经济需要的意识形态。

而法律实证主义又脱胎于自然法学。从学派分野来看，法律实证主义与在它之前占据法学思想界主导地位的自然法学之间存在诸多分歧，仿若水火不相容，但这种排斥仅是表面上的。事实上，法律实证主义与自然法学的思维方法一脉相承[2]——这就是我们有必要回顾西方法哲学发展历史的原因。只有了解历史上思潮的变革，才能知晓法律实证主义所蕴含的政治立场、价值目标。依照我的研究和理解，我认为西方（法）哲学[3]的一脉相承集中

---

〔1〕 实证主义兴起后，在法学、社会学领域都占据主导地位。我们需要关注的不仅是法律实证主义，还需要关注社会学领域的经验实证主义。法社会学已成为法学领域的重要分支学科，当前的法社会学研究多深受经验实证主义的影响。法律实证主义模仿自然科学"规律"，用演绎推理的逻辑构建起法律体系的结构、层次，将不能收纳进完满逻辑体系的问题诸如法的本质、法的价值问题排除出法律科学，以显示自身的实证性、价值无涉。经验实证主义，以韦伯的类型社会学为代表，其对"价值无涉"的强调也因怀着对自然科学"模板"的憧憬。如今美国社会学界对数量统计十分看重，因其非常虔诚地遵循实证主义思路。在欧洲社会学界，探讨社会结构、阶级等问题的社会学理论依然存在，保有对实证主义的质疑，而美国对欧洲理论的承继，是实用主义的，几乎全然抛弃了欧洲理论背后深厚的哲学探讨。但是，如今，美国的社会学风格占据主流，对法社会学研究的影响更大。关于美国经验实证主义的缺陷，参见叶启政：《实证的迷思：重估社会科学经验研究》，生活·读书·新知三联书店2018年版。

〔2〕 关于法律实证主义如何承继自然法学，自然法学如何帮法律实证主义补台的问题，后文会讨论到。

〔3〕 在法律实证主义诞生之前，往往都是哲学家在讨论法学问题，那时候专业界限并不明确。专业精细划分是近代以后才出现的，是认识细致化的结果，但是，专业精细划分并不意味着认识能力的普遍提升。专业过细划分限制了人的视野和思考的全面性、深度。当今的一些学者已经致力于改变这种"专业孤岛"的问题。教育中也经常讨论到要提升学生的"跨学科"能力。实际上，这是个悖论，近代以前的学者基本不受专业学科所限，涉猎甚广，或许，他们在我们看来是"跨学科"能力很强的学者，然而他们并不会有"跨"的体会。不可否认，随着认识的细化，如今每个专业学科的知识信息量级都是很大的，使人们很难全部吸收，更难"跨"出去。但是，知识量的累积，只是量上的累积，并不意味着认识水平质的提高，认识能力提高需要包容、发散、创新的思想，没有批判思维能力，量的累积不能形成认识上的飞跃，反而还会成为认识的障碍。一度有人认为，把法学与其他专业学科包括哲学的问题混起来讨论，是法学幼稚的表现，法学要摆脱幼稚，就必须有自身专享的研究对象、研究方法。这种"法学幼稚论"依据的实际上是法律实证主义的立场。

反映在唯心主义历史观方面。[1]在我看来，唯心主义历史观有两个层面，一个是相信人类社会遵循的法则与自然世界的规律具有类似性质，人有能力对之加以充分把握并将之直接适用于现实，另一个是把"历史"和"共时"分割开，专注于眼下可感知事物的静态特征，并以此为起点分析社会的性质、制度的结构。

　　唯心主义历史观的流行，需要结合集中于认识和解决主客矛盾的哲学史来看。主客矛盾是千百年来哲学领域讨论的基本问题，对这一问题的解答影响人们开展认识活动和实践活动的目的、方式，影响人们对于自然世界规律和人类社会发展规律的认识，从而影响着人们对作为社会规范的法及其本质的认识。主客矛盾主要体现为思维与存在、必然与自由的关系：作为主体的人和作为客体的物质世界之间是否有本质区别，人的思维是否能与客体相统一，以什么方式认识客体是可能的，以何种思维方式推出的结论是能够被认可的，在承认客观必然性的基础上是否存在主体自由选择的空间。古希腊哲学着力探讨人与外在世界的关系，认为主客互为外在但又是可以完全相统一的，人类社会是自然秩序中的一个层次，服从某种不能为人所控制的客观必然规律，在此前提下，人在认知和道德领域具有一定的自由——求知的自由和践行的自由。古代哲学有两种传统 logos 和 nous，logos 认为人的主观理性与客观的宇宙理性相统一，nous 强调主体具有超越客观秩序的自由。[2]在近代以前，主客必然相统一是主流立场，主客矛盾并未突出出来。直到近代，这一断言受到质疑，为什么主客必然相统一？此时，事物为什么可知以及如何被认识的这一认识论问题突出出来，并引发越来越多的争议，从而使主客矛盾越来越显现出来。苗头从培根和笛卡尔开始，此时哲学家们对主客关系的认知依然停留在主体和客体具有外在差异上，机械地认为人可以通过一定方式取得对客体的真理性认识，达到主客统一，不同的是，培根坚持的"经验论"认为只有通过经验感知才能获得认识，笛卡尔的"唯理论"认为只能通过主体先天获得的理念才能推出真理性认识。面对二者的分歧，休谟提出所

_____

　　[1]　我的理解基于自己的博士论文。附录 1 为博士论文中的一部分，围绕四要件犯罪构成学说和三阶层犯罪论的差异进行阐述。我的博士论文以上述刑法理论问题为引来研究哲学方法论的问题，导言和讲义稿中处处渗透着的是关于哲学讨论的这部分内容，也包括博士毕业后我就相关问题开展后续思考的心得。或许，有些想法与多年以前完成的博士论文有所差异，但核心观点未改变。

　　[2]　参见刘英杰编：《作为意识形态的科学技术》，商务印书馆 2011 年版，第 67 页。

谓的因果律（客观必然规律）不过是通过经验感知获得的对于事物表象的主观理解，客观世界必然规律是否真的存在以及是否能被主体认识是不可知的。与此同时，休谟为了维护怀疑论的有效性，将认知领域与生活实践领域切割开，因为他认为在生活领域需要坚持一些相信必然的信念来引导行动。[1]至此，休谟扩大了主客矛盾，一是，在认识上，主体无从深入认识客体（尤其是客观世界的本质规律），另一方面，主体的认识和行动分属于两个世界，遵循不同的规则。自此，哲学界主要致力于解决上述矛盾。从康德、费希特、谢林到黑格尔、费尔巴哈，都是立足于主客某一端确定的概念范畴（自我意识、自我、绝对、主体、自然）出发去论证事物自身为什么可知和怎样可知，并试图为认知领域和实践领域确定基本规则，以求在更高层次上重新建立起主客统一，恢复认识和实践的统一。[2]在费尔巴哈之前，这一系列发展，都是在主观意识范围内进行的。近代哲学的高峰——黑格尔哲学，认为现实的社会发展道路是客观理性的实现，而其所谓的客观理性也只是主观理性所认可的某种"抽象规则"。如此，主观理性、自由意志成为解释认识问题、实践活动的核心因素，唯心主义历史观大行其道。

马克思主义对旧哲学的变革并非简单地"把颠倒的头和脚掉转过来"，而是着重关注主体主观能动性和客观制约性之间的关系，不局限于认识论问题，而把改变世界作为中心，将认识世界和改变世界结合起来。一方面，特定的自然环境和社会环境条件塑造着人们的需求、认识和行动；另一方面，人具有主观能动性，在思考行动的过程中，能够产生关于自然环境、个体和群体行为以及社会制度、文化的反思和反应，形成很多必然性的或意外性的结果，导致社会关系、社会发展进程不断调整、变化。人的活动、人们之间的互动始终是与对客观现实的认识、改造紧密联系在一起的，我们可以认识制约社会变动的主要矛盾、次要矛盾或关键因素、特殊偶然因素，有意识地调整我们的认识行动来化解矛盾克服困境，人的行动、社会发展受客观环境所制约，但并不为某种特定规律所支配、可直接预测。马克思主义认为应从人的活动的基础包括客观条件（自然或社会条件）、生理因素、心理因素来理解人，反

---

[1]　参见杨祖陶：《康德黑格尔哲学研究》，武汉大学出版社 2001 年版，第 105 页。

[2]　参见杨祖陶：《康德黑格尔哲学研究》，武汉大学出版社 2001 年版，第 7、98 页。关于德国近代哲学处理主客二元矛盾的发展进路参见该书第四章。

对片面地理解人。"自由意志论"往往剥离生活的客观制约,"社会决定论"则往往忽视主观能动性。以决定论、机械论、还原论的态度用生物有机体的生长趋向、个体行为特性、自然环境进化规律来比拟、理解人和人类社会,都会导致认识判断上的错误。无论是近代的唯理论、经验论,还是当代的实证主义、功能主义哲学,都在一定程度上具有机械论、还原论、决定论的特性。要么用先在的、先验的不证自明(总存在一个无须质疑的来源,如上帝、理性)的规则作为正当化人类行为、社会制度的标准,要么只关注可用具体事例或统计概率验证的"规律"(证伪即被推翻)——用以预测人的行为、社会变化趋势。这些思路,均以某种特定的认识方法限制研究的范围、问题的设置和评价理论科学与否的标准。因为哲学偏见,在持这些理论的学者看来,马克思主义理论是非科学的乌托邦理论,是对旧形而上学的沿袭,不可证伪。而从马克思主义的立场来看,上述哲学用简化的认识方法、规范标准来代替对现实问题的深入全面探索。

清楚了以上哲学史的发展线索,我们可以更切近、具体地看看法哲学的历史变化。在以斯多葛学派、柏拉图、亚里士多德为代表的古希腊哲学体系中,包含着带有浓重自然崇拜元素的朴素自然法思想。在社会生产力水平还比较低的时期,对外部力量的敬意使他们都认可人类社会应当遵从一种高于现实的自然秩序,无论是人的行为正当性还是城邦政治法律制度的正当性都取决于是否依照先天的自然法则行事。当然,不同思想家所认定的法则表现形式、具体内容,由他们各自所持的认识思路、政治道德观点而定:斯多葛学派强调人的理性是自然秩序的一部分,人应该遵从理性生活;柏拉图认为法律应遵从正义、善德,而对于他来说正义、善德主要体现为各安其分的身份等级秩序;亚里士多德从当时的政治法律制度经验出发,总结提炼一般性的正义原则,譬如,以公民对城邦的贡献来定义普遍的正义,将奴隶制视为天然的正义,他认为法律制度的目的在于保障城邦中全体人有德性的幸福生活。总体而言,在他们眼中,不管自然法具体内容是什么,自然法具有高于实定法的地位,不符合自然法的实定法是不正义的。

启蒙思想时代兴起的近代自然法学说,其表现形式类似于古代自然法理论,但其内核,逐步由向外转而向内。之前,在人们的观念里,自然秩序或上帝意志[1]控制人类社会的一切，指导人们的行动。而在牛顿物理学、工业革命大发展的情况下，人们似乎感觉到自己可以如上帝一般掌控自身的命运。于是，上帝的功能被逐渐转化（言说）为世界运转的最初推动力，当世界自行运转之后，上帝不再决定所有事务，而人既然生来具有上帝给予的神一般的理性，便可凭自由意志自主地决定自身的事务。[2]与此如出一辙，自然法学的话语把"与生俱来"的权利作为社会法则的正当性来源，坚守这与生俱来的东西被塑造为人的使命，现实的法律制度应有助于实现这一使命，如此才符合人的理性、自由意志的要求，具备不受质疑的合法性。剩下的就是遵守这些已被先天确定的规则了，若有的国家所建立的制度不以维护那些"与生俱来的权利"为首要使命，就需要对其进行"改造"——某种意义上是按照造物主的意志改造，因为赋予人理性能力、自由意志、与生俱来的权利的是造物主。不过，如今代替"造物主意志"形象出现的是"普适价值"。

古代自然法理论和近代自然法理论之间的一些差别，彰显出近代哲学、自然法理论的偏执。古代自然法更倾向于从社群的角度理解社会制度，社群有序，个人才能生活，将人的生活方式置放于社会中考虑，从社会关系的角度探讨良善生活的目标，认可人作出行为受制于一定的外部约束。而近代的自然法，则把人放在中心位置，个体的人被视为世间唯一的实在——"我思故我在"，人组成松散社群，只能透过个体的人来理解社群，社群不具有不同于个体的人的特性。一切向内看，不问外部约束，形成"权利优先于善"的个人主义、自由主义文化理想，即个人权利优先于良善生活的价值目标考量，权利首先被定义为个人凭意志作出选择的自由，至于个人选择什么行动目标仅是私人范围的事，社会关系不过是个人的目标、选择交错形成，社会如何发展取决于个人理性之选。古代自然法和近代自然法在对待社会历史问题时都是唯心的，认为社会发展必然遵循某种不可动摇的法则（不可动摇的法则往往不过是思想家自身生活经验的正当化），而相比古代自然法，近代自然法更重视自我内在的心理体验。

当人们觉得自我是世间唯一的理性存在，能掌控一切的时候，就需要一

---

　　[1]　中世纪神学自然法在这一点上尤为明显。近代自然法并未完全剥离这一特性。

　　[2]　关于启蒙思想时代的文化变革，可参考［加拿大］查尔斯·泰勒：《世俗时代》，英译：张容南等，法译：崇明，审校：徐志跃、张荣南，上海三联书店2016年版。

种适应个人中心、至高地位的思想。近代自然法理论即适应了这一变化。以一种切割历史的方式，塑造了个人超越历史的突出地位，构造出个体订立社会契约形成政治社会、授予政府权力以维护个人权利的模式，定下了近代以降西方主流思想家思考政治法律问题的框架。自然法学通过造物主赋予人"与生俱来"的权利，构造了一种抽象的普适"人"类型，构建了一种非历史的历史形象，把真实的历史与现实生活中的人隔离开，把复杂的社会关系与人的自由理想隔离开，仿若人天生如此，世道天生如此，关注当下就足够了。隔离了真实的历史和现实之后，只关注当下的实证主义、法律实证主义才有用武之地，才能被奉为信仰，被看作认识和解决问题的唯一途径。

按照一些学者的判断，从古代社会到近代社会，政治法律制度经历了从身份到契约的变革，从义务本位到权利本位的变革，是社会的重大进步。不否认这种变革有积极意义，更加尊重人的主体地位，但是，从另一个角度看，由于过度地抬高抽象个人的自由意志，忽视不同个体、群体身处其中的物质生活条件、需求、利益、认识的差异及相互间的矛盾，不可避免地形成一种更为主观、琐碎、偏狭的哲学思路，导致人们更加碎片化地看待人以及人之间的社会关系、人在世界上的地位。前面我曾提到，现在很多人只看当下，不关注历史发展的进程，缘于把"历时"和"共时"分割开。这始自资本主义发展、工业革命，为形成稳定的生产纪律和生活节奏，把一天划分为精确的时点，人们根据钟表来安排作息，往来重复的时刻尺度嵌入生活点滴。当眼下时刻成为生活节奏的中心时，人们首先看到的、关注的是眼前时空中的重复性碎片，无暇也无意顾及、追溯眼前生活领域之外的时空、人和事物，渐渐地忽略、感受不到历史的发展变化，丧失对社会问题的敏感性。[1]人们对时间、对随着时间流逝的事物的感知受对时间的认识、视角所限，特定视角又会经由感知而强化，铸成特定的思考模式。近代自然法学及之后的法律实证主义，正适应了人们这一思考模式。在先的自然法学，以唯理论、演绎法的方式，要求所有人所有社会遵循同一个基础性规则——个人自然权利必

---

〔1〕 在我看来，如今很多人热衷于穿越、异次元故事，陷入这些故事的话语体系，或许也是一种对眼前时间节奏重复单调的反叛，只不过，热衷于超现实、超时空故事的人，往往缺乏把握现实问题的能力，没有勇气也缺乏手段在现实生活中作出反叛。

须得到保障，政治权力以保障个人自然权利为宗旨，后继的法律实证主义则着力研究从上述普适性规则演绎而来的具体规则。

近代自然法到法律实证主义的发展，其所关注领域的变化呈现的是这样的脉络：自然法理论解决的是政治体制框架的问题，赋予资产阶级政治体制框架正当性、合法性，法律实证主义便能够抛去政治问题只讨论所谓的法律问题，只谈法律规则，并将法律规则视为与政治立场无关的、中立的技术系统。霍布斯、洛克、卢梭等自然法理论家虽然以推崇自然权利、社会契约为旗帜，但实际的关注重心是政治权力和社会秩序，以拥有自然权利的个人签订契约的方式解决政治权力来源、合法性的问题，合法性问题解决之后最关键的问题是政治权力的分配，三权分立理论由此而生，它并非是为权力相互制衡而生，而是为确定谁拥有权力而生。自然法理论实质上的功能是为资产阶级国家奠定政治架构，将其正当化——自然权利以个人私有财产权为核心，政治权力以保障个人私有财产权为首要准则，与此同时，建立了意识形态上的个人与国家（政府、集体）/私与公的对立、对抗以保护资本主义市场自由尽情释放，塑造的这一系列规范针对的都是政治权力运行的问题，而比政治权力运行更重要的政治权力由谁掌握的问题并未或不再提及，因为一切已经在契约的幕布后悄然确定。在政治权力归属已经确定的情况下，剩下的就是如何使用政治权力制定和实施法律以稳固秩序的问题了。所以，以奥斯丁、凯尔森、哈特、拉兹等为代表的法律实证主义学者的眼界逐渐集中在法律本身，而且关注的环节越来越细化：奥斯丁关注的是法律如何产生实效——主权者有权命令，臣民有义务服从；凯尔森描绘出一个独立自洽的法律体系，若干法律规范之所以成体系因其演绎（源）自同一个基础规范；哈特区分初级规则和次级规则，实体规则和程序规则，将守法环节与立法、司法环节相区分，将立法者、法官遵守的规则与一般人遵守的规则相区分；拉兹则更进一步细化研究具有不同特性、承担不同功能的规则——授权规则、禁止规则、义务规则、制裁规则等，并将法律权威系于司法环节，相信司法权威认定适用的规则才是真正的法律；在此之后，关注如何解释操作规则的法学方法（法律方法、法律论证、法律诠释）渐成显学。

研究视野、认识领域的变化，产生了价值目标上的转向，从自然法学派强调高于实在法的"应然"自然权利转向奥斯丁对实在法实效的"实然"的重视，再到凯尔森之后沉浸于实在法内在的"应然"——法律规范设定的人们应予以遵守的关于"应当做什么不应当做什么"的行为标准。如此，"法学世界观"产生，法律规则以外的问题，规则从哪里产生（自然法理论确定其为天生的）的问题，再所不论，无需再论，阐释法律规则指示的行为要求成为了中心，也就势必要承认实定法律规则设定的行为标准是"正当的"，是人们行为所依据的必然理由，逐渐形成了"以规则为中心"的倾向、范式。理论上的这种变革虽然带来了法律知识的精细化，但从观察视野的广度和深度来看，发展出来的是"只见树木不见森林"。将法律运行与价值问题（政治立场、价值诉求）相剥离，构建了一种表面上将法律与政治、伦理问题相隔绝的纯粹法理论，把法律打造为可依纯技术、形式标准操作的工具，这样一副面孔似乎与特定的政治体制、价值诉求无关，也意味着可普遍适用于任何政治社会，至此，在"普适性"包装之下，法律彻底"撇开"了政治性。然而，这不过是一个循环论证，法律普适性的营造立足于理论上隔离隐藏了政治性，而政治性的隐藏实际上反而说明其具有极强的政治性。

　　人类社会不存在"中立的""价值无涉"的纯粹问题，任何举措都会对人的思想行为、社会过程构成影响。法律制度也好，科学技术也好，一旦有人将其打扮为无倾向地、无差别地有益于所有人的东西，就应该对之有所警惕，盲目相信只会造成有害的后果。电影《蜘蛛侠4》中神秘客通过全息技术塑造了与真实世界不同的模拟幻象，虽然幻象是假的，却能通过逼真的效果改变人的认知和行为，他说：人们总要去信仰些什么，不论真假说出来都信。在动动手指就能够搜索到问题"答案"的时代，人们不愿费力探索，只想通过搜索到的答案简单化地理解世界和自我，在人们不愿意思考、缺乏思考能力之时，那些没有充实依据、不知所谓的信仰就会蔓延起来。搜索引擎的算法决定着我们得到的信息，技术并不如想象那般"纯粹"并能够为我们提供完整的信息，反而会根据我们的偏见来"提供"信息，从而造成人们认识上的进一步狭隘、肤浅，造就极端的信仰。法律实证主义对法的简化、表面化理解也塑造了人们对它的信仰，因为简化、表面化的理解不需要人们花费太多脑子思考，所以更容易得到传播和接受，当它变得流行，人们想当然地认为它是正确的。只有发生重大变故时，才会引发人们的反思，然而，不到位的反思，不能从根本上弥补缺陷。比如，当法律实证主义的合法性受到质疑的时候，又会找自然法理论来帮着夯实根基。在 20 世纪初世界大战期间，与法西斯政权亲和的学者，[1]将政治决断与法律规范割裂开来研究问题，无法全面深入地看待法的政治功能阻止破坏性的政治动荡，导致战后法律实证主义备受唾弃。此时，各种"新自然法"兴起，试图通过启蒙思想时期自然法理论中充满道德意蕴的遗产来解决冲突，把以往被摒弃的、被视为"非科学"的价值诉求导入单薄的法律实证主义。再比如，20世纪中期，美国社会矛盾尖锐、民权运动高涨之时，罗尔斯的正义论重启近代自然法的社会契约论工具来论证现行制度的正当性。在他的契约中，人依然是大写的、抽象的、以自我为中心的人，仿佛用某种"普适"道德情感装饰一下既定规则，就能赢回社会认同。法律实证主义和自然法理论事实上互为表里，相辅相成，始终用唯心的思路理解社会变化和法律制度的性质，共同组成西方社会主导的法理念，回避现实问题和自身缺陷。

改革开放以后，我国一些学者以排除政治对法的干预为由讨论我国法学理论的"去苏俄化"，导向自由主义[2]理论。在我看来，这些学者引入的主要就是自然法学理论和法律实证主义（或称"规范法学"）——以权利本位论、三阶层犯罪论等为代表，武断地把苏俄理论评价为"阶级斗争范式"主导的错误认识。但是，他们可能没有意识到自然法学、法律实证主义背后的思维方式带着政治意识形态因素，在引入这些理论的同时，不可避免地否定了苏俄理论承载的经验智慧包括运用马克思主义理论扬弃改造西方理论制度先进经验的价值。

如今，很多"法律人"的思考模式依旧沿袭法律实证主义路线，只重视现行规则，考虑如何操作规则用于具体个案，很少考虑规则形成和运作的社会条件、过程及其对不同个体、群体的影响。究其原因，一方面，在资本主义世界体系的影响下，商业化经济模式定下的节奏没有发生改变，反而越来

---

[1]　如今被致力于研究"法学方法论"的学者视为学术权威的卡尔·拉伦茨，避免不了与法西斯政权相亲和的质疑。可参考顾祝轩：《制造"拉伦茨神话"：德国法学方法论史》，法律出版社2011年版。不论学者本身的政治立场到底如何，是主动刻意逢迎还是被迫迎合，法律实证主义传统的弱点使其很难发现、反省、应对政治立场、价值目标错位造成的问题。

[2]　参见邵六益："法学知识'去苏俄化'的表达与实质——以刑法学为分析重点"，载《开放时代》2019年第3期。这篇论文虽然意识到了法学知识背后的政治思潮，但未能恰当地评价苏俄理论，其对苏俄理论的认识依然依赖于我国一些学者对苏俄理论的错误评判，没有在哲学上澄清争论中的真正关节。这也是我将自己博士论文中涉及苏俄理论的内容放在附录中的原因。我毕业于2011年，博士论文一直未出版，然而，直到今天，我论文中所述问题还未另见有人彻底澄清。

越快而碎，从事职业活动时在有限的精力范围内聚焦于直接可视的规则、个案似乎是"理性之选"；另一方面，在教育和研究中，对法学理论包括法律思想史的研究越来越狭窄浅薄，越来越少的人愿意突破学术权威确定的课题框架、学术范式，沉浸于现行学术规范治下的"舒适区""保守范围"，越来越难见学术作品中的思想性，大量的是围绕既有学术话语的规范性分析，当然，这一选择或许也是为了职业发展，更有效地进入、保持、维护被学术界认可的地位（在此，也可以看到职业评价标准对于教育者、研究者取向的影响）。

很多人对社会问题、法律现象的看法，关于"什么是法"的认识，均受前述视角、认识方法所框定、限制。如果不能很好地理解马克思主义对西方哲学思维方式的变革，不加批判地接受西方理论界主导的（法）哲学思路，就察觉不出其具有的致命缺陷，以具有致命缺陷的哲学思路来认识问题，将导致极为偏颇、肤浅的结论。特别是，在我们当前的教育还过度注重灌输（记诵）碎片化的概念知识点、讲求应试实用主义的情况下，会使接受教育的学生更加倾向于浅薄地认识问题，不作批判性深入探索，更易简单接受不当的思维方法，认同经由其得出的偏颇观点。

四、密切法的教育与哲学教育关系的必要性

法的教育并不只针对有志于从事法学（法律）专业和职业的人群，它具有公民教育的性质。当前，我们把法的教育区分为针对法学专业学生的学术型教育，针对法律硕士的实务型教育，针对高校学生的法律基础教育以及面对普通群众的法治宣传教育[1]，不可否认，针对不同群体的需求各有侧重是必要的，但过于界限分明的区别，体现的可能是对公民教育内在连贯性缺乏重视。法的教育在引导公民行为方面能发挥什么样的作用，才是检验教育质量的首要尺度。当我在写这个段落的时候，网络上曝光的一个事件正引发着热烈关注，让我感觉到改变浅薄化、功利化的教育任重道远。上海一女子横穿马路，警察严格执法要求其配合出示证件，她说"这个国家没有法律可

---

〔1〕　实践中，面对中小学生的法治教育通常以思想道德教育为主要内容，有些观念和做法与法治精神不符。譬如，有的学校在进行反校园欺凌教育时，要求学生尽量不惹事、不要把小矛盾激化为大矛盾以避免遭受欺凌。这种成问题的教育，与中小学教师、家长缺乏系统法治教育有密切关系。

言"，不但不配合，还在警察劝阻其时质问警察是否要当街强奸她。[1]事后，该女子在网上发帖诋毁执法警察。经处罚教育后，该女子也意识到了自己的问题，觉得自己所作所为是情绪化的表达，因此前未碰到过这样的事，应当以同理心来理解执法人员的工作。仅以其语言表达的用词来判断，看得出来，她是受过高层次教育的，但为何她对法的理解如此浅薄？会作出如此"反智"的举动？

"反智"行为越来越多，不是仅存于我们国家的现象，有位美国学者认为美国正处于反智时代。她认为新闻媒体、信息技术要承担很大一部分责任，新闻偏向于报道有争议、吸引人眼球的极端化事件，信息文本的高频交换替代了需要维持长期注意力的深度阅读和对话，娱乐化的虚拟世界如电子游戏的积分奖励刺激让人们回避真实的成长，而真实的成长需要处理更多更难以克服的挫折，"万物视频化是信息娱乐产业的利益之源。通过电脑和互联网，人们能获得前所未有的丰富信息，由此而来的一种错觉是，动动鼠标就能检索到文本和数字的能力似乎也带来了判断真伪的能力，这种幻觉当然不只出现在美国，但在偏好用技术答案来解答非技术问题……的文化中，它的危害尤为突出，伤害以愉悦为目的的阅读，伤害批判性思维，让孩子们获得用于评判面前屏幕上的文字和图片的可信度的智识的教育严重缺乏。"[2]这些因素让人们变得无知，愚蠢的标准不断降低。当然，美国的问题，与其充斥着"表演"的政治氛围有密切关系，但是，信息媒体在改变人们认知的过程中发挥的作用是巨大的，影响到所有人。自媒体的发展，使每个人都成为信息生产者，审查真伪、深度挖掘信息的中介虚化，适应于图像展示的全屏设备使信息接收者直接面对屏幕上未经审查的即时信息，没有距离的观看，没有时间的缓冲，会很容易作出未经思考的评价，这可以说是一种将"历时"与"共时"分割的新方式，因其切割的高频率，使人们的认知更加碎片化、零散化。有质量、有深度的理解需要有距离的观察，需要联系历史的、相关的各领域素材来探知事物。然而，在目前这种媒体网络生态下，严肃、稳定的公共讨论难以成型，个体叫"不"的声音更吸引注意，塑造出来的是缺乏政治

---

〔1〕 参见"执法实录"，载 https://m.weibo.cn/2493592183/4388604127826290，最后访问日期：2020 年 4 月 13 日。

〔2〕 ［美］苏珊·雅各比：《反智时代：谎言中的美国文化》，曹聿菲译，新星出版社 2018 年版，第 15~16 页。

判断能力、难以凝聚政治共识及力量的人群，这一流行的技术化生活方式适应于分散化的新自由主义意识，个体越来越原子化，使自我剥削成为更有效的经济剥削和政治压迫方式，但人们却不自知。[1]

从上述事件中，我们能体会到，信息社会媒体生态、网络技术发展给人的培养带来很多意想不到的阻碍，教育如何能培养出有判断力、可以抵御负面影响的人，是非常值得深思的课题。我想在这本书里谈论的不仅仅是法，更想谈论的是教育。就像前面提到的，我们不能把法律视为纯粹中立的，也不能把媒体设备和信息传播技术视为纯粹中立的，它们都是在特定的社会条件中产生、发展、应用的，不能脱离开社会的经济政治文化结构来考察它的影响，更不能全然地相信依赖它，否则它们不但不能用于解决冲突，反而会使我们进一步陷入困境。

为此，教育有必要帮助人们摆脱简化、肤浅的认识习惯，形成具有批判性的思考能力，这意味着要扭转人们惯常的思维方式。一般性的宣传教育是无法解决人们思维方式上的问题的，深入的哲学教育才能应对这一问题，良好的法学教育、法的教育也脱离不开哲学教育，如我前面所说，没有批判就没有尊重。而要让人们更好地接受哲学教育，就有必要创造教育的亲和性。亲和性并不意味着压缩理论的深刻性，关键在于引导大家从多样的感性材料出发，以探索、批判的姿态从不同的角度、将"历时"和"共时"的经验结合起来检讨当前多数人接受的"常识""共识"是否合理。写到这里，我感觉到"当前的法学教育使我们忽略了什么"这个标题似乎也并不全然恰当，教育也是人来做，身处特定历史时期、社会条件中的人在认识上的盲点、偏见会导致教育内容、方式产生特定的问题。

与很多试图全面探讨法理学问题的著作、教材不同，这本书并不以描述法的定义解答"法是什么"或"法律是什么"[2]开头，不从总结实在法律的一般性特征出发（按照法律实证主义的观点，法的定义理应是对法律一般性特征的总结），而是将"什么是法"作为整本书致力于回答的一个核心问题。或者，更确切地说，我想要讨论的是"如何认识法的本质"这个问题。因此，

---

[1]　参见［德］韩炳哲：《在群中：数字媒体时代的大众心理学》，程巍译，中信出版社2019年版，第22页。

[2]　法和法律是有区别的，是否区分二者也能体现出思考的视角、方式。

我将尽可能地结合各种与法相关的素材以刺激大家对法的理解而不是束缚于法律本身的某些特征来限制大家对法的想象，最后再结合批判探索过程中形成的体会感受来作理论上的总结。

基于上述安排，我并未提前总结全书各章节的内容，我期望以下的探索更像是漫游，或许，只有在漫无目的冲撞中，我们才能意识到我们以往忽略的东西。在漫游的过程中，我们会接触到前文中提到的一些主题如"以规则为中心"的思维模式、自然权利学说、社会契约论，将会以结合具体案例、事例的方式加以更细致的探讨，并将其与法理学中的一些基本问题，如权利、义务、权力及它们之间的关系放在一起研究，看当下流行的观点是否偏颇，怎样阻碍人们对现实问题的全面认识。与此同时，也会讨论一些前文未专门提到的主题，如西方经济学理论与法治理想的关系，这些主题与已提到的主题有密切联系，自然权利学说、社会契约论所建构的个人权利高于国家权力的地位、公私划分的哲学意象是西方法理念主导意识形态的重要成分，是适应资本主义自由市场的要求而生的，弄不清楚资本主义社会经济现实和西方经济学理论的实质，就弄不清楚其政治法律理论、制度的实质。对西方法理念开展批判，深化对马克思主义法学理论的理解，不能脱离开对上述一系列相关主题的探讨。而这些主题相互交缠、错综复杂，很难将它们的关系在一个单独的部分中说清楚，希望读者经历全书漫游之后能对我提出的问题（而不一定要对我就这些问题作出的解答）略有感悟。

法理思考对于克服"以规则为中心"倾向的作用

导言部分专门讨论了法学教育中"以规则为中心"的倾向及其产生的原因。正是因为接受了"法律无非是规则"的观念，许多人认为法学（法律）专业的目标就是培养学生操作规则以适用于具体案件的技能，并把这种技能定义为法律职业能力。

囿于上述视界的人常常会提出疑问：法理有什么用？有什么实用价值？这也是学生经常会问我的问题，他们所谓的"有用""实用"，主要问的是对于案件审判定罪量刑有什么用。无论是在课堂上面对学生，还是透过这本书面对读者，我都得先说一句，或许要让大家失望了，我无法直接回答法理到底有什么用这个问题。我反倒是想先提醒大家仔细琢磨一下人们为什么喜欢轻易地问出这种问题，为什么会期待提出这种问题后能从别人那里获得一个简明的答案。

举个例子，曾有一位美国司法系统官员受邀来我所在的学院访学讲课。[1]这位官员在顶尖的康奈尔法学院（Cornell Law School）获得 J. D. 学位，兼具实践经验，他前来授课可谓是给了学生们一个近距离感受美国法学教育模式的良好机会。他采取的教学方式是，预先布置案例和讨论提纲，课堂上提问交流。然而，在课程进行过程中，真正阅读过案例文献的学生寥寥，交流很有限。直到课程结束时，有学生提问：美国大学法学院的学生都是怎样学习的？这样的提问真是让人很难回答，相信任何一位有深度的老师面对它只能有哭笑不得的感受。在我看来，这"惊人的"一问不只能反映学生们的心态，也能反映时下社会上很多成年人的心态。看看市面上的"成功学""心灵鸡

---

[1] 2017 年 3 月，美国佛蒙特州前总检察长、佛蒙特学院客座教授 William H. Sorrell 到访昆明理工大学法学院，在"法学理论"课堂上为学生授课。

汤""励志宝典"以及各类"简明手册"式的书籍，更别提乘着知识付费经济的东风向不读书的人贩卖伪文化的那些自媒体文章了，标题通常都是"X分钟带你读完这（几）本经典作品"。为什么会有不少人为此买账？因为都想找到捷径，似乎成功的目标是既定的、有形的、普适的，总是存在固有的捷径，不依捷径走向"成功"不能算是"成功"。由于功利心和浅薄认识作祟，以及"成功励志"故事营造的迅速提高竞争优势的氛围，使很多人失去了通过亲身感受冒险探索来应对自身面临困惑的兴趣、动力、毅力，只想通过立时的"提问-作答"来快速解决困惑。[1]无论是关系多数人的社会问题，还是我们每个人人生中的困惑，都不是可简单轻易解决的，困惑的原因，解决困惑的办法，困惑随主观客观条件的改变会产生怎样的变化，这种种问题，都不存在简明快捷的答案，都需要在不断的探索中一一应对。简化的问题与答案只存在于不切实际的信仰和话语中。《这是真的，我在一本书中读到过》[2]的作者就对这种氛围进行了讽刺，时下很多人没读过几本书，却总是简单地信以为真，不加批判地直接拿自己读过的东西作为依据来支持某一立场。没有广阔深入的探索，缺乏具批判性的思考能力，偏见、误解、虚假之事就会被当作"常识""理性""知识""共识"，根深蒂固，难以改变。当社会需要变革的时候，保守的"常识""理性""知识""共识"常常会成为阻碍，造成问题久拖不决，直至拖向深渊，突破性的洞见、创新却受到阻碍，缺乏土壤滋长。我们应该培养一种能力，让我们懂得如何去打破、纠正实际上可能是偏见、误解的观念和做法。

问出"法理有什么用？"这样问题的人或许就是带着对法理的偏见、误解来的。面对这个问题，我无法提供简明的回答，也不想进行过于理论化的说教。既然很多"专业人士"质疑法理无用是基于它不能为处理具体案件提供什么帮助这一理由，我的建议是，不如大家先感受感受，体会一下在司法判

---

[1] 可以回过头看看我在序言中提到的给予我灵感的那段话以及导言中关于信息媒体发展负面影响的论述。我们面临的社会环境尤其是信息制造、接收方式使我们鲜少费力探索问题的真正原因，同时缺乏耐心，总是怀着快速解决问题的期待。这种氛围不仅不利于提升个人的认知、公共讨论的质量，也不利于复杂社会问题的恰当解决。

[2] ［法］巴斯卡尔·博尼法斯：《这是真的，我在一本书里读到过》，张弛、楚镔译校，中国社会科学出版社2019年版。

决中讨论理论问题乃至哲学问题[1]有何特别之处，来思考充分说理需要怎样的能力，法理对于培养这种能力又有何种价值。

一、一份引起争议的判决书

（一）判决书讨论了哲学问题

2013 年于某水利用 ATM 机故障恶意存款跨行取款盗窃银行资金的案件，被称为惠州"许霆案"。针对该案作出的刑事判决书（2014）惠阳法刑二初字第 83 号则被誉为"伟大的判决"。[2]这份判决书是否称得上"伟大"，各人可能都有自己的评判。我关注这份判决书，并不是想要对其作出的定罪量刑结论是否适当进行质疑。在"许霆案"的争论中，学界和实务界对此类行为

---

　　[1]　我认为，法理学的核心是法哲学，我在本书探讨的问题都可以落入哲学范畴。有时，人们对法理学和法哲学之间作区分，无非是表明不同学者研究方向、领域、重点上的差异。信奉法律实证主义的学者，可能才会严格区分法哲学和法理学。

　　[2]　"一份被称为'伟大判决'的惠阳'许霆案'判决书——于德水盗窃案刑事判决书"，载《中国案例法评论》2015 年第 2 期。基本案情（法院查明事实）：2013 年 10 月 30 日 20 时 30 分许，被告人于某水用其于 2013 年 9 月 19 日开设的邮政储蓄银行卡（卡号为 6210. ...... 7728），到惠阳区新圩镇塘吓宜之佳（原创亿）商场旁的中国邮政储蓄银行惠州市惠阳支行（下称惠阳支行）ATM 机存款时，连续 6 次操作存款 300 元，现金均被柜员机退回，于某水发现 ATM 机屏幕显示"系统故障"，且其手机信息显示每次所存的钱已到账，账户余额相应增加，于是其尝试从该 ATM 机旁边的农业银行 ATM 机支取该邮政储蓄账户的 2000 元和 1000 元，获得成功，其确认上述所存的款已到账后，遂产生了恶意存款以窃取银行资金的念头。于是于某水返回上述邮政储蓄银行 ATM 机，连续 10 次存款 3300 元，并到附近银行 ATM 机分三次支取 15000 元和转账 5000 元后再次返回上述邮政储蓄银行 ATM 机，连续存款 5000 元 1 次、9900 元 3 次、10000 元 3 次，至 2013 年 10 月 30 日 21 时 58 分 59 秒，于某水共恶意存款 17 次，存入人民币 97700 元，接着于某水到深圳市龙岗区其他网点对该账户内的存款进行支取和转账，至次日 6 时 28 分 10 秒共将存款 90000 元转移并非法占有。2013 年 11 月 1 日，惠阳支行工作人员清查核算数据时，发现账实不符，后查明系该行位于惠阳区新圩镇塘吓宜之佳（原创亿）商场旁的 ATM 机发生故障，客户于某水利用 ATM 机故障多次恶意存款，获取该行资金所致。同月 4 日该行联系于某水无果后报警。同年 12 月 12 日于某水在湖北省襄阳市樊城区太平店镇其家中被公安机关抓获。至同年 12 月 15 日止，于某水及其亲属通过转账和汇款方式将人民币 92800 元转入其卡号为 6210. ...... 7728 的账户，退还给惠阳支行。另查明，惠阳支行位于新圩塘吓宜之佳（原创亿）商场旁的 ATM 机因设备故障，于 2013 年 10 月 30 日 19：55：48 至 31 日凌晨出现异常情况，用户在该 ATM 机上进行存款交易时，用户确认存款信息后，系统入账成功，用户账户余额增加，而自动存取款机却没有将用户递交的现金收入钞箱，而是直接退回给了用户。判决后，检察院抗诉。抗诉事见人民检察院信息公开网，https://www.12309. gov.cn/12309/gj/gd/hzs/hysa/zjxflws/201509/t20150914_7004536.sh-tml，最后访问日期：2020 年 1 月 14 日。在惠州中级法院在审理过程中，惠州市人民检察院认为抗诉不当，向惠州中院撤回抗诉。惠州中院，依法裁定准许惠州市人民检察院撤回抗诉。惠州市惠阳区人民法院（2014）惠阳法刑二初字第 83 号刑事判决自裁定送达之日起发生法律效力。

的定性有诸多分歧，但是在该案终审改判后，针对类似案件如何定罪基本上也算是有了一定的共识。我关注惠阳这个判决的原因是，它做到了作判决时应该做到的一点，或者说，法官作为一名法律职业工作者理应做到的一点：尽量去说理。从这一点上看，这份判决书谈不上伟大，只是保住了确保判决质量的底线。我们通常看到的判决书，往往只是对查明事实和法律依据的罗列，最终给个结论，极少有法官会在一份判决书中花费大篇幅去讨论犯罪因何而生，刑罚有什么目的，当事人为何会作出这样的行为等诸如此类的问题。更确切地说，我之所以对这份判决书抱以关注，不仅是因为法官努力去说理，而且因为他谈的是实实在在的哲学问题。作为法理研究者，哲学问题才能强烈刺激我的神经。在这里，我也不过多引述判决全文，仅引用其中两个令我感兴趣的段落作为研讨的素材。

段落 1：

"综观本案前行为合法后行为违法的全过程，我们认为，被告人犯意的基础动因在于一念之间的贪欲。欲望人人都有，眼耳鼻舌身意，人有感知就会有欲望，所以欲望是人的本性，它来自于基因和遗传，改变不了，因而是正常的。欲望本身也是有益于人类的，没有欲望人类可能早已灭绝。与此同时，人作为社会中的存在，欲望必须得到控制，必须被控制在合理范围之内。我们知道，许多犯罪尤其是财产犯罪的最初（甚至是唯一）动因就是贪欲，当然在极端情况下，如严重冻饿、危及生命时，可能还有其它动因，但是属于例外或极少数，这里不予以展开。对财产犯罪科以刑罚，目的就是通过报应和预防两种方式，将人的欲望控制在一个合理范围，不让欲望演变为贪欲而危及他人利益，以维持社会的正常交易秩序和人类正常的生活秩序。所以，从这个层面来说，必须对被告人处以刑罚，通过惩罚和警示，将被告人以及有类似想法和行为的人的贪欲限制在一个正常合理的范围之内，以防止犯罪行为的发生。"

段落 2：

"对被告人个人生活状况等其它方面的考虑。被告人于某水的父母早已病亡，其与几个姊妹相依为命，生活困苦，不然，他也不会早早辍学外出打工谋生，以他的初小学历和人生经历，可以肯定，他对法律及其行为后果不会有高度清楚的认识，更不可能对这一法律界都存在争议的案件会自认为是盗窃犯罪。既然他不可能明确辨认自己的行为及其后果，我们也可以想象，对于一个穷孩子来说，几乎是从天而降的钱财对他意味着什么！我们不能苛求每一个公民都具有同等的道德水平和觉悟。同时，被告人取了钱带回老家，除了给弟弟一些钱，剩下的也一直不敢乱花，这说明他对社会管理秩序还是心存畏惧，被抓获之后，被告人随即全部退清所有款项，我们觉得，这孩子仍心存良知。基于上述事实和理由，本院认为，对被告人判处刑罚并宣告缓刑的量刑幅度，是适当的，能够达到刑罚报应与教育预防的目的。"

我首先想提的一个问题是，怎么看待"欲望人人都有，眼耳鼻舌身意，人有感知就会有欲望，所以欲望是人的本性，它来自于基因和遗传，改变不了，因而是正常的"这段话？欲望、人性是千百年来哲学家们都喜欢谈论的话题。暂时抛开在判决书里谈论如此形而上、很难定论的玄妙问题是否不适宜的疑问，我想要追究的是"欲望人人都有……是正常的"这样的预设具有什么功能？换句话说，以这样的预设开头会对我们关于犯罪的认识形成什么影响？是否会导致不恰当的理解？

这不是我随意问出来的一个问题，我之所以在这里问这个问题，基于两方面原因：一方面，此处的预设与后面我们会讨论到的西方自然法、自然权利学说"人人生而自由平等""与生俱来"的预设异曲同工，与将"法律面前人人平等"假设为既定事实的做法[1]也相类似；另一方面，我们在日常生活中也常常会听到用这种"人人……"句式开头的措辞作为演绎结论的前提、依据。因而很有必要讨论这样的说辞是否有不妥之处？

第一，欲望是不是天生的？法官认为欲望是基因决定的，基因是天生的，欲望也是天生的。在以往的讨论中，有学生也很赞同法官所言，认为欲望是本能，就像人天生就要吃喝要生存一般。哪怕是人要吃饭这种看似出于本能的欲望也受客观因素制约。人能吃到什么食物、能用什么手段找寻或制造食物等，都受制于社会生产力水平、自然条件、人口增减、劳动组织、成果分

---

〔1〕　这里并不是说作为价值目标的"法律面前人人平等"原则本身有什么问题，而是指有些人简单化地理解"法律面前人人平等"，譬如，认为现行法律已经实现平等，法律形式上的平等即是平等，类似这样的观点。

配模式等多种因素，这些因素会对人的思维方式、欲望的内容、实现欲望的手段构成影响。我们的习惯行为、认知模式，也受制于从出生起自小到大与周边的人和环境之间的互动，在文化熏陶和教育、习得规范的过程，不断演变。人的行为选择，都是在人与客观环境的互动中产生的，很难说存在着完全是天生的东西。

既然如此，那么，我们又能在什么意义上得出"欲望是天生的"的结论？

第二，用主观欲望解释行为合理吗？法官表面上只是用"欲望"来解释主观上的"犯意"，但他在使用"人人都有欲望"这个"自然"预设时，就相当于已将其作为解释行为或犯罪行为整体的一个基本前提，既然欲望是人天生的，本能是内在于人的，说行为产生自欲望本能就相当于用一种抽象的主观因素来解释行为人为何如此行为，这种解释是否科学？其实，这涉及哲学上非常重要的争论，关涉主客关系的问题，[1]随之而来的，在关于如何认识行为的问题上便有决定论和自由意志论的争议，一个人的行为是受客观条件决定的——决定论（决定论可大致分为两类，一类是社会决定论，一类是生物决定论），还是说个人可凭主观意志自由来抉择行为——自由意志论。在刑法理论发展史上，决定论（主要是生物决定论）和自由意志论的争议尤其突出，犯罪行为是受基因、天生人格决定的还是自由选择的，关系着对行为人责任强度和刑罚目的的认识。[2]

曾有人跟我讨论过一个问题："控制了面包是不是就能控制思想？"他谈的就是决定论的问题。如果用决定论的方式来理解客观物质生活条件和主观思想意识之间的关系，大概会认为物质生活条件决定思想。而我只能说，生活选择的客观可能性会对我们的价值观产生重要影响，挣扎在生存边缘的人，他缺乏满足自身基本需要的资源和手段，单凭自身力量可获得的资源少，在与其他人的博弈过程中为自己争取资源的力量弱，他面临的选择面就相对比较窄，生活条件优越一些的人，有更多的资源和手段满足自身需要，面临的选择就会更多一些，人们生活环境上的差异很大程度上塑造着个体选择上的差异。比如，有一些尿毒症患者制造假材料骗医保的案例，尿毒症患者需要定期做透析，如找不到肾源，治疗几乎是终身的，花费很大，很容易因病致

---

〔1〕 导言对此问题作过一些解释。

〔2〕 附录 1 的论文对此作了一些探讨。

贫。不可否认，诈骗医保是犯罪，但是，如果他们能够通过正当医疗保障手段得到及时的、充分的治疗，生存需求可以得到满足，也就不会陷入绝望，在还有其他选择的时候，他们为了治病而急于求钱，去冒险犯罪的几率或许也会小得多。

回到判决书，里面提到财产犯罪的一大动因是"贪欲"。首先，贪欲也总得有个目标，到底贪什么东西。什么能够被贪，被渴求，也并非随心所欲。欲望需要对象，没有对象，没有内容，欲望也不成为欲望。举个例子，如果世界上不存在钱这种东西，或者存在钱这种东西但是它并不具有可以用于购买其他物品的货币功能，那么是否还有人或者说多数人是否还会"贪"它？其次，欲望诉求受文化教育的影响。在成长的过程中，我们都是在与周边的人和环境的互动中逐步学会遵从（或回避排斥）社会主流价值目标、行为规范的，从而形成、调整自身的价值判断、行为抉择，所以，我们心中产生某种欲望、渴求并非是天降灵感。譬如，很多人认为"金钱万能""人一定要成功，成功就是赚大钱"，把钱看得很重要，社会中流行的价值观或许起了很大作用。

因此，千万不能简单地接受"欲望是天生的"观点或者很理所当然地去谈人的天性、本性。说一个东西是天生的，相当于说它原本就是这样的、不证自明地存在着，似乎可以直接拿来作为我们讨论各种问题的前提，作为支持某种立场、观点的依据。人的认知、行动受多种主客观因素相互作用的影响，而且在不断演化。简单地把主观性的欲望视为人作出多样行为的动因，显然是不恰当的，何况欲望本身就受客观环境所制约。假如于某水生活不是那么贫苦，他能接受更多的教育，有良好的收入，对钱的价值的判断可能会不一样。个体主观因素——人的认知能力和水平——也受制于社会发展水平、教育资源分配、个人物质生活条件等客观因素。若是我们合理的生活需求能得到的满足，一定数额的钱对我们也不会产生很大的诱惑让我们有欲望、铤而走险去盗窃。即使有了某种欲望作为动机，也不一定能引发与欲望相一致的行为，某种行为是否有发生的现实可能性也依赖于客观条件，比如 ATM 机的漏洞。我们确实都是拥有主观能动性的人，是能够主动思考的主体，但不意味着我们的思考和行为是随性的，我们每个人的价值观、行为方式都是受制于环境的。生活在不同条件之中的主体，需要不同，掌控的资源、手段不同，需要得以满足的程度不同——对某个事物、某种行为是好、是坏、是否值得做的认识判断以及可以作出某行为的机会、可以规避的成本和风险，都存在差异。

判决书（段落2）从现实的角度探讨行为人于某水为何会作出这样的行为。法官提到了于某水的生存环境、成长道路、受教育水平、生活上的窘迫对他的认知、判断都有很大的影响，也意味着一笔唾手可得的金钱对于他来说价值非常大。在这个段落，法官注意到了于某水的生活境遇对于其行为选择的制约，相较于前面"人人都有欲望"的说辞，更加合理。当然，这一切并非是让于某水脱罪的理由。生活环境对其行为选择的影响，也只有在结合其悔罪情节的基础上才可以作为刑罚衡量的因素。一定要清楚，强调其生活和选择受制于环境的目的并非是给罪犯脱责，而是公正地施以罪责和惩罚，反思犯罪的原因，反思社会的责任。

在我看来，这两段明显"超纲"的说理有着截然不同的特色。虽然法官充分说理的努力非常值得肯定，但是第一段话以天生欲望解释行为貌似中立却实有偏颇，显现出法官不希望于某水坐牢的诉求，而第二段话对行为人生活处境的阐述充满情感，但合理得当，很值得我们深思。重要的是，这份判决书打破了法官的固有形象，展现出了鲜活的情感和良知，并主动将其说理和判断结果置于开放性讨论之下，这是从未有过的。[1]

我为什么比较欣赏法官分析于某水生活状况的那段话，就是因为他对个

---

[1] 判决书中有一个"最后的说明"，如下：在作出本案判决之前，我们对与本案类似的著名许霆案作了详细的研究和对比，许霆案犯罪金额是十几万元，终审判决确定的刑期是五年。我们知道，法学理论界对许霆案的判决分歧非常大，国内多位顶尖刑法学教授也各自发表了论证严密但结论完全不同的法律意见。这既说明本案作为一个新类型案件有其自身的特殊性，另外也说明正义本身具有多面性，从不同的角度观察和认识会得出不同的结论。众多争论也说明，对复杂的新类型案件作出正确的司法判断是件非常困难的事，对法官的各项能力甚至抗压能力要求都非常高，因为法律毕竟是一门应对社会的科学，司法判断面临的是纷繁复杂、日新月异的世界，面临的是利益交织、千差万别的社会矛盾和价值取向，面临的是当事人、公众、媒体、专业人士等的挑剔眼光和评价。因而法律专家也好，法官、检察官也好，即使法律观念一致，但也存在不同的伦理观、道德观、世界观，存在不同的思维方式和行为路径，因此，在追求正义的过程中，司法官对案件的判断经常是不一致的但同时也是正常的。检察和审判机关之间，以及不同层级的审判机关之间对同一案件存在不同的认识和答案是正常的，希望得到社会各界的理解和尊重。就本案而言，判词虽然已经详细阐明理由，但因本案被告在犯罪手段上非常特殊，合法形式与非法目的交织在一起，理论界对案件的定性争议也比较大，那么本判决结果可能难以让所有人肯定或认可。因此，我们也不能确认和保证本判决是唯一正确的，我们唯一能保证的是，合议庭三名法官作出的这一细致和认真的判断是基于我们的良知和独立判断，是基于我们对全案事实的整体把握和分析，是基于我们对法律以及法律精神的理解，是基于我们对实现看得见的司法正义的追求。

体生活困境的关注是很多法学研究者、法律实践工作者所忽略的。我们必须认识到这一点,只有尽可能意识到人们之间因生活环境、认知水平而产生的差异,才能在立法或作出司法判决的时候,尽量全面地考虑到实际生活中各种主客观因素对不同个体、群体行为的影响,在此基础上找寻引导和规范行为的恰当标准和有效手段,才可能制定出良法,作出能给人以共鸣的判决,充分发挥法的社会作用。

第二个问题,把类似于"欲望"这样抽象的概念作为人性的"普适"标准,作为衡量评价人们行为正当与否的标准并将其作为制度正当性的基础是否合适?

比如,功利主义理论的创始者边沁预设人根据快乐痛苦的计算作出行为选择,法律也应依据这一效应进行设计才正当、有效。再比如,西方主流经济学有一个"理性经济人"的预设,人根据经济上的利益成本计较得失作出行为选择才算是理性的,法律经济学遂将降低交易成本作为评价法律制度正当与否的基础准则。"人人都会计算得失"往往只是对一些个体局部经验作出的总结描述,而一些法学家、经济学家不再将这些视为经验总结,而把它们转化为一种"人们应当这么做,只有这么做才合理"的规范。

要注意,经验描述和规范是不同的,规范包含了正当性评价。但实际上,很多人是不作区分的,因为觉得自身的经验仿若"自然",无需额外证明,自然正当。不妨从日常生活中常见的例子说起,譬如,我们经常听到有人讲,人人天生就有欲望,人人都有理性,人的本性都是善的(或恶的),女司机开车技术都不好,天蝎座的人都记仇,信上帝得永生,等等。这类说辞的特点是,把某一论断看得自然而然,不证自明。在生活中,带有情绪、强烈立场时,讲出绝对化的说辞,也能理解,但细究起来,将某种个体经验简单地上升为普遍性结论甚至当作"普适"规则是否恰当就需要谨慎考虑了。就像惠阳"许霆案"案判决书把难以捉摸的"欲望"视为支配人行为的普遍自然法则,这一对欲望的正当化,只凭借一句"人人都有"就得以证成,简单明了易让人接受,但事实上没有任何依凭。哪怕这些只字片语能在一定范围内、以某些个例得以证实,是不是就能够代表它在最广的、最普遍的层次上有意义?

我们学法学、做法律工作的人,一定要对普适的概念、规则保持一种戒心、警惕心,平常生活中我们都会发表一点固执己见的看法,倒是没什么,但要是想提高认识，你就得把问题想细。法律语言大概是最为普遍化的语言，普遍化的法律规范要求普遍化的抽象语言，当一种语言特别抽象的时候，就会给人们带来一种错觉，好像它是能够独立存在、独自运行的，所以，很多人觉得法律规则就是一种与每个个体的心理、情感、态度、行为保持距离的"独立""客观"的标准。一个表现是，很多入了门的专业人士，通常都很喜欢动用权利、义务、公平正义这些概念字眼以及"人人平等"这样的口号，但是，很少有人问，谁的权利，谁的义务，谁的公平正义，什么样的权利义务，什么样的公平正义，怎样的平等。因为很多人总以为严格地遵守执行现行的法律规定，权利义务、公平正义会自觉自动地、显而易见地落实下去，没什么需要讨论的，却忽略了法律其实是在社会不同个体、群体的博弈过程中形成的规范，它来源于某些人的经验，用于满足某些人的某种层面的需求，借由政治过程、立法程序才获得了法律效力上的普遍性。

从社会规范的历史发展来看，最开始出现的并非是具有普遍性的规范。在人类社会早期，没有形成普遍性规则的必要，只需要个案处理即可。在生产力很不发达，人类靠共同劳动通过采集、狩猎获得食物并共享的阶段，通常都是有血缘关系组成的几十或几百人的族群部落，没有什么利益分化，违反惯例的个体也很有限，只需要很简易的处理机制，直接采取个别化的调整就可以了，没有形成一套复杂的、普遍化规则的需要，也没有建立专门的机关来执行规则的必要。但是，到了利益分化比较明显、突出的阶段，利益矛盾增多，社会问题复杂化、普遍化，依靠单一的个案处理方式，就很难实现治理了。这时候，就要求普遍适用的规则、拥有强制力的专门机关来实施规则。此时，并不意味着不需要个别化的调整了。法要发挥作用终究要靠将它规定的具体权利、义务落实到具体主体的行为上，也就是说，法律调整要依赖于普遍性调整和个别化调整的结合，不考虑具体主体的情况，是没法恰当地确定和落实权利、义务的。

在法的形成（立法）过程中，需要考虑社会利益关系的具体情况，才能确定在某领域的社会关系中，什么是公平正义，给不同主体的自由、纪律划一个什么样的界限，在法的运作实施过程（司法、执法、守法）中，也要考虑具体情况，才能恰当地衡量具体个体的责任，不至于不公平地给某个人施加压力、过分地惩处他。即使是贫困的人，遇到 ATM 吐钱，他利用这个漏洞去取钱，个人当然有责任，但同时要考虑社会有没有责任，有什么办法能让个人负起该负的责任，又不让他在生活中担负不公平的成本，公平正义是个很具体的东西，不是抽象的口号，无论是在立法过程中，还是在具体适用法律的个案中，公平正义要解决的都是生活在社会中的真实的人的困境，必须考虑人们的具体生活状况。如果盲目相信法律的普遍性，忽视人们面对的不同的具体境遇，就是片面强调法律的一个侧面，一旦片面了，人们就容易产生偏见，不愿弄清楚也弄不清楚社会公平正义是什么了，这就会使法成为一个有致命弱点的东西。如此，法又如何能担得起"公平正义的化身"这个角色？换句话说，仅关注抽象规则、普遍化要求，不关注个体的特殊情况，不关注社会关系的性质，就无法恰当地理解法的普遍性，无法理解法的目的。

我们讨论抽象、"普适"欲望的问题并非与专业不相关，后面我们还会接触到西方主流的法学观——自然法、自然权利、天赋人权学说——也同样偏好"天生"预设。它不是古老陈旧的学说，而是至今还作为西方国家法治理念、司法判决依据发挥作用的东西，而且是我国很多法学家赖以形成、树立其观点的基础理念。只有深入剖析它的思维方式，才能理解理论的实质，这里我们算是先做个铺垫。

（二）对于这份判决书的不同态度呈现出来的争议

在过往课堂上关于此份判决的研讨中，学生们对这份判决书有着两极化的评价。因为我的课上既有法学本科出身的同学，也有非法学本科出身的同学。法学本科出身的同学对这样的判决多抱持着怀疑的态度，认为依照法律判决即可，多余的话不应当讲，司法判决需要权威，需要保持"冷冰冰"的形象。非法学本科出身的同学却很喜欢这种判决风格，说理充分容易让人接受。这也能从一个侧面反映出两个层次的问题：

一方面，接受过法学教育的学生，思维方式很"传统"，习惯于认同法律规则的权威，认为超出法律"涵摄"的范围讨论其他问题都是对权威的不尊重。不仅是作我学生的这一代人，很多法学专业出身的资深教师也持这种立场。譬如，曾有学生选择"司法裁判的可接受性"作为论文选题，在开题答辩中面对评委老师的强烈质疑：无论当事人和公众是否接受，司法裁判都是权威性的，研究可接受性有什么必要？当时正值 2017 年，司法裁判的可接受性并非是一个崭新的话题了，只不过在于欢案等一些争议性案件涌现出来后，讨论它具有重要意义。但是，在整个学界，关于这个话题的争论还是非常大的，否定"可接受性"的依然为数不少。不得不说，当前法学教育框定的固有思维对法学专业出身的人影响非常大，惯于在接受法律权威的前提下思考问题，不太接受透过法律（狭义上的法律）之外的视角、资源来讨论司法裁判问题。这其实体现的就是我国当前法学教育中"以规则为中心""司法中心"倾向的巨大影响。

另一方面，在这些未来将从事法律职业工作的学生身上，能够窥探到导致我国司法工作现存问题的某些原因。近年涌现出来的多个争议很大的案件，司法判决与普通群众正义观之间的分歧不断凸显出来。当然，案情复杂、媒体报道的影响是导致此问题的一方面因素，另一方面因素是公众对于司法裁判可接受性的期待更高了。有些人认为，产生分歧的原因在于专业人士懂法，而非专业人员不懂法并且受信息源不可靠、流动性强的舆论过度影响。与此相关，学界和实务界也曾一直围绕司法职业化、精英化路线与人民司法路线之间的分歧开展争论。我不否认法学（法律）专业人士和非专业人士之间的"知识鸿沟"是导致司法判决与公众观念之间差异的一个原因，不过，在我看来，二者之间的"生活鸿沟"也是一个很大的原因。而且，"知识鸿沟"很大程度上并非是自然而然出现的，"知识鸿沟"有人为构筑的因素，与此同时，"生活鸿沟"对于"知识鸿沟"的形成起了很大的作用。〔1〕

正是在这种背景之下，（2014）惠阳法刑二初字第 83 号判决的价值才如此令人瞩目，令人瞩目因为它是极少数，与惯常的"专业"印象相悖，说明实践中法官们的说理远远不够。〔2〕

非常有意思的是，在课堂上，有同学在分析这个判决时直接针对法官的专业作评价，认为法官之所以能写出这样的判决是因为有非法学的教育背景。我不知道这种评价是带着轻视还是带着憧憬，我想，大概率是"轻视"，因为，这个评价体现出来的态度是：并不想对判决内容作任何实质性的探究，只想就撰写者本人的履历（推测出来的履历）来对判决定性，与以一个人的性别、性取向、年龄、人种、肤色、穿着、所属地域等特征来判定其能力、

---

〔1〕 关于"知识鸿沟"和"生活鸿沟"的问题，将在下一部分详述。

〔2〕 这里说的是此判决激起的强烈反响从侧面反映出来的问题，并非下判断其他所有判决中法官都说理不足，也并非分析说理不足的原因。实践中，法院尤其是一些基层法院的法官每人一年承办几百件案子，要求每个判决都用很大的篇幅说理并不现实。有意思的是，甚至还有一些案件的原告向法官提出要求，不要进行过多说理，因为若说理太充分，将利益关系分析得过于透彻，会对其案外利益造成不利影响。

品格的偏见、歧视无异。这恰恰体现出法学专业学生"以规则为中心"排斥其他视角的态度。

前面，我们通过关于具体判决说理的讨论感受法理思考的意义，下面我们通过几个例子讨论法理思考对于法律实践（包括司法实践）、法学研究工作有何价值，尤其是在克服"以规则为中心"的狭隘视角、立场方面有什么用，以此帮助大家摆脱对法理的误解、偏见。

二、法理是什么？法理有什么用？

（一）法官因何错判

合理断案，充分说理，需要摒弃"以规则为中心"的立场。为什么这么说？我在这里推荐大家去看一本书《法官因何错判》，[1] 很有益于纠正法学专业出身的人士自带的偏见。这本书是一位具有几十年法律实务经验的前法官、现律师所写。为什么强调这一点？在中国的法学（法律）界存在着"鄙视链"，学者认为思想理论引领法治改革，认为实务工作者只是制度"执行者"，而实务工作者嫌弃学者"不接地气"，喜欢空谈。所以，不如先看看实务工作者对自身职业活动的反思，从他的反思中，我们能发现哪些之前被忽略的东西。

该书的作者秋山贤三以优异成绩从日本东京大学法学院毕业之后，通过司法考试，很快进入法院系统工作，担任法官，在法院工作几十年后卸任，转行做律师，这份履历体现的是很精英化、职业化的路线。然而，当他不再待在法官的位置上，转换到更接近普通人的角色上时，他体会到法官在一些案件中出现错判是因为对日常生活的不熟知，这导致他们对证据的认识出现偏差，错误地认定事实。也就是说，法官错判案件，问题并非出现在所谓的"专业"上，而出现在所谓的"非专业"领域。他提到，法官们习惯于高高在上的审判思维，平常又因精英社会地位而与普通民众接触较少，因此对很多问题缺乏合理的认识。虽然他自己走的是法学院到法院的传统精英路线，但经过反思，他对法学院学生毕业后即进入法院工作这一道路表示了不同看法，觉得让缺乏生活经验的年轻毕业生作为法官审判案件会带来很多问题。按照他的思路，法学院所教授的专业以外的经验智慧需要在生活中逐渐积累，

---

〔1〕　〔日〕秋山贤三：《法官因何错判》，曾玉婷译，魏磊杰校，法律出版社 2019 年版。

精英法官们要学会放低姿态。而我认为，法学院的教育，本身就不应该过于"技术化""精英化"，否则会培养出脱离常轨、姿态过高、自视为人中龙凤"精英中的精英"的"法律人"。

如今很多专业出身的人士喜欢自称"法律人"或将法律职业共同体总称为"法律人"。作为研究法理的人，我对"法律人"这种称谓抱有质疑。

法学教育中"以规则为中心"的倾向恰恰十分有利于塑造信奉"理性"的法律实证主义式"法律人"。这样的"法律人"十分自豪于自身的"专业"标识，而对"非专业"非常排斥，这种排斥也会影响到司法人员对于说理的态度，展现出对司法判决说理的排斥。很多精英"法律人"的态度是：相信我的专业，就要相信我的结论，法律推理凭的是技术，非专业的普通人不懂专业技术是正常的，并不会影响法律的权威、"法律人"的权威。当旁人说起英美法司法判决说理为重时，就会有人回应，司法传统不一样不可一概而论，既然成文法、制定法系统设定了自洽的、无所不包的法律体系，设定法官并不承担"造法"角色，不说理、不表现出过多的自由裁量才是维护法律权威和专业权威的必要手段。回想一下前面提到的，学生们表达出来的对于惠阳"许霆案"判决书不够"专业"的评价，就明显体现出这种对说理的排斥立场，对"专业"领域以外问题的不屑一顾。

在此，简单地谈两个我亲身接触过的例子来说明这种"排斥""不屑"所导致的问题。

第一个例子：我曾经参与过一个关于信访的调研，在调研中，碰到一名妇女，她上访最初源于一份判决书。几个人抢劫她丈夫后将其杀害，某地中级法院判处犯罪人死刑。后来这个案子到了高级法院，改判死缓，判决书中写明的原因是犯罪人悔罪态度良好。这句话大概就算是说理了。从专业技术上理解，这个判决符合法律规定，也符合"慎杀"的刑事政策原则，不存在错判。但是，站在被害人家属的立场上，是很难理解这个判决理由的。不仅是她这样文化程度较低的人，我作为一个专业出身的人，看到这样的判决书也感到有些难以接受。当然，你可以指责家属不懂法，信访不信法，但这种指责显然出于某一个特定的视角、立场，并不能说这种指责完全合理。如果我们把法律和法律操作看作纯技术，对法官的期待局限于当他是个纯技术人员，那么，我们会"自然而然"地觉得，法官的做法毫无问题。然而，与此同时，因说理不足的判决而产生的矛盾可能会越来越多，司法权威会因为公信力不足而受到削弱，狭隘的"专业技术"却无法解决这种矛盾。为了解决越级信访等问题，把符合条件的信访诉求引入司法程序，从国家层面到地方层面制定了一些制度。不过，很多制度建立在将群众偏好信访理解为"非理性"行为的基础之上。实践中，确实存在很多恶意的信访行为，但也存在正当的信访行为。如果缺乏资源的民众没有能力走司法程序解决问题，或者，司法渠道难以满足他们的需求，甚至造成了更多的不满，信访可能是经过权衡的选择，而不能以"非理性"打发。相比司法渠道，信访的成本低，可及性要强很多，尤其对于受教育程度较低、缺乏人脉关系的人而言更是如此。如果有兴趣，不妨看看《我不是潘金莲》这部电影（对于演员的演技不作评判），信访人的诉求确实不容易被理解，但她在信访道路上作出的让人难以理解的行为很大程度上是制度环境造成的。

第二个例子：我曾带过的一个本科学生选择她在实习中接触到的贩毒案件作为毕业论文选题。据其描述，犯罪人患有重病。我在跟她讨论的过程中问了她几个问题：这个人为什么要去贩毒？除了采取刑罚手段以外，还需要什么其他的手段来应对贩毒？她认为犯罪人之所以贩毒是因为好吃懒做，除了用刑法打击以外，还需要加强法制教育。我只能进一步追问，一个人患有重病，家里又很贫困，会不会对他的行为选择造成影响？他是不是仅仅因为运气不好出生在这样的家庭？如果社会保障完善一些，这个人是否会有可能作出不一样的选择？她才有一点理解我说的意思，认为需要扶贫。当我把这个例子说给其他学生听的时候，有同学提出，贩毒是很严重的犯罪，如果过于考虑犯罪人的生活境况，会不会造成对贩毒造成的社会危害后果的忽视，这是否会导致更严重的社会不公？很显然，提出这个疑问的同学没有理解我讨论这个问题的目的。我并没有在谈如何确定刑事责任问题，我只是想说贩毒是一个社会问题，靠刑法、法律手段无法从根本上解决，如果只局限于刑法规则视野框定的短链条正义关系，看到的就只有个人的违法责任。从长链条的社会正义来看，我们应当思考的是法律的局限性以及实现社会正义的多方面条件。

这两年，有关正当防卫的案件引发了很多争议。有些人认为，其中的争议在于司法工作人员对于法律条文本身的解释有不同认识，我认为并不是。这些争议很大程度上与司法人员的眼光关注的是长链条还是短链条的事实有关。比如昆山案件，如果只关注这个所谓的"反杀"片断，只看"杀"的这段，界定为故意杀人或故意伤害致人死亡，很正常。为什么最后定为正当防卫，就是回溯了前因和动作细节，被杀的人如何威胁杀人的那个人，手持的工具、威胁的程度有没有让杀人的这个人感到紧张，感到绝望，感到不得不奋力一搏，才能推断最后的"反杀"是不是合理。最终确定"反杀"是正当防卫的不是法律本身，而是对事实的理解，取决于你的眼光，你关不关注当事人的环境，是那个环境塑造了他的行为。还有河北涞源一家人把骚扰者杀害的事件，如果就那一晚上发生的杀害行为来看，确实看起来是故意的，但把眼光放长远到案发前几个月以来陆续发生的跟踪、骚扰、侵入的事件，你对这个问题的定性就会截然不同。你对什么是正义的理解就会不同。引发社会反响的董珊珊案也是一个值得探讨的案例。董珊珊被丈夫多次严重殴打致伤，中间报过几次警，最后一次殴打，脏器破裂，住院没多久死了。介入案件的司法人员认为董珊珊的丈夫犯下虐待罪而非故意伤害致人死亡，因为虐待是连续性、长期性的行为，故意伤害往往是一次性打击。毫无疑问，若以一个短链条的眼光看问题，对被害人长期以来的生活情况不加考虑，将之视为与案件无关的事实，就只能得出这样的结论，僵化地适用法律。虐待罪处理的问题是那些长期的轻微伤害，可以与故意伤害并罪处罚，但司法人员却用连续性、一次性这些抽象出来的行为特征来界定社会危害性、犯罪性质，是本末倒置。记得有一位学者说过"law talk"（法言法语）与"talk about law"（谈论法）的区别。语言的使用体现、塑造视界，思考模式影响语言的使用，若法学专业的学生以学会和使用"law talk"为首要目标，而不懂如何在一定的距离之外理解法，不能学会从不同角度"talk about law"，那么他们就只能以贴近法律规则为目标，视其他于不顾，丧失长远眼光，就像全屏电子设备，使我们把眼神聚焦于屏幕上的图像，忽略电子屏幕之外的信息。只求视线可及范围内的事情，不探究法律规则之外的世界，不探究法律会给视线之外的世界带来什么影响，在这样的人眼里，法律势必会演变为冷冰冰的工具，当法律只被作为工具看待不再充分承担社会使命，操作它的人也会变得"玩世不恭"。[1]

　　要注意，法并非仅仅设定短链条的正义，设定短链条正义的仅仅是单个法律规则，或者，更确切地说，拘束于"以规则为中心"的视野才会造成对

----

〔1〕　导言中提到的一名心理学家兼法学家对法科学生性格的评价。

短链条关系的过度关注，形成在法律"内部"找问题和答案的习性。[1]这种习性容易让人自认为很"理性"，并借此与被视为"低级的"感性经验隔绝开来。"理性"哲学的盛行，制造了一种感性认识和理性认识的二元论，理性认识被认为是高级的，感性（非理性）认识被认为是低级的，并把理性等同于高专业度。然而，缺乏感性的认识，缺乏对社会现实问题的敏感性，产生的只能是偏见，偏见不但带来不了公正，还会破坏公正，而公正理应是法所追求的核心价值目标。打破偏见，要求我们首先得尽可能地去理解、感受，关心社会环境，关心他人的处境，才能反观"理性""高度专业化的技术"带来的问题。

有一本书，推荐给大家——《把他们关起来，然后呢?》。《法官因何错判》讨论的是司法调查、审判过程中的问题，给罪犯施加刑罚之前的事情，而这本书讨论的是罪犯被施加惩罚关进监狱之后的事情。作者是纽约市立大学约翰·杰伊刑事司法学院的教师，一直专注于恢复性司法或者叫修复性正义项目，她发现美国是世界上关押犯罪人员最多的国家，但其刑事制度和处罚模式是带着很大偏见的，"美国这个国家可以说是世界上最大的狱卒，监控着230万名囚犯，比例上每百名成年人就有一个人在坐牢。虽然国家人口数只占全球的5%，囚犯人数却占全球25%；每31名成年人之中，就有一名正在接受某种惩教管制，总数达700万人；成年受刑人之中，有25%罹患精神疾病。美国有大量囚犯是因为药物滥用而长期服刑；在联邦监狱中，这样的比例高达51%，抢劫犯仅4%，杀人犯仅1%；在州政府体系中，药物犯罪比例是20%，同样高于其他类别；3700名美国人从未有过暴力犯罪记录，却在加州坐了25年牢"。[2]这样的制度，不但没有起到良好的遏制犯罪、维系和谐社会关系的作用，反而产生极大的不公正。她考察了其他国家既包括乌干达、卢旺达、泰国这样的非西方发展中国家，也包括挪威、新加坡这样的非典型发达国家，发现这些国家的制度更加人道，有很多值得美国学习的地方。这本书给我们的启示是，一方面，要注意到法律制度自身存在很多问题，不加反思地僵化执行法律会导致对当事人的不公平，造成社会不公；另一方面，

---

〔1〕　前面已经提到过，法与法律是有区别的，后面会对这一区别进行专门讨论。

〔2〕　［美］贝兹·卓辛格:《把他们关起来，然后呢?》，陈岳辰译，中信出版社2017年版，第9~10页。

也不要以为依法定罪量刑把犯罪者丢进监狱就把事情圆满解决了，犯罪是社会问题，如何引导人们恰当地行为，如何建立和维护社会公平正义，才是法律应考虑的核心价值诉求。这本书的封面上印有一句话，很值得回味——"评判一个国家，不是看它如何对待最尊贵的公民，而是看它怎样对待最卑微的那群人"。

希望大家在了解了执法人员错判背后的原因之后，能够更加理解自己的使命，不要一心想着去做个高高在上的人，高高在上不能让你承担起使命，反而会让你成为缺乏判断能力的人。一位富翁对自己的儿子说过一句话："每逢你想要批评任何人的时候，要记住，这个世界上并非所有人都有你拥有的那些优越条件。"[1]也许正是因为一些"法律人"将自己视为"精英"，眼界狭隘，高高在上，才会犯下有违公义的错误。

关于法理对司法有用无用的问题，经过前面的一系列讨论，大家或许已有所体会。司法作为化解社会矛盾的一种手段，说理不够或有误，会导致判决不当从而造成更多的矛盾。然而，一些"法律人"却始终对说理有排斥，排斥一方面因为他们定义的狭隘专业立场，这源于法学教育中"以规则为中心"的取向，另一方面因为他们缺乏充分说理的能力，害怕担负责任，这说明法理方面的教育严重不足。对法理的偏见与误解是法理教育难以深入的首要障碍，下面我将从克服这类偏见、误解入手，来为大家说明什么是法理及其价值所在。

（二）克服"以规则为中心"需要深度的法理思考

把视野局限于法律规则、条文的人，很容易对法理产生偏见和误解。正面地讲法理是什么，很容易过于理论化，不但难以让人们清楚地了解法理的意义，还可能再度强化大家脑子里早已形成的法理艰深、无用的刻板印象。我想，不如从考察关于法理的偏见与误解切入，研究为什么会产生这种偏见和误解，再来解释什么是法理思考。

曾有学生向我提出过这么一个问题：我国把引诱、容留、介绍卖淫的行为

---

[1] ［法］弗雷德里克·马特尔：《智能：互联网时代的文化疆域》，尹瑞图、左玉冰译，商务印书馆2015年版，第54～55页。这段话原出处为美国作家F·S·菲茨杰拉德于20世纪20年代创作的小说《了不起的盖茨比》。

纳入刑法规制却不把卖淫行为纳入刑法规制这一做法背后的法理是什么？[1]说实在的，如果说这一做法背后存在某一个明确的公理或定理式的"法理"，我真的不知道是什么。若是真的存在这么明确的东西，每项规则都能立足在不可动摇的、不证自明的某一"基础规则"之上，我们就无须对各种问题展开讨论，也没有必要讨论法理了。

我没办法明确地回答这位同学的问题，我只能告诉他，这一问题需要联系社会背景、法律的目的和功能来讨论。世界上不同的国家在立法上有差异，重点打击淫媒是通常的做法，而对卖淫行为的态度不一，有的地方卖淫合法，有的地方将之视为犯罪，有的地方把它作为破坏社会秩序的、较轻微的违法行为以治安处罚来处理。如果不清楚一个国家或地区对卖淫行为的界定和立场，以及设置不同刑罚措施的目的，就很难理解为何不用刑法来对它进行处理。这名同学对我的这个回答可能并不满意，他以"学界通说"来重述他的问题。根据他的说法，照所谓的通说，引诱、容留、介绍他人卖淫的行为侵害的法益在宏观层面上是妨害社会管理秩序，具体层面上是破坏社会伦理，卖淫行为侵害的法益与前者相同，社会危害性是一样的，而自愿卖淫的行为对社会伦理的破坏更大。他举出具体事例来表明这种立法（引诱、容留、介绍他人卖淫入罪而卖淫不入罪）造成的"不公正"（他感觉上的不公正）：在卖淫女[2]自愿的情况下，宾馆（饭店）的老板仅仅因明知卖淫交易行为并提供食宿就被定罪（容留或协助卖淫），卖淫不构成犯罪，帮助卖淫却构成犯罪。他对这一点无法理解：直接实施某一行为都不构成犯罪，协助的人凭什么构成犯罪？直到此时，我才明白他最初的问题意欲为何。在他看来，卖淫不入罪，容留协助卖淫入罪就没有基础，说不过去。我告诉他，

---

[1]《中华人民共和国刑法》第358条第4款：为组织卖淫的人招募、运送人员或者有其他协助组织他人卖淫行为的，处五年以下有期徒刑，并处罚金；情节严重的，处五年以上十年以下有期徒刑，并处罚金。第359条第1款：引诱、容留、介绍他人卖淫的，处五年以下有期徒刑、拘役或者管制，并处罚金；情节严重的，处五年以上有期徒刑，并处罚金。《中华人民共和国治安管理处罚法》第66条：卖淫、嫖娼的，处十日以上十五日以下拘留，可以并处五千元以下罚款；情节较轻的，处五日以下拘留或者五百元以下罚款。在公共场所拉客招嫖的，处五日以下拘留或者五百元以下罚款。第67条：引诱、容留、介绍他人卖淫的，处十日以上十五日以下拘留，可以并处五千元以下罚款；情节较轻的，处五日以下拘留或者五百元以下罚款。

[2] 社会上多数人采用"卖淫女"这一用词的时候显然是带有偏见的。笔者用"卖淫女"一词时并不存有偏见，仅作描述之用。

他这样想问题是本末倒置。司法实践中可能在容留协助他人卖淫的定罪中存在一些偏差，或许没有容留协助意图的人仅仅因为提供了其所从事行业的服务就被定罪了，显得罪责不相适应。要探讨这个问题，就需要深入到司法实践中，研究如何更加合理地定罪，在对容留协助卖淫行为的定罪中出现的偏差并不是卖淫行为不入罪造成的，更不能把定罪偏差归咎到卖淫行为不入罪上面。

除此之外，他对社会危害性的认识也很机械。觉得侵害的抽象"法益"相同，社会危害性就一样。一方面，组织、容留、介绍他人卖淫的过程中常常伴有强迫性的、侵害人身权利的行为，表面上看属卖淫女自愿的情况，事实上又有多大程度的自愿？卖淫女，尤其是没有什么社会资源的底层卖淫女，她面对压迫行为时可能毫无抗争余地，只能顺从。考虑到这些情形，就不难理解为何对这些所谓的"协助"行为进行严厉打击了。另一方面，也不能因为卖淫女自愿卖淫就说其主观恶性大，对伦理的破坏更大。还是要先考察卖淫女作出这一行为选择的原因，为生活所迫不得不从事这一行业的卖淫女，在性"交易"这个环节上或许可以说是"自愿"的，但从其生活境遇来看，很难说是自愿。不管是多么"自愿"，在性交易中，卖淫女承受的是一种性剥削。卖淫破坏社会伦理的立场基于该行为与社会上多数人的道德期待相悖，比起侵犯人身权利的行为来说，卖淫可以说是性质上轻微得多的行为。在卖淫合法化的国家和保守宗教笼罩的国家，对于卖淫行为是否违法，是轻微违法还是严重犯罪，可能有迥然不同的判断，这也从侧面说明了，卖淫行为的定性与文化传统有密切关系，会随着主流价值观风向上的变化而变化。所以，如果不对行为人作出选择的原因和社会条件作细致考察，就很难判断行为的社会危害性，社会危害性的大小是不能在抽象的层面（依靠对"法益"的描述）来判断的。

我和这名同学之间的对话，体现出（我所认为的）法理思维与一般人尤其是埋头于部门法学说和法律条文的人的思考方式之间存在很大的区别。面对与刑法有关的问题时，我不会就条文讨论条文，不会就刑法讨论刑法，不会局限于我国刑法理论通说对刑法条文所作的解释，甚至也不会局限于市面上各类中外刑法理论对该问题的描述。我会首先把人的行为放在特定的社会背景和条件中来看，考虑什么环境（经济、政治、文化等因素）促使人作出某一行为，社会主流/非主流价值观对这一行为有什么样的看法，学者和立法者对这一行为的定性有哪些争议，他们的立场观点又受哪些理论观念或其他因素的影响，立法选择运用法律来禁止、限制或鼓励这一行为的目的和影响是什么，最后才会回到现行的法律体系内部来考察调整这一行为的有关法律规则是否得当。

在提问的这名同学看来，我可能考虑的太多、太泛、太远了，他想在有限的范围内得到解答，结合法律条文和刑法理论对犯罪性质的抽象解释就可以找到答案或者至少可以找到能"短平快"解决问题的逻辑。而我除了告诉他需要联系哪些问题、哪些因素来思考以外，留下了广阔的空间却没下明确的判断，似乎是什么也没说。

我想，这大概是造成很多人对法理产生偏见和误解的原因：遇到有关法律问题的疑惑时想要通过法理寻找明确答案，不但多数时候求而不得，还可能背上更沉重的负担——发现更多的问题还待探索，似乎离即时解决最初的疑惑更远了，发生这一情况时（面对难以克服的障碍抓不到头绪时）多数人往往会认为是法理这条路不对，望不见目的地的路或许只是条通向岔道的歪路，对于达成既定目标（抵达确定的终点）没有价值。这种看法不但在对法理缺乏认识的人中间很流行，一些被视为"法理学家"的人也如此认识问题。按照法律实证主义的观点，关于立法目的、法的正当性等具有开放性、争议性、不确定性问题的研究应当划归到哲学、伦理学等领域，不属于法学研究的范围，而法学研究的对象应当是实证的（现行有效的、立法材料或司法判决等法律文件明确体现的）法律规则，法律实证主义的法理学致力于研究实证法律的一般性（普遍性、共同性）特征，对研究范围的界定遵循这么一个思路：只有直观经验到的、明确可及的东西才能作为"法律科学"研究的对象。表面上看，法律实证主义并没有彻底取消开放性问题，只是把这些问题置于法学的视野之外，留待其他学科来处理，实际上则通过窄化法学和法理学的视野，起到了强化法学学科封闭性、僵化性的作用。将实在法律之外的领域都"抛弃"之后，诸如法的正当性等问题依然存在，只不过，实证法律主义把问题转化（狭窄化）为法律的合法性问题，不到法律之外寻找问题的答案，只在法律内部作解答。法律实证主义或称规范法学的代表凯尔森为此构建了"规范体系"，每个法律规范均来自上一级规范，所有规范均可追溯到某个基础规范，构成一个内在一致的体系，如此，以规范开始，以规范结束，在有层次的规范体系内部解决合法性问题，基础规范就是最终的答案也是问题的终点，基础规范之外再无问题。换言之，依据凯尔森的理论，规范就是法所在，基础规范就是法"理"所在。这种封闭的理念也影响到当今法学学科和法学教育的发展，比如法教义学的流行。关于这些问题，导言中已经作了一些阐释，后文也会在有关主题的讨论中涉及。显然，之前提到的向我提问的同学并没有意识到，他带着一种法律实证主义的惯有思维模式，认为整套法律规则自成体系，通过凯尔森式的演绎就能求得一切问题的解答。

而在我看来，法理的价值，在于它的"理"更类似于认识框架，并非数学公理或定理的那种"理"，并不是遵循一个既定的逻辑起点、稳定的计算程式就能得到确定答案的"理"。法理的框架有强大的容纳性、开放性、弹性，保有并能创造多领域多学科交流的探讨空间，探索任一问题时不局限于眼前可及的、直接相关的素材，也不会预先设定单一、狭窄的判断标准，不只谈法律本身，而积极把眼界扩展至广阔的与法有关的领域。探索这种"理"的目的在于合理地认识和评价行为的正当性与不正当性以及行为正当与否的界限，法所蕴含的价值标准——将某一行为定性为合法还是非法，确定行为在什么范围内、什么情形下是合法的，又在什么范围内、什么情形下转变为违法的，什么状况下有轻微危害性，什么状况下有严重危害性——基于有关正当性的认识和评价。这种对正当性的认识和评价，既涉及对法律制度的整体性评价，如司法制度是否公正这样的问题，也涉及对法律规则、司法个案的评价。比如，将某人与幼女进行性交易的行为定为嫖宿幼女罪而非强奸罪，司法判决是否妥当，立法设置嫖宿幼女罪又是否恰当，这些跟价值判断有关的问题并不能直接从法律规则内部找到答案。在这种问题上，不同的人之间可能有分歧，有些人无力判断，有些人可以作判断但不给或给不出理由，有些人不但可以作判断还会给出理由，可理由未必建立在事实基础上，未必是经过审慎思考的，还有些人给出的理由是经过思考的但可能是带有预设偏见、特殊利益诉求的。由于不同的人在立场、观点上存有差异，对某一行为正当与否的判断也会有差异。面对这样的冲突，为了稳定地控制社会关系，国家通过政治过程、立法程序给定一个法律上的标准，并明确宣示一定的理由。至于这个宣示的理由是否真的妥当，法律是否真的公正，依然需要不断地进行讨论。人们可根据法律标准来认识、判定某一行为的价值（合法/可为，不合法/不可为，权利/一定范围内自由为，义务/一定范围内必须为），也可对现有的标准及其理由提出不同的看法。在此处，我们可以看到法和法律的差别，法设定权利和义务基于对行为、制度的正当性评价，而这种评价并非完全固定的，随着社会条件和人们认知上的变化，正当与否的评价会发生变化，进而形成对体现在法律文件中、有形规则变革的推动。法律中的"律"其实主要体现的是有形载体，是法的形式，法的核心要素是价值评价——对社会关系的价值评价。社会关系涉及方方面面，由个人、群体之间的互动行为交错而塑造，单个的规则或单个法律部门的规则都只能在一定历史阶段调控其中的一个断面或层面。简单地用某一个法律规则解释另一个规则，以静态、单一的滤镜来观看世界乃至不容置疑地界定个人及其行为、社会关系的性质，是盲目的。

《检察方的罪人》[1]讲述的故事讨论了静态法律与社会正义之间的关系。刚毕业即将入职的新任检察官认为法律即正义，法律已经包罗万象，以法律之剑不偏不倚地惩恶济善就是正义，法律未能实现正义在于使用人剑术不精。但是，教导他的资深检察官给他举了一个例子来说明年轻人的理解过于简单，在现实中，法律并不能包罗万象，"套路的剑法往往不太管用"。资深检察官提出的问题是，在日本旧刑法中，杀人罪等重罪的公诉时效为十五年，近期才更改为二十五年，"虽然法学中列举了不少时效应该存在的理由，不过总结起来说那只是安慰罢了。本来针对案件情况具体判断就好，没有必要一刀切，如果因为人的能力不足捉不到罪犯那也是没办法，但是，以法律来划分界限的话那就是法律的失职了"。两位主人公认识上的不同，一方面，反映了我前面提到的"以规则为中心"的看法很容易根深蒂固地植根于法学专业学生的心里，尤其是实体法和程序法在理论上的分野，会给某些法律职业人员造成一种心理影响，仿佛他们依照法律指令程序判案执法就必然能得出符合正义的正确决断，自诩为正义的化身，容易使他们脱离现实，认不清问题的复杂性；另一方面，体现出对法律正当性反思和批判的重要性，法律不是万能的，法律很多时候只是权宜之计，正义的实现需要将普遍性调整和个体性调整结合起来，需要开放性地考量事实，而很多专业人士往往只从"普遍性""普适

---

[1]　参见［日］雫井脩介：《检察方的罪人》，乔蕾译，四川文艺出版社 2019 年版。

性"[1]这个侧面来理解法律，自我封闭地解释法律规则，不但无法以法律为手段来实现正义，反而与正义渐行渐远。换句话说，如果缺乏反思、批判，意识不到法律与正义并非天生一体这一点，法律就很难成为推进正义的手段，甚至有可能成为不正义的化身，在这样的情况下，如果还以正义自诩，则是极大的不正义。

前面讲了法官和检察官的例子，再讲一个律师的例子，出自我国台湾地区的一部电影——《愿望清单》。女主人公是一名资深律师，与丈夫合开一家律师事务所。她曾经教导一名新晋律师，法律的首要原则是"非黑即白"。然而，女主人公经历了一件事之后，对这个她一直坚持的观念作出了修正。女主人公的丈夫身患绝症，在去世前两年，与一名男子相爱，立下遗嘱将两人相爱时共同经营的产业赠给那名男子，这件事在其去世后被女主人公得知。作为律师，她觉得难以理解，想向法院起诉，告那名男子诈骗。但是，又有什么证据能证明诈骗？就像，结婚证书或许可以证明合法关系存在却很难证明感情还在一样。关于诈骗的诉讼只能不了了之。故事的结尾，女主人公拿着一支古董表去修，修表师傅告诉他，古董表能动就是好，准不准不重要。至此，她不再视"非黑即白"为至上原则了，而把"和解"理解为法律的核心价值。这告诉我们，很难以"精准"的法律技术来应对复杂的现实问题，对问题的认识不能如此狭隘，"非黑即白"体现出一种机械的、静态的、冷冰冰的理解，而"和解"体现的是开放性的、有情感的理解。

在很多人眼里，无论是法官、检察官还是律师，"依法办事"仿佛就意味着冷漠的中立形象，好像只有不带情感才可以胜任他们专业权威的角色。可是，我们为什么总要强调"良知"，谈政治家的良知、法官的良知，良知即意味着有情感，而有情感并不意味着不够专业。"中立"要求的是对产生纠纷的

---

〔1〕 在我看来，普遍性和普适性之间有联系也有区别，"普适性"是外来的词汇，意在要求遵行统一的法则。英文"universities"（普世性）"universal value"（普世价值），"普世"有时也被译为"普适"。这个"普世"（普适）带有强烈的规范性，自基督教（宣扬的宇宙观）在欧洲实现宗教思想统一之后，宗教规范即被视为普适规范。启蒙思想时代流传至今的自由、平等、博爱等之所以被一些人认为是"普世价值"，也是由于其建立在基督教宇宙观的框架之内才成为"普世的"。美国的宪法性文件（如《独立宣言》），承认"造物主"的宗教宇宙观，是其坚定地推广"普世"价值的背后动因。中文里的"普遍性"通常与具体性相对，往往指具体、特殊事例的共同点、共通性，也有普遍适用的意思，规则不作特殊区别对待、普遍地适用于具体事例。但是，中文"普遍性"并没有西方推广的"普世（适）性"那种含有强烈统一性、权力意志的宇宙观、价值观内容。

当事人双方不偏不倚，不能肆意以维护其中一方的利益为借口而压缩、侵害、践踏另一方的利益，更不能以判案职权作为“权钱交易”的资源。但并不意味着执法者不应当考虑关心当事人的生活境况。不了解其生活境况，如何能理解他的行为、他的诉求？如何判断当事人之间的关系是否公平？纠纷只是社会关系表现形式中的一种，进入司法程序的纠纷也只是纠纷中的一部分，司法人员对进入法定程序的纠纷具有敏感性是视野所致，受限于这一视野也是“以规则为中心”“司法中心”的表现。法的作用并不限于司法程序也不限于纠纷解决，但是，程序内的纠纷如何解决影响着程序之外的社会关系，这就势必要求法官等从事司法工作的人员具有关照社会的视野，具备关心他人诉求的情感。否则，良知不在，责任感、使命感不存，专业技能也陷于低级。

　　具有弹性、开放性的“法理”充分发挥作用的地方就在这里，它刺激我们的敏感性，刺激我们的良知，要求对于任何既定观点（可能是学术权威作出的判断，也可能是现行的法律规则展现的立场）及其理由加以考察和评断，思索其是否正当，在此前提下，才能进一步选择、调适可用的手段以合理地引导人们的行为。只有对法的正当性与正当性评价理由进行不断反思，才能防止人们简单地作判断下结论，推动不够公正的制度朝着更公正的方向革新。更重要的是，借由制度的革新逐步改变人们所承受的不公正的生活境遇。作为有感知力的个体，每个人当然都有“自由”针对生活中遇到的事情简洁、明快地作出价值判断，但是，法学专业的人，尤其是从事法理思考的人，不能如此简单地作判断，在没有对人们（既包括其他人，也包括自己）的境遇和观念有相当的了解之前，在没有对影响人们境遇和观念的社会因素有相当的了解之前，在没有对法的性质，法对人及其行为和社会关系的作用、影响有充分认识之前，作出关于行为人是否应当承担罪责、承担什么样的惩罚以及法律公正与不公正的判断是很不适当的。也只有在对争议保持敏感和对理由的不停反思过程中，法理才能承担起培养批判性思维能力的功能。批判并非斗争，很多人以敌我斗争、相互咒骂的思维理解批判，是对批判的误解，还会使批判走向歧途变为批判的反面。真正的批判必须立足于合理的认识框架。在法学领域，奠定、塑造、调整把握法律现象、法律问题的认识框架，属于法理思考发挥作用的领地。关于法理思考如何充分发挥批判作用的问题，后面的章节集中谈到马克思主义法学理论的框架及其批判性时会再详细阐释，马克思主义法学理论的价值正在于其批判性。

由此观之，法理思考发挥作用的方式是无形的、广域的，目标是长线的，产生的效果不是即时可见的，与人们对将案件事实涵摄于法律规则之下即可产生出明确法律后果的"期待"很不相同，与拥有明确技术路线和充满数量统计分析的（流行的）社会科学研究也很不同，似乎会给人一种"空洞"之感。不是因为法理思考本身空洞，[1]而是人们对法理和法理学的期待有偏差，对什么是法和法学研究方法缺乏足够的认识。

与只关注白纸黑字所承载的法律规则的那种"法律思考"不同，法理思考，或者说，好的法理思考能够承担起一种去魅的功能，而不是人们通常以为的那种为法律规则加持"神圣性""正当性"的功能，[2]有助于我们抱持着平常心去理解什么是法，理解法的受制约性，恰当地把握法的价值、作用及其局限性，摒除对法的不当期待。

下面，我们将透过具体案例的讨论，运用马克思主义法学理论的框架剖析西方法律制度、主流法理念的实质，揭示其意识形态立场、价值倾向，一方面展现马克思主义理论的价值，另一方面展示社会主义法治和资本主义法治的区别。

---

〔1〕 不排除很多法理学说是空洞的。

〔2〕 具有这种功能的学说一般都是空洞的，本书对很多空洞学说进行了批判。

就美国司法案例展开讨论之前所作的说明

关于具体案例的讨论将从两个美国案例开始。为了让大家更好地进入、融入下面的讨论，我要在此作一点说明。为什么要对美国的司法判决作细致地讨论？甚至还要对美国的司法体制乃至政治、经济体制情况作详细地说明？这是我精心考虑的结果，并不是随意为之的。

第一，在法学理论教学中开展案例讨论非常必要。不知道你们接触法理时，遇到的第一个让你觉得难以逾越的问题是什么。我上大学时，用的是中国人民大学出版社的《法理学》教材，第一部分主要讲的是法的本质。"法的本质"可以说是法理学最核心的内容，不理解它就无法理解法的概念，不能树立起全面深入认识法律现象、法律问题的认识框架。然而，我在首次接触"法的本质"时，根本没有能力理解它的意义。经过多年的研究之后，我意识到，没有对法哲学、法社会学的深刻认识和积累，想要深入理解马克思主义法学理论关于"法的本质"的观点是不可能的。在我任教之后，如何能让年轻的学生，在未有条件获得充分理论积累的前提下增进对"法的本质"的认识而不只是机械地复述记诵所谓的"知识要点"便成为我努力解决的一个重要课题。

为了尽量让学生们接纳（先不说接受）我所讲的内容，起码在接纳的过程中少一点障碍，能逐渐体会到这个问题的重要性，我决意不按照教材的体系来授课，而是将我自己的思考过程展示出来，这对于学生来说可能更有参考意义。我把平时自己碰到的，能够让我联想到我所关心的这些理论问题的事例、案例作为素材放到课堂上来讨论，同时，把与案例有关的观点、理论争议以及我对这些观点理论的质疑拿出来作为讨论的引子、线索。这些案例、观点、争论，无论是国外的还是国内的，都与"法的本质""什么是法"这些问题有关，虽然是以不同的表现形式、从不同的侧面展现出来的。比如，即将讨论的第一个案例——一个以"言论自由"作为依据来判决的案例，我们要着重考察的是法的价值目标及其与政治倾向的联系，美国法律致力于实现的"自由""民主"是谁的自由？谁的民主？第二个案例——关于"持枪权"的案例，判决中用到自然法、自然权利学说来论证持枪的正当性，我们要着重探讨西方主流法理论对权利的界定存在什么问题？权利是什么？在法学理论中，权利是一个支柱性概念，如何理解权利关系着如何理解法。

第二，花大力气考察以美国为代表的西方制度、理论，有很强的现实意义。我们讨论美国的案例、宪法、体制，并非是为了就美国谈美国，就法律谈法律，而是为了了解以美国模式为代表的西方理论、制度、价值观的问题到底在哪儿？这些问题为什么存在？在此基础上，才能理解马克思主义法学理论对西方法学理论、法律实践的批判，理解马克思主义关于"法的本质"的观点。

在一些专业人士中间，存在着对西方制度、理论盲目认同的倾向，一些年轻学生也受其影响。譬如"践行三权分立、司法独立，才能实现法治""西方资本主义国家经济这么发达，我们如果要发展，就必须要走他们的道路，这是历史规律"等观点，我在教学过程中都接触过。但是，我不认为这应该被简单定性为"倾向有问题"，事实上，很多人之所以表达这样的观点，是因为他们并未意识到特定的社会经济、政治、法律制度和理论学说都是带有特定政治倾向、价值诉求的。全然接受"以规则为中心"的浅薄化教育，盲目信仰法律是完全排除政治干系、自我运转的、中立的技术体系的人，必然很难认识到法律规则背后的倾向，也很容易认为其他国家的制度、理论直接拿来适用于我国不会存在什么问题。

所以，我们必须要让年轻学生直观而深刻地认识到不同国家、地区制度倾向上的差异，了解到若以西方国家政治家、学者推广的理念为标准来认识法律现象、制定法律制度甚至作为铺就本国法治发展道路的蓝图，会导致什么问题。只有对其制度、理论有了深入理解之后，才能领会资本主义法治与社会主义法治的本质区别，以及，走社会主义法治道路的必要性。要做到这一点，就不能强行进行纯粹理论的灌输，而要注重增强学生的感性认识。不让人们接触充分的材料，不给其针对一手信息作出独立思考和判断的机会就开展批判，空口无凭，往往陷于说教，既没有什么说服力，也流于形式，不会产生什么成效。而从讨论美国的案例入手，细致展示其司法制度的特性，让学生们感受西方国家实际运作的法律制度发挥着什么样的社会作用和功能，进而体会西方国家宣扬的"普世价值"与其法律制度的实际运作之间的差异，看清"普世价值"的实质，是一个不错的切入点。为此，以下两章将分别讨论两个美国案例，牵涉三权分立、司法独立、自由市场、自然权利等被西方主流法理论视为基本预设的观点。

　　需要注意的是，我是以引导大家反思的目标来进行批判的，并不意味着全盘否定西方国家制度、理论包含的经验智慧，在阅读过程中请勿断章取义。我们既不能盲目相信他人搞拿来主义，也不能盲目自信矫枉过正。

公民联合会诉联邦选举委员会案：自由还是不自由？民主还是不民主？

2010 年美国联邦最高法院基于《美国宪法第一修正案》关于言论自由的规定针对涉及选举活动的案件 "Citizens United v. Federal Election Commission"（公民联合会诉联邦选举委员会案）所作的判决引发了我的强烈兴趣。这个案子最初使我感兴趣的原因，或者说，使我觉得有些难理解的地方，在于以言论自由来处理有关金钱政治的事项是否合理？经过深入挖掘，我发现，这个案件具备的一些特点有助于我们深入理解美国政治与司法的关系。西方主流理论一再宣扬"三权分立""司法独立"对于法治的特殊意义。表面上，美国拥有一种很强势的司法权，可以进行违宪审查以制衡政府的行为，这种相互制衡似乎体现出其司法的强独立性，与复杂的政治没有过多瓜葛，仿佛独立即中立，中立就能够代表公正。实际上，理论上宣扬"三权分立""司法独立"具有极强的政治意义，就像我前面说到的，法律实证主义以"中立的科学"掩盖其政治性反而体现出它极强的政治性，同样的，"三权分立""司法独立"突出分立、独立，掩盖不同权力分支之间的政治交缠关系，发挥着一种转移视线的政治功能。

之所以要细致地讨论这些问题，是因为我国有一些人抱持着对美国体制的崇拜，认为他们的"司法独立"是我们应该学习的榜样，做不到"司法独立"就不能实现法治。西方国家也以"司法独立"作为重要指标来衡量世界各国是否存在法治。而美国的司法是否真如宣示的那般独立呢？

从西方主流的法理念来看，"司法独立"是建立在以"三权分立"为基底的"宪政"基础上的，其目的主要在于保护私权对抗公权，这套逻辑是他们认可的"宪政""法治国家"标准。[1]而"三权分立""宪政"是从哪里来的？把它们当作"普适"标准，目的又是什么？我们下面就来解析这些问题。通过本章围绕的这个案例，我们先对美国的司法制度作一些了解，下一章，通过另一个案例对自然法、自然权利、社会契约论中蕴含的"宪政""三权分立"理念作分析，从制度到理论，逐步深入理解上述"普适"神话的由来和功能、实质目标。

一、5∶4 的判决结果反映了什么？

先抛开案情不提，不妨首先从"外观"打探一下这个判决。这个判决是以一个 5∶4 的结果作出的，9 个大法官中 5 个法官构成的多数派和 4 个法官的少数派之间存在重大分歧，判决依多数派意见作出。

为什么会出现 5∶4？美国宪法判决中从 9∶0 到 6∶3 各种结果都有，出现 5∶4 结果的也不在少数。相较而言，这 5∶4 显然体现出大法官之间的分歧是很难弥合的，各自立场都比较强硬。美国的司法判决允许法官写出其所持的不同意见及理由，开放争论，但是，实践中，在判决作出之前，首席大法官也会尽量与各方协商，争取更多的法官进入同一阵线，促成一致意见。那么，是什么造成了这种难以弥合的分歧呢？是党派政治立场的分歧。

为什么这么说？因为各个法官的意识形态倾向、党派性很容易辨明。在判决之后，时任总统奥巴马立即出来批判该判决，认为它是为特殊利益集团投入竞选资金开绿灯，是石油、华尔街银行、医疗保险公司和其他力量强大的集团的胜利。[2]与奥巴马立场一致，在判决中持反对意见的少数派都是民主党力荐的法官：斯蒂文森（John Paul Stevens）由福特总统提名（福特虽然

---

〔1〕　Stanford Encyclopedia of Philosophy：Constitutionalism，First published Wed Jan 10，2001；substantive revision Wed Dec 20，2017. 载 http://plato. stanford. edu/entries/constitutionalism/（最后访问日期：2019 年 7 月 13 日）When scholars talk of constitutionalism... They mean not only that there are norms creating legislative，executive and judicial powers，but that these norms impose significant limits on those powers. Often these limitations are in the form of civil rights against government，rights to things like free expression，association，equality and due process of law.

〔2〕　President Obama sharply criticized the ruling，however，calling it "a green light to a new stampede of special interest money"，"It is a major victory for big oil，Wall Street banks，health insurance companies and the other powerful interests that marshal their power every day in Washington to drown out the voices of everyday Americans" 载 http://www. washingtonpost. com/wp－dyn/content/article/2010/01/21/AR2010012104866. html（最后访问日期：2019 年 7 月 15 日）

是共和党总统，但属于温和派且其在任时民主党主导国会，法官本人也偏自由派），金斯伯格（Ruth Bader Ginsburg）和布雷耶（Stephen Breyer）由克林顿总统提名，索托马约尔（Sonia Maria Sotomayor）由奥巴马总统提名，多数派法官则是共和党总统举荐的：肯尼迪（Anthony Kennedy）、奥康纳（Sandra Day O' Connor）、斯卡利亚（Antonin Scalia）由里根总统提名，托马斯（Clarence Thomas）由布什总统提名，罗伯茨（John Roberts）由小布什总统提名。

我们可以看看美国法官的选任制度，法官由谁选任，谁担任法官，影响着司法判决的走向，以及司法的独立性如何定义。联邦法院的大法官由总统提名，参议院司法委员会对提名进行审查并投票决定是否通过，通过后的提名人选，再由参议院票决批准与否，经批准后才能得到正式任命，如人选未能通过票决，则自提名程序重新开始直至大法官空岗填补上。所以，在任总统是共和党还是民主党，哪个党派掌控参议院多数，总统与参议院多数派是否属于同一党派，决定性地影响着法官选任。每当大法官有空缺，两党动作就很频繁，激烈竞争。因为大法官基本上是终身制，除非实在是身体条件不允许才会退休卸任，许多法官会在最高法院待上几十年，每一个判决每一票都会影响未来政治的走向，这样的关键位置和权力，两党不可能轻易放手，必然要费尽心思来安插合适（对己有利）的人选。奥巴马卸任前到特朗普上台后绵延一年多的大法官人选之争就是一个非常具有代表性的例子。2016 年 2 月斯卡利亚法官去世，直到 2017 年 4 月美国参议院才确认一名由特朗普提名的大法官人选。这个法官岗位缺位长达一年多，在这一年多里，最高法院只有八名大法官履职，显然会在一定程度上影响案件表决。但是，这一问题看起来并非是美国政界关心的问题。斯卡利亚法官去世的时候，民主党总统奥巴马还没有下台，其利用在任的优势提名的多个人选均遭共和党掌控的参议院否决，未获通过。共和党为了把事情拖延到共和党总统上台，煽动关于法官提名和任命程序问题的政治争论（比如，该不该由即将下台的总统来提名大法官人选，参议院多少票可以通过提名等），总之，让这个岗位空着也比上一个亲近民主党的法官强。从这个角度看，司法更像是政治玩物。

在州一级，法官选任多采取的是选举制，如果没有政党的支持，有意担任法官的人很难在政治性竞选中脱颖而出。这一切都说明，法官这一岗位政治性很强。也正因为这一点，法官候选人和在任法官时常面临政治立场可能会影响司法独立、司法公正的争议，他们的公开言论，尤其是能体现其政治倾向的、针对有争议性的法律和政治议题发表的言论，往往会引起质疑，甚至被列入审查、限制之列。这类限制似乎是为了保障司法独立、公正，但实际上也可以看作是对法官政治立场的一种筛选——起码要符合主流意识形态的标准。政治学家爱泼斯坦、经济学家兰德斯和法学家波斯纳合作的论著《法官如何行为：理性选择的理论和经验研究》从现实主义的角度研究法官的行为受什么因素制约，其中有一段话揭示了美国法官（尤其是上诉审层面的法官）判决所承担的功能：

> "在美国，不仅是宪法（这个很显然），而且反垄断法、劳动法、证券法、刑法等领域的法律规则很大程度上来自法官在裁决过程中所行使的自由裁量权力。这就揭示了为什么联邦法庭的审理过程中会有这么多争议点，为什么法官的选举活动（通常是在州法官层面）会吸引大量的竞选捐款，以及为什么将州法官的选举制改为任命制会招致如此强烈的反对。法官们总是喜欢把国会和总统称作美国政府的'政治分支'，其暗含的意思就是说，法官自身是政治中立的。如果把'政治'等同于党派政治的话，那么这一说法基本上是对的，然而我们对'政治'的理解不应局限于此。受到某种政治意识形态影响而作出的决定就是一种政治属性的表现，而许多司法决定正是在受到这种影响的情况下作出的"。[1]

需注意的是，这几位学者是从直观经验的视角来研究这个问题的，因此，他们关注"意识形态"这种似乎是直接影响法官思维从而影响其司法决定的因素。[2]这一定程度上是将意识形态与党派政治分隔开来看待问题。但是，离开党派政治，又如何能够理解意识形态的内容？理解判决的政治倾向？关于此问题，我们将在下一部分关于具体判决的讨论中涉及。

美国理论上宣扬以三权分立为基底的司法独立，但从实际运作上看，大法官们行使司法权没有想象中那么独立，三权并非那么分立。"三权分立"理论主要来自启蒙思想时期英国的洛克，如今在美国得到最为虔诚的践行。"三

---

〔1〕　[美] 李·爱泼斯坦、威廉·M. 兰德斯、理查德·A. 波斯纳：《法官如何行为：理性选择的理论和经验研究》，黄韬译，法律出版社 2017 年版，第 24 页。

〔2〕　其他一些相关研究也可作为参考。[美] 杰弗瑞·A. 西格尔、哈罗德·J. 斯皮斯：《正义背后的意识形态：最高法院与态度模型》（修订版），刘哲玮译，北京大学出版社 2012 年版。

权分立""宪政"如今被美国推到前台作为推广"普世价值"的旗帜性话语，而在洛克的学说体系中，它们是作为自然法理论的推论出现的，不深入理解自然法、自然权利学说，就很难理解"三权分立""宪政"蕴含的意识形态立场。我们在这一章中主要关注制度现实，关于其背后的理论学说，将在下一个案例的讨论中再行解释。

三权分立，即所谓立法权、行政权、司法权相互分立、制衡，立法权用以制定法律，行政权用以执行法律，司法权用以依法解决纠纷。与欧洲国家相比较，美国司法分支因其自由裁量权更大、享有违宪审查权而显得司法权够强够独立，似乎是更彻底地遵行了"三权分立"。这种"强"司法权的模式，使美国被一些人奉为"宪政国家"的样本。欧洲的一些资本主义国家，立法分支（议会）一般占据至上地位，宪法问题通常会交给议会或者行政化的宪法委员会来处理。与美国同属英美法系的英国，最高法院直到2009年才开始运行，其权力主要承继自上议院。这些不那么"三权分立"、司法也没那么"独立"的国家也并不被认为是非法治国家。然而，却总有些人认为我们国家不实行"三权分立""司法独立"就谈不上法治。这说明，一些人在说"三权分立""宪政""法治"的时候，已经预设了前提，导向某个（甚至唯一一个）具体方案——美国模式。我们不反对学习和借鉴西方国家的法治经验，但要注意这些经验背后的逻辑、立场，不能不加辨析地去支持它，不加思索地以表面"普适"实则蕴含着特定立场的标准来评价我国的制度。很多人之所以犯这种错误，就是因为简单地把抽象的概念、规则视为中立的"客观"真理，忽视将特殊经验普遍化、正当化为"应当遵守的"规范的过程。忽视，源于不深究历史，不追溯制度何以形成，只是静态地看待现行规则，承认其合法性，把对现行规则的信仰化为"常识"，不作批判也作不了批判。

从政治学的角度来讲，司法机关、立法机关、行政机关及其工作人员都是政治行为主体。在实践中，美国最高法院法官为了维护司法权威，在作出判决时也会考虑国会（立法分支）、政府（行政分支）的态度，因为即使法院作出不利于现行法律的判决，拥有立法权的分支（国会、政府）也可以通过重新立法来架空法院的判决。三大分支相互分立制衡的关系，不如说是一种协作关系，当总统、国会多数派、大法官多数派属于同一政治党派阵营的时候，这种关系尤为明显。在美国，无论是总统、国会议员还是法官，都是经过党派性很强的政治过程选任的，以确保他们共享统一的意识形态。因此，纵然法官终身制及法官享有的强势自由裁量权使其能够具有较高地位，为其更加独立地从事审判创造条件，但是，若通盘考虑美国的司法体制、政治环境，司法权、司法决定是否独立于政治以及到底具有多大程度的独立性这一问题还需要进一步深思。在我看来，美国司法体制政治性之强，恰恰说明司法分支并非那么独立，三权也并非那么分立。

　　或许我们可以用下面简单的图表来说明以不同视角、立场看待美国的三权分立、司法独立、宪政会产生什么样的不同结论。

表 2.1　西方国家宪政理念下的三权分立

宪政			
制度层面 表面层次	立法权	行政权	司法权
	三权相互分立制衡（司法独立）/ 宪法确定各分支的权限、权力运转程序		
理念层面 基础层次	个人权利	国家权力	
	个人权利优先，限制国家权力/ 个人权利与国家权力呈对抗关系		

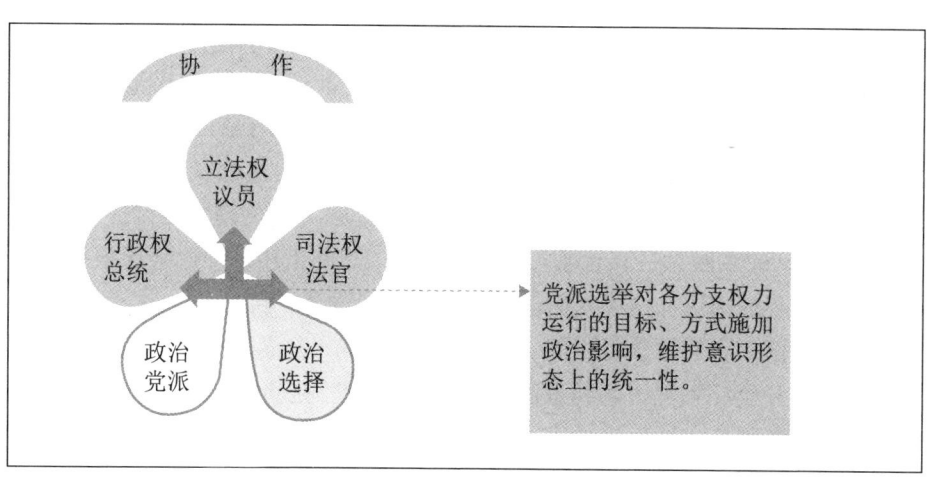

图 2.1　脱离开"三权分立""宪政"限定的规范视角看政治体制及政治权力的运作

　　需要注意的是，西方所谓的"宪政""三权分立"只是就既定政治权力分配的事实谈权力，并通过一套以个人权利和国家权力关系为视角的非历史性政治学说将其正当化、合法化。前文曾提到过法律实证主义的功能、自然法学说和法律实证主义的关系，自然法学说以非历史的虚构解决政治权力的起源和分配问题，法律实证主义则以承认现行权力架构的合法性为前提，静态描述法律制度的结构，它暗含着价值立场，即现行制度合法，应予遵行。更为关键的是，西方国家认为这一套理论、制度是"普适的"，世界各国各地区均应当遵行。西方将其视为普适的，源于两个层面：一个层面是神学基督教的宇宙观、世界观，另一个层面是世俗的人性论：人人生而自由平等，依经济理性而行为。神学世界观及其所定义的"人性"等问题会在后文涉及自然法、西方经济学理论与法学理论的内在联系等部分加以集中讨论。在这里，只稍微提示一下，表2.1展示的仅仅是"三权分立""宪政"理论宣示出来的内容，其实质需要联系前述问题深入挖掘。仅就表2.1，我们可以看出，这套理论是以特定视角、立场来描述美国现行制度的，它的问题在于，一方面它在很狭窄的范围内来讨论政治体制、政治权力运行，掩饰三权背后政治上的协同关系；另一方面，将其当作"普适"真理，排斥从其他的视角、立场看待政治体制、政治权力运作过程。换句话说，虽然"三权分立""宪政"理论表面上看仅仅是强调政治权力应受宪法制约的规范理论，但借着普适化，起到的却是塑造"世界观"的作用（如同前文提到过法律实证主义营造出来的"法学世界观"），让一些人认为以此界分政治权力、宪法功能理所应当。

图2.1仅作为一个范例来说明可以不遵照表2.1限定的模式来认识政治法律制度。当摆脱了既定的视角，把"分立"的三权放在更广的政治过程中来看的时候，会发现它们之间错综复杂的关系，绝不是"三权分立""司法独立"可以厘定的，最起码会使我们对这些"简单明了"的理念抱持怀疑态度。"简单明了"的东西总是容易抓人眼球，方便记忆和借用，却遮蔽了很多关键的信息、重要的问题，造成人们认识上的狭隘、浅薄、盲目。

另一方面，在西方学者中间，对"司法独立"也不是没有质疑的。近些年已经有人开始反思美国联邦最高法院的"独立"是否适当的问题。由九名大法官来判断由民主性更强的国会（从形式上看，立法机关代表的民主性更强，当然，美国国会到底有多民主还需要分析）制定出来的法律是否违宪，是否对民主构成破坏？一定程度上，依靠大法官来解释宪法审查法律，是一种专家治国的方式，具有规避民主的功能。

我国一些专业人士在表达对美国"司法独立"的憧憬之情时，可能还没有意识到其中存在的悖论，这是缺乏批判精神、盲目认同的体现。同时，可以联系到我国国内关于司法改革方向的争论，特别是精英司法与人民司法、司法民主路线之间的争论。我们作为社会主义国家，强调人民司法、司法民主，体现了我们的司法体制及其价值目标与西方国家司法体制、价值目标的差异，背后是政治立场的差异。这种差异是不能被轻易抹去的。

当我们对美国司法体制背景、司法独立理念有所了解之后，大概不会再轻易将"司法独立"作为口号来否定法与政治之间存在的紧密关系。在任何国家，司法权都无疑是政治系统中的一部分，对司法权和法的研究，不能脱离开对政治的考察，也不能将法与政治剥离开来看问题。我国历史上有一段时期，由于对法律调整机制的功能和规律、法治的价值缺乏认识，致使民主法制建设遭受严重破坏。这正说明我们对法与政治的关系缺乏恰当的理解，而并非像有些学者所认为的那样——法学应当"去政治化"。为保持理论研究的科学性、公正性，排除不利于研究深入开展的不当干预是必要的，然而，把政治问题排除出法学领域，推崇法学理论、法律制度"纯粹化""中立化"，以回避或抗拒法与政治的联系，不符合客观事实，会造成研究的狭隘化、肤浅化。同样的，司法机关及其公职人员依法独立行使职权，遵守法定程序，公正判决，是贯彻法治所必须要坚守的，任何影响司法公正的肆意干涉都需要排除。无论是国家机关部门、领导干部私下给法院、法官递条子、施加压力的行为，还是当事人行贿法官的行为，凡是意图阻碍司法机关、法官依法行使职权以左右司法决定的干预，都应当排除。可是，这些问题并不能通过制度、理论的"去政治化"或拷贝西方式"司法独立"来解决。何况西方推广所谓的"司法独立"，本身就裹着强烈的政治诉求。在美国国内，"司法独立"是掌权者通过强势司法自由裁量权掌控政治局面的重要操控线。在美国之外如2019年"乱港事件"中，承袭英美法传统的中国香港地区颇为"独立"的司法分支中数位法官明显偏袒被警方依法逮捕的暴乱参与人员，迅速给予其保释或加以轻判，不仅削弱香港的法治，亦对政局构成重大影响。由此，我们也能够认识到，"司法独立"并非局限于"司法"，而涉及整个政治大局。

回过头来说我们讨论的案件，这个5∶4的判决。当然，并不是说只有5∶4的判决才涉及党派分歧。每个党派也有左翼右翼之分，保守一点的、激进一点的或温和一点的，在不同的议题上，不同党派温和派成员之间的距离有时更为接近，甚于党派内部成员时，会出现不同党派的法官站在同一阵线的情况。5:4说明法官们很清楚这个案件所涉议题是对政治活动影响非常大的事务，判决意见等同于直接摆明政治立场，是不能妥协的。那么，我们就来看一看，是什么案件让两党这么紧张？民主党的立场是否真的与共和党的立场如此相悖？

二、基本案情、相关法律沿革与判决的意义

（一）基本案情

公民联合会是一个保守派的非营利性组织，该组织制作传播了一部批评当时作为总统候选人的希拉里的纪录片，在剧场进行放映并制成 DVD，并为这部影片制作了宣传广告。地区法院判决其违反竞选法的禁令，禁令要求企业、组织等不能动用一般账户资金（general treasury funds）以独立支出的名义资助与竞选活动有关的言论或支持、打击特定候选人的言论，不能在初选前30天内资助相关言论。该组织一直上诉到最高法院，称上述禁令违背宪法第一修正案关于言论自由的规定。

《美国宪法第一修正案》全文如下：国会不得制定关于下列事项的法律：确立国教或禁止信教自由；剥夺言论自由或出版自由；或剥夺人民和平集会和向政府请愿伸冤的权利。[1]

宪法条文极其简单，法官对宪法的解释立足于对竞选法和相关判例的理解，要深入地理解案件判决的意义、功能和影响，就有必要对美国竞选法的沿革历史有一定的了解，在此基础上，才能明确判决否定的和支持的立场。

（二）美国竞选法沿革

早期，美国法律对政治献金问题的态度相对比较严苛。1907 年的《蒂尔曼法》（The Tillman Act）颁布，禁止企业资助与联邦竞选有关的活动。1925年的《反腐败法》（The Corrupt Practices Act）禁止来自企业的任何形式捐助，不仅包括钱，还包括其他相当价值的捐助。

1947 年《劳资关系法》（Labor Management Relations Act ∕Taft‐Hartley

---

[1] 英文原文：Congress shall make no law respecting an establishment of religion, or prohibiting the free exercise thereof; or abridging the freedom of speech, or of the press; or the right of the people peaceably to assemble, and to petition the Government for a redress of grievances.

Act）明确禁止企业、工会组织等用一般财务资金用于开支或资助竞选活动。有些人可能会觉得不可思议，为什么会在《劳资关系法》中作一个跟政治竞选有关的规定。这跟《劳资关系法》出台的社会背景有关。20 世纪 20 年代、30 年代美国出现经济危机，大萧条时期阶级矛盾尖锐，为了缓和矛盾，稳定经济和社会秩序，罗斯福新政通过加大基础设施建设，鼓励就业，提高薪资和社会保障水平等方式促进劳工福利的增加。世界大战期间，战时需要也要求对劳工权益大加安抚。在这一阶段，工会力量高涨，经常采取罢工手段提诉求。二战结束后，为战时需要而进行的工资和价格管制放松，工会采取罢工等手段要求提高薪资，另一方面，冷战开启，掌权者对于共产主义思想利用工会活动传播有了更强的警惕心（到 50 年代初更是形成以"麦卡锡主义"为代表的反共浪潮）。在这样的背景下，《劳资关系法》出台，主要目的是对工会活动进行限制。结合法律出台的背景和目的，我们才能了解其实际功能。表面上，禁令对工会、企业一视同仁，但是，现实中，资方比工会有更多的资源和手段从台面下影响政治活动，所以，这个禁令对工会的限制性影响显然会更大。劳资关系看似仅仅是经济上的关系，其实，一旦工会的政治力量被压制，势必会影响劳方在经济上的地位，重塑劳资双方的关系，使劳方变得更为弱势。

《联邦选举法》（Federal Election Campaign Act of 1971，1974，1976，1979）奠定了美国竞选活动献金募集和支出的基本规则[1]，其涉及的几项内容与我们目前讨论的案例相关：

第一，设立联邦选举委员会（即 FEC，2010 年公民联合会案件中的被诉方）来监督法律的执行；

第二，为候选人提供公共资金，但接受公共资金支持的候选人必须接受开支限制；

第三，对个人和组织资助者在每次选举中给特定候选人的捐款额和捐款总额设定限制；

第四，设定报告和公开竞选捐款、开支的透明性要求，超过 200 美元的

---

〔1〕参见 https://www.fec.gov/legal-resources/legislation/（最后访问日期：2020 年 2 月 14 日）；Cantor，Joseph E，*Campaign Financing：Highlights and Chronology of Current Federal Law*，载 https://digital.library.unt.edu/ark：/67531/metacrs954/（最后访问日期：2020 年 2 月 14 日）

都要遵守相关要求；

第五，允许企业、组织、利益集团通过独立开支的财务账户资助政治行动委员会建设的方式来参与到政治竞选活动中，并且设定了极小的限制，仅对捐助人数量和资助对象数量略有要求。并不是说，此前这类活动不存在，而是法律现在将原本台面下的活动合法化了，采取一种鼓励的立场。联系到之前1947年的《劳资关系法》，其虽然禁止企业、工会组织动用一般账户资金资助竞选相关活动，但并未禁止其以非一般性的、特殊资金渠道来资助相关活动。经法律对此类活动的正当化，旨在为特定政治候选人和党派竞选活动募款的组织——政治行动委员会（political action committee/PAC）得以蓬勃发展，发展至今，不断涌现出拥有巨额资金的"超级政治行动委员会"。政治行动委员会往往以一种独立的社会组织的面目出现，但一般都是一些大的特殊利益集团打造出来用于筹集政治资金的组织，具有特定的党派立场。虽然每个人、每个组织投入政治活动的资金有限制，但是政治行动委员会可以从大量的个人、组织手中收集金钱，然后决定为哪些候选人、党派的竞选活动助力。某个政党及其候选人可以利用无数的政治行动委员会来筹集资金、支持自己的竞选活动。这样，可以积聚起大量的资金，又不受约束。

与此同时，1976年"巴克利诉瓦莱奥案"（Buckley v. Valeo）的判决推翻了对竞选开支的限制，没有接受公共资金的候选人在竞选活动中使用个人资金不受限。候选人只要选择不接受公共资金，就可以避开限制，也使支持或反对某一候选人——但不与任何候选人或竞选活动直接协作——的个人或团体可以更"自由"地开支资金。至此，虽然法律面上依然维持了财务披露、捐款限制等方面的规定，但事实上政党和候选人可以通过各种渠道来募集资金和支出，绕过限制。

2002年《两党竞选改革法》（Bipartisan Campaign Reform Act）出台，明确要求企业、组织等不能在初选前的30天内，大选前60天内通过独立开支的账户以不与任何候选人或政党直接协调的方式开展竞选性的言论宣传、支持或打击特定的候选人。投入到以"不与任何候选人或政党直接协调"方式活动中的资金通常被视为"软钱"。美国政治资金有硬钱和软钱（hard money/soft money）之分。硬钱是指有明确的意图，直接投给联邦政治职位竞选活动的资金。硬钱是明确由联邦选举委员会监管的，而对于软钱的监管一直不明确。像是对不直接明确意图的宣传广告的资金投入，通常称为软钱，比如有意无意提到候选人姓名的广告，比如为某一政策站台或宣扬某一议题的广告。在美国的竞选活动中，软钱资金要比硬钱资金量更大。所谓"big money"式的竞选，很大一部分集中在软钱的募集和支出上。在《两党竞选改革法》之前，针对软钱的监管是很欠缺的，该法律的目的之一就是为"软钱"设限，禁止在选举前的一定期限内开展宣传的规定就是基于此目的，把以往关于资助竞选活动的禁令扩大到竞选性言论。但其所作的限制，也不过是非常弱的限制。

从美国竞选相关法律的沿革历史中，我们可以看出来，早期对于金钱政治的限制相对是比较强的（至少从法律字面规定来看是如此），保持一种强烈排斥的态度。随着政治形势的变化，原本被视为违法的行为逐渐被合法化。1947 年《劳资关系法》虽然禁止通过一般账户资金资助政治竞选活动，但法律留有空子，可供有资金的人通过其他渠道来从事法律表面上被禁止的活动。自 70 年代起，法律越来越屈服于金钱的政治分量，在将政治行动委员会活动合法化的前提下，虽然规定了一些金额上的细致限制，但并不影响"大局"。这个转向并非法律自觉自动做出的调整，而是政治风向导致的转变。而 2010 年"公民联合会诉联邦选举委员会案"的判决在这一历史过程中发挥了什么作用，在政治风潮的变化中具有什么样的地位呢？

（三）2010 年"公民联合会诉联邦选举委员会案"判决的意义

总体来说，该判决进一步取消了金钱投入政治的限制。它主要作出了三项决定，对上述法律作了修改：[1]第一，推翻了 1947 年《劳资关系法》关于使用一般账户资金的禁令。有意思的是，如今美国的工会组织基本没什么力量了，取消这一限制对工会来说意义不大。1947 年《劳资关系法》已经达到其目的，这么多年来，工会力量被压制、弱化，如今禁令被推翻，主要意味着对企业-资方力量的支持增加，如此，劳方和资方的力量差距只会继续扩大；第二，推翻了《两党选举改革法》关于宣传活动期限限制的规定，取消了对于软钱来说本来也不算严苛的限制；第三，维持了针对硬钱的限制和披露义务。

那么，2010 年的判决之后，还剩下什么限制呢？联邦选举委员会的监管、

---

[1]　详细判决见 Supreme Court of the United States Citizens United, Appellant v. Federal Election Commission（on appeal from the united states district court for the district of columbia），载 https://www.law.cornell.edu/supct/html/08-205.ZO.html，最后访问日期：2019 年 7 月 13 日。

捐款上限和开支披露义务，然而，没有一项能对现实中的金钱政治活动造成实质影响。

首先，联邦选举委员会起不了真正的监管作用，号称"独立于党派"，但事实上不可能在党派政治之外运作。该委员会的 6 名成员由总统提名，参议院批准通过，通常来说，每个党派不超过 3 名。

其次，企业或利益集团可以通过多个政治行动委员会或非营利性组织来支持自己中意的候选人或党派的竞选活动，既可以规避对硬钱的限制，还能够充分利用"软钱"的力量。

再其次，开支披露也是一个可以规避的义务。这个判决的上诉方公民联合会是一个根据美国《国内税收法》（Internal Revenue Code）501 条款成立的非营利性组织，它以享受税收减免优惠的非营利组织面目出现，对其捐款可以匿名也无上限，其接受捐赠的信息是可以不公开的，可一定程度上绕过监督。

最后，捐款总额上限在 2014 年"麦卡琴诉联邦选举委员会案"（McCutcheon v. FEC）中以又一个 5∶4 的判决被取消。该案诉到哥伦比亚地区法院时是 2012 年，当时个人捐款的上限是（根据通货膨胀的情况浮动调整）可以在每次选举中捐赠给每个候选人 2500 美元，给政党全国委员会捐赠 30 800 美元/年，其他非党派政治委员会 5000 美元/年。在一个两年的周期里（以 2011~2012 年为例），给候选人捐赠总额不超过 46 200 美元，给组织捐赠不超过 70 800 美元，总额上限为 117 000 美元。[1]麦卡琴认为这个总额限制侵犯了他的言论自由，起诉挑战捐款额度上限。判决后，个人捐款总上不再有上限。

结合美国一个多世纪以来的法律变化，2010 年"公民联合会诉选举委员会案"的判决结果体现了一个取向，就是尽可能取消所有对金钱政治的限制，可以让企业以及其他社会组织在政治活动中尽可能多地投入金钱，认为限制他们把钱投入政治选举活动都是对言论自由的侵犯。少数派、站在民主党立场上的法官认为多数派没能理解捐赠方手中的金权会形成特殊机会和特殊影响，对民主产生威胁，为了提升某些人的相对影响力而限制其他人的政治参与。前面也提到过，这个判决一出来，当时在任的总统奥巴马立即出来反对，

---

〔1〕 参见 McCutcheon, et al. v. FEC（District court 2012），载 https://www.fec.gov/updates/mccutcheon-et-al-v-fec-district-court/，最后访问日期：2019 年 10 月 1 日。

认为判决结果会造成对民主的极大损害。他们的话是否可信? 我们不妨探查一下判决前后美国政治竞选活动的变化，看看这样的法律变化是否仅仅因多数派法官的意见之故才出现突然的转折，它又会带来什么样的影响? 深入了解之后，我们才能体会法律的真实目标。

（四）判决的影响

虽然奥巴马狠狠批评了判决为大利益集团输出政治献金创造了条件，但他只是作为民主党总统摆摆样子。事实上，他当选总统也依赖了大量的捐款。通常来说，为了保证自身利益政治上的稳固，利益集团通常会两边投注，既给共和党投钱，也给民主党投钱。在奥巴马 2008 年竞选总统期间，民主党得到的捐款在近十年首次超过共和党。[1]5:4 的判决结果，并不意味着两党真的有那么大的差异，两党当政都离不开大企业的支持，哪个党派的总统也都不可能真正地去改变现行政治法律制度的基本框架，否则便会失去竞选财务、媒体话语等各方面的资源支持。

2015 年 10 月，美国媒体《纽约时报》调查发现，在总统选战第一阶段收到的政治捐款中，有 1.76 亿美元出自 158 个家庭以及他们拥有或控制的公司，联邦选举委员会可查数据显示，截至当年 6 月 30 日（党内初选辩论还没有开始），这 158 个家庭每个捐献的金额都在 25 万美元以上，另外 200 个家庭的捐献额也都在 10 万以上。这两个群体的献金总和，占据总统选举经费的一大半，而其中绝大多数都流向了共和党。根据行业分布统计，其中 64 个家庭来自金融业，多数支持共和党的立场。[2]

金融危机以后，奥巴马政府一定程度上支持加强金融监管，民主党的立场与金融业大亨的利益（表面上）相冲突，共和党的政策立场则一向是放松监管，与大亨们一致，决定了献金流向。根据上述报道的总结，这些捐款大户几乎都是富裕老年白人男性，不少人甚至住在同一片住宅区。给竞选注入如此巨额早期资金并集中在如此少数人和企业，前所未有，该文章认为"公民联合会诉联邦选举委员会"一案中美国最高法院的判决是导致这一现象出现的关键原因。2016 年大选拉开战幕以来，多次发生针对金钱政治的民众抗

---

〔1〕 参见"美式金融垄断，埋下美国'愤怒之年'"，载 http://jjckb. xinhuanet. com/2012-02/16/content_ 358331. htm，最后访问日期：2019 年 9 月 6 日。

〔2〕 参见"2016 美国大选背后的博弈：谁在出资? 谁出资最多?"，载 http://world. huanqiu. c-om/hot/2015-10/7844369. html? agt=15438，最后访问日期：2019 年 9 月 6 日。

议活动，也是 2011 年占领华尔街运动遭到镇压之后，比较有规模的抗议活动。这种规模性的抗议活动之前比较少见，说明金融危机之后金钱政治的问题愈发突出了。前述旨在取消金钱投入政治活动的限制的判决也都是在金融危机之后。经济上的问题导致美国政治风向、法律内容的变化。为了保住最富人群的利益，美国用公共财政拯救濒临破产的大银行等企业，同时削减福利保障，使贫富差距比之前更大，社会处于一个更为不平等的状态下，社会阶级矛盾尖锐起来，为了稳固有利于最富有阶层利益的社会秩序，法律必然要承担起相应"职责"，2010 年及之后出现的司法判决就是这一"职责"的体现，确保最富人群最大程度地利用金钱施加政治影响力。

如此看来，法律是不是如一些人以为的那样不过是一种中立的规则？还是说法律始终是一种带有倾向性立场、政治价值目标的制度体系？下面，我们进入到判决中，考察判决理由，看看特定的价值目标是如何得以证成的？

三、自由吗？民主吗？——判决理由合理吗？

（一）判决理由

我们回到判决本身，来看判决理由中体现出来的争议。

以肯尼迪法官为首的多数派重点关注的问题是：谁可以拥有言论自由？企业等各类组织，这些非个人的主体是不是可以拥有言论自由？他们认为各种主体都有同等的公开发表观点的权利，不能仅仅因为言论主体是公司等组织（非个人）就压制其言论。企业等组织与个人一样享有《美国宪法第一修正案》赋予的言论自由，不管其是营利性组织还是非营利性组织，而政治资金的自由投入和开支对于保障个人和组织的言论自由非常关键，这些资金的使用也应当受《美国宪法第一修正案》保护。也就是说，政府不应该限制企业等组织花钱支持政治活动。既然这些组织目前可以合法地通过特殊资金渠道建立政治行动委员会来影响竞选活动，何必要限制他们不得用一般账户资金开展活动，更无须限定他们进行政治宣传的时间期限。[1]企业等组织可以也理应不受限制地、自由地通过花钱资助竞选活动来行使它们合法的言论

---

〔1〕 载 http://www.casebriefs.com/blog/law/constitutional-law/constitutional-law-keyed-to-sullivan/rights-ancillary-to-freedom-of-speech/citizens-united-v-federal-election-commission/2/，最后访问日期：2019 年 7 月 6 日。

权利。

对于多数派来说，《美国宪法第一修正案》保护的是一种意见自由市场，尽可能放任，就像西方国家在经济上推崇自由市场。可以说，多数派的观点体现的是非常典型的自由主义立场，甚至可以说是原教旨的自由主义，认为有限制就是不自由的，确保不受限制的自由是首要的价值诉求。他们认为，即使企业、组织资金实力雄厚，看上去有更多优势，但是，容许他们投入更多的钱，在没有过多限制的前提下表达观点并不会导致腐败（腐败只限于对等物的利益交换），因而对这种花钱发言的自由进行干预和限制是不合理的。

少数派法官则认为多数派的判决会限制国会打击腐败的能力。在其看来，对腐败应作一种更广义的理解，腐败不仅仅是指等价交换，完全可以预见到若对政治献金不进行限制会导致腐败。比如，特殊利益集团能够借此使其诉求在政治议程中得到更高的关注度，通过传媒影响促使政治家推进他们期待的特定目标，等等。组织并非个人，组织没有选举权，不像个人那样拥有内在的道德诉求。组织内部的人都享有言论权利，组织无非是个人的集合。财大气粗的组织能通过金钱对公共政治产生强大影响，迫使公众接受其观点。如果不对其进行约束，会影响到民主制度的有效运行，使人们对民主选举丧失信心。

前面已经结合美国竞选法律的沿革历史和有关司法判决的政治功能作了分析，无论是共和党还是民主党，无论是总统还是法官，其政治立场、意识形态的实质没有根本性分歧，但并不代表法官的意见不值得讨论。法官多数派和少数派两方的争议反映出美国司法判决的特点，法官花大篇幅讨论的是法律的价值目标。不管其说的道理是不是真的合理，但他们努力去进行说理，说理的内容并不限于法律文本，着重讨论的是法律意义界定所立足的价值目标。这些内容看起来并非那么"专业化"，因为法官之间的争议点体现的不过是美国政治生活中常见的争议，是受过良好教育的公民都会且能够进行探讨的问题。法官说理，可以说是向公民解释宪法，也可以说是公共讨论的特殊形式。对比起来，我国司法判决说理显然不足，未能充分发挥司法应有的功能，这一点着实需要反思。虽然美国宪法的简洁特点和判例法传统使司法判决的解释空间显而易见地比较大，法官拥有包括违宪审查权在内的强自由裁量权，目的在于通过人数极少、易统一的专家治国式司法模式控制政治形势，但是我们还是需要检讨，我国司法判决在引导公众认识方面做得还不够。

第一章已经探讨过说理的问题，不再赘述。我在这里更关注的是法官们关于自由、民主的讨论。可以延伸出很多问题：自由是什么？自由是不是尽量减少或取消限制，尽可能放任？民主是什么？民主是不是仅仅指人人都可投票选举？美国政治制度到底民主还是不民主？自由与民主之间是什么关系？有些人认为自由与民主是冲突的，只能赋予其位阶排序以作出取舍。二者真的冲突吗？这些问题，仅通过本章内容很难说清楚，不过，可以先提出问题，留下一些思考的线索。

（二）自由？民主？

基于这个案例及其带来的影响，我们可以集中思考两方面问题：第一，自由投入金钱于政治竞选活动即意味着自由吗？"意见自由市场"保障的是谁的自由？第二，若社会不平等非常严重，民主能够实现吗？

回想一下前面提到的"麦卡琴案"，在取消限制之前，一个人在一个两年的选举周期里（以 2011~2012 年为例）捐赠总额上限为 117 000 美元。2011年美国家庭中位收入才是 50 054 美元，[1]也就是说，超过 50% 的美国家庭，其家庭年收入低于年捐款上限。可以想见，即使有上限，"言论自由"也是富人可以充分享有的自由，捐款限制越少，越有钱的人相较于没钱的人可投入的就越多，优势越明显。而且有钱人不仅能够以个人收入、家庭财富来捐款，还可以通过其掌控的公司、组织资金来捐款。在这样或许很"自由"但极其不公平的情形下，多数人的言论会不会被淹没？会不会有些人被牵着鼻子走，认同与自己利益相悖的立场、政策？这些人真正拥有言论自由吗？有条件实现与富人同等的言论自由吗？如果发声的力量不平等，民主能在什么意义上实现呢？

在以往的课堂讨论中，有同学认为保障有钱人无限制地把资金投入政治活动，并不会造成什么问题。他说，每个人的行为都会带来一定的影响，并把作为教师的我在教室里对同学们产生的影响力与有钱人投钱于政治宣传活动产生的影响力相类比。当然，在很抽象的层面上，这两种影响是有共同点的，都是影响。我的观点可能影响了学生们在学术问题或者人生问题上的思考，有钱人投资的政治宣传可能影响了一些人关于国家法律政策方向、路线的观点。但是，如果再具体分析一下，考虑到两类影响的目标、手段以及影

---

〔1〕"2011 年美家庭收入中位数 5 万美元 连续四年下跌"，载 http://news.cnr.cn/gjxw/list/201209/t20120914 _ 510915647. shtmlhttp://news. cnr. cn/gjxw/list/201209/t20120914 _ 510915647. s - htm，最后访问日期：2019 年 10 月 1 日。

响的力度、广泛性和各种相关影响的交织关系，可能会有其他结论。首先，作为教师的我掌控什么资源、手段可以有力影响学生思想呢？如果我是一个很霸道的老师，假设我就是希望学生按照我的观点丝毫不差地回答问题，我可能会把打分的权力作为控制学生观点的一个手段，但是，这个手段也很有限，学生完全可以迎合我的观点来回答问题，但思想认识可以不受控制。最重要的是，考试完了分数给了，我们就两不相欠了，学生采取一种取巧的方式获得了想要的成绩，我的影响也结束了，我们的生活可能不会发生什么实质改变，也不会对社会政治形势产生重大影响。但是，政治活动就不一样了，尤其是在美国这样一个政治候选人倚靠大量媒体宣传竞争来攫取选票的选举体制下，竞选中表演的重要性大于实际能力，希拉里在与特朗普竞争时的失败，一方面是因为不少人对中规中矩的政治现状不满，另一方面论在媒体上吸人眼球的表演，希拉里远远不如特朗普，所以，有评论讲希拉里没能迎合"推特时代"是她失败的一大因素。在美国这种体制下，如果我是掌控很多金钱、资源、传媒渠道、话语权的人，我可以用多种方式来影响政治法律制度的导向，这些影响不是单独发生作用的，而是叠加起来发生作用的。我可以花钱通过宣传来支持某个党派的候选人、某个党派或利益集团的政策，但我肯定不只是用这种方式来发挥影响。我还可以雇佣游说组织来为我想要的政策来游说政府官员、议员。政治候选人想要在竞选周期很短的选举中赢得选举并在执政后保持竞选优势以应对下次竞选，就需要得到其他力量的强劲支持，尤其要依赖金钱、传媒特别是掌控这些资源的人。譬如，美国媒体主要由几大传媒集团通过直接或间接控股等方式掌控，像是新闻集团旗下的福克斯电视台就是共和党最有影响的一个宣传阵地。在这样的体制环境中，当我能够通过不受限制地投钱来实现所谓言论自由时，所做的不仅仅是发出自己的声音，我施加的是影响力，影响到投票选举的方向，谁能当选关键的政治职位，影响到什么样的议题和方案能够成为政治法律议程上的优先选项并能得以通过和实施。换句话说，立法、行政决策会把哪些事项认定为重要的或不重要的，考虑哪些人应当为问题负责或不应该负责，谁受益，谁受损，制约法律政策的主题、目标、内容，都可以通过对总统、议员和行政官僚的立场和社会舆论施加影响来达到。而那些没钱、没资源、挣扎于生存边缘、无力发声或声音被淹没的人，他们的利益诉求会被忽略、无视，难以通过合法的政治过程得以满足，甚至会被轻易地牺牲。

比如，2006 年肇始的美国房地产次贷危机引发全球性金融危机，之后，很多发达国家经济陷入疲软，他们都采取了类似的措施，政府财政掏出大笔钱来购买银行等大公司的债务以尽可能挽救他们使其不破产。为此，不得不进行财政紧缩、减少开支，从削减社会保障的开支着手，采取的方式往往是提高底层群众获得社会福利的门槛、成本，让那些因无法还清贷款无家可归的群体同时遭受福利保障上面的打击。这种政策毫无疑问是有倾向性的，无论是在虚假繁荣的贷款、次贷交易中，还是在危机后的"拯救"活动中，受益人和受损人显然是资源、地位不同的群体，最富有阶层的利益得以维护，而中下层阶级的利益被牺牲。所以，在受损人群中掀起占领华尔街运动，对准华尔街和他们雇佣的游说集团。但是，零散的、无组织的争斗被镇压之后，美国的法律政策并未有什么重大调整。"民主"成为大银行等企业保持利润的拖累，成为国家财政向银行偿还债务的拖累，此时，如何削弱民主，削弱拖累，增加顶尖富人阶层需要的经济上和政治上"自由"以更有力地实现对其他群体自由的压制，就成了其最重要的政治诉求。[1]要实现这一诉求，势必要求削弱中下层阶级争取平等、民主的力量，造成经济、政治不平等持续扩大的后果。

我们所讨论的这个判决是 2010 年出现的，恰发生在金融危机、经济衰退的大背景下，是一个增进"自由"的判决，但是，增进的是谁的自由，又阻碍了谁的自由，相信大家都会有一个判断。自由、民主等价值，并非是"普适的"。掌握金权的利益集团"自由地"影响立法、行政机关制定实施法律决策的走向，其影响会波及甚至极大改变每个人的生活状况，这样的影响力与作为教师的我在教室里对学生的影响力是很不同的（如果说我有影响力的话）。前面也提到过，很多人接受"法律面前人人平等"的理念，就天真地以为法律是天然地在适用过程中平等地对待所有人的，这是一种很大地误解。我认为，接受"法律面前人人平等"的理念，不代表你信仰一个既定事实——法律面前人人平等，反而是要时时考虑法律的制定和实施不够公正的地方，不公正的法律难以起到促进平等的作用。考虑法律是否公正、能否促

---

〔1〕 参见 ［德］沃尔夫冈·施特雷克：《购买时间——资本主义民主国家如何拖延危机》，常恒译，社会科学文献出版社 2015 年版；［美］诺兰·麦卡蒂、基思·普尔、霍华德·罗森塔尔：《政治泡沫——金融危机与美国民主制度的挫折》，贾拥民译，华夏出版社 2014 年版。

进民主、能否保障自由的时候，不能把所有人视为（或者说虚拟为）完全平等的人，而要考虑到共处同一社会中的不同个体、群体有效参与公共生活、实现自由的条件、资源和手段在现实中是很不同的。对于某些人来说理所应当的"自由"对其他人的"自由"可能是有极大伤害的，而这伤害未必是即时显现的，却是根本性的。

事实上，在 2010 年的判决出现之前，财富差距扩大对民主构成破坏的趋势已经非常明显。根据 2004 年的一份研究报告，其结合 20 世纪 90 年代到 2000 年的相关数据进行统计发现，富人投票比例更高，收入高于 75 000 美元的人近 90% 参与总统选举投票，而收入低于 15 000 美元的人参与投票的只有 50%，收入高的人还可以通过各种组织发声，收入高于 10 万美元的人 95% 会向各类竞选组织捐款，收入超过 75 000 美元的人半数会向各类组织捐款，而收入低于 15 000 美元的人，只有 6% 会向组织捐款，有钱、有组织的群体，其声音更能赢得政治青睐，话语不平等非常突出。[1]由此来看，2010 年的判决也不过是对这一趋势的迎合。

在法律让富人可以不受限制地捐更多钱支持与自己立场一致或相近的政治候选人、党派的同时，一直受歧视的、被边缘化的群体的政治民主权利却受到了更多的削弱。2013 年"阿拉巴马州谢尔比郡诉霍尔德案"（Shelby County v. Holder），也是一个 5:4 的判决，其改变了保障受歧视群体政治民主权利的法律规定。20 世纪中期，美国民权运动兴起，1965 年的《投票权法案》（Voting Rights Act）要求包括阿拉巴马州在内的歧视有色人种传统浓厚的地区在修改选举相关法律时必须接受联邦的预先审查。这些地区都曾经在投票法律中写进种族歧视条款。例如，通过识字测试、缴纳人头税才能投票的条款来提高有色人种行使投票权的门槛。2019 年奥斯卡获奖影片《绿皮书》反映了 20 世纪 60 年代这段历史时期的背景。黑人钢琴家到南方各州巡演，为什么要雇佣一个白人保镖？因为南方州历史上是蓄奴州，对黑人的歧视非常严重。而为何此类影片至今都能引起热烈反响，也是因为其所反映的问题依然存在。法院在 2013 年的判决中认为要求选举法修改需预先审查的社会历史背景已经改变，如今已不合时宜，所以要取消它。但是，我们都知道美国

---

[1]　See The Ameican Political Science Association：American Democracy in an Age of Rising Inequality，pp. 6–7.

73

种族间的不平等、种族歧视问题依然很严重，近年种族问题引起的暴动也有多起。比如，2015 年南卡州移除象征白人至上的邦联旗帜引起千人规模的冲突，白人至上组织 3K 党依然活跃。前面提到的捐大笔钱投入政治活动的大亨基本上都是白人，在种族不平等依然严重的情况下，削弱对受歧视群体民主权利的保障，只会导致更深层次的社会不平等，削弱民主。任何具体的判决、制度都不是相互隔绝的，它们的功能和作用都是联系在一起的，有的提高了富人白人的政治影响力，有的则降低了底层群众、有色种族群体的政治影响力，共同造成社会不公。

如果法律制度简单地强调自由放任，忽视实现自由的现实条件，忽视不同的人在生存境遇上的巨大差异，民主能有生机吗？法律将有钱人视为理所应当的活动确认为正当的，却忽略这一决定可能对其他人、社会造成的负面影响，是合理的吗？公正的吗？对金钱投入政治活动的限制越来越宽松，对金钱政治的支持和保障变得越来越赤裸裸，这样的法律是值得尊重的吗？

在美国政治保守主义抬头的环境下，因为法律限制的放松，大资本力量在政治上的影响力变得越来越大，从这个层面上来评价美国的司法判决、法律上的变化，会得出什么结论？在我看来，2010 年的这个判决可以说是美国法治倒退的一大里程碑。很多人持一种线性发展观，认为社会发展、经济发展、法治发展是线性的，不断进步的，今日的一定比往日的好，未来的一定比当下的好。线性发展观只是乌托邦理想，任何事物的变化都受制于主客观条件，常有曲折倒退。经济、政治、文化形势会对法律制度的创制和运作产生很大影响，进步或保守的社会思潮、社会运动发挥着相异的作用。在美国，民权运动蓬勃兴起的时期，自由派法官占优势的法庭，容易产生进步性判决，而新自由主义、新保守主义思潮风行，保守派法官占优势的法庭，原先的进步判决会被修改甚至颠覆。美国的法律和司法判决在限制企业、组织资金投入和开支于政治活动的问题上，一直有摇摆和调整，正是法律、司法受政治风向变化影响的体现。如果简单地认为法律必须适应现实，相当于承认现实即合理，那么就不可能也不会愿意去追问法律是否公正，其体现的价值目标是否正当，也不能恰当地去判断法治进步还是倒退。这是失去批判性的表现。如果要作好这个判断，就必须追问法律的社会背景、目的，把具体判决、制度实际发挥的作用、带来的社会影响研究清楚。

2010 年"公民联合会诉联邦选举委员会"的判决是金融危机后美国政治

现实的集中体现，也是一个新起点，自此，最高法院的判决越来越趋向保守，与新自由主义思潮的肆意发展和政治立场极端化很有关系。新自由主义（原教旨自由主义），竭力排除对"自由"的干预限制，与强调秩序的宗教右翼保守派结盟，形成势力坚强的新保守主义，导致美国党派政治立场极端化越来越突出，保守派掌握权力，右翼更右。特朗普上台就是这一风向的反映。2017 年和 2018 年特朗普接连提名尼尔·戈萨奇和布雷特·卡瓦诺作为大法官人选，法院中共和党保守派的优势越来越突出。特朗普声称自己寻找的是坚守"原旨主义"的法官，"法官不应该改写法律、重塑宪法或者用自己的观点代替人民的意愿"。[1]"原旨主义"并不仅意味着严格按照字面意思解释宪法，而往往是按照最大化放任的精神解释宪法。下一章我们将在关于"持枪权"的讨论中再度讨论到"原旨主义"。

我们研究法律问题，不能仅仅观察法律文字、判决书上对法律规定的引用，我们要观察的是法律实际发挥的功能，法律是调整社会利益关系的手段，法律体现什么样的倾向，对实现谁的利益有利，对谁的利益有害，要在不同的个体、群体间建立和维护一种什么样的社会关系，才是我们需要关注的重点。

花这么大篇幅来讨论一个案例，有重要价值。它极具代表性，作为线头，几乎牵扯到本书探讨的所有问题，政治的、经济的、文化的、法的领域无一不涉。本章侧重于制度现实，主要目的是引导大家去深入思索一些问题，像是"言论自由""司法独立"这些西方自由主义法治理念里最核心的内容、最旗帜鲜明的口号，被用以向其他国家推广作为衡量法治存在与否的标准，到底意味着什么？如果他们的宪法法律包括司法判决有倾向性地对某些群体施加过分的限制，加剧社会不平等，妨碍民主力量的增强，那么这种法律是否是公正的？在我看来，他们的法治保护特权，具有很大的不公正性，那么，他们努力宣扬其制度模式是法治范本的目的是什么？希望大家明白，如果不了解制约法律制度运行的各种现实因素，不了解法律制度给不同个体、群体带来的不同影响，就无法了解法律的价值目标所在，无法了解其真实的功能作用，也不可能对之进行恰当的评价。如果仅信奉别人递来的口号、神话，

---

〔1〕　"特朗普提名布雷特·卡瓦诺为大法官 稳固保守派势力"，载 http://news.ifeng.co-m/c/7f ZZyYmQZSN，最后访问日期：2019 年 10 月 1 日。

以别人塑造的内部视角看问题，把法律问题与政治问题等其他相关社会问题割裂开，是无法获得对法的本质的深入理解的。

最后，留个问题供进一步思考。"公民联合会诉联邦选举委员会案"是用"言论自由"不应受干预的理由来为扩大金钱政治活动空间创造条件。我们并未就言论自由本身作探讨。有人认为，言论自由就是想说什么就说什么，任何人都有表达意见的权利，不应加以限制。但是，世界上有没有一个国家或地区完全不限制言论？如果大家有兴趣，可以联系美国历史上有关言论自由的其他判决、事例来考察——1917年的"肖克诉合众国案"（Schenck v. U.S），1927年的"惠特尼诉加利福尼亚州案"（Whitney v. California），在这些案件中，法院认为宣传社会主义、共产主义和反战思想不属于言论自由保护的范围；1969年的"布兰登伯格诉俄亥俄州案"（Brandenburg v. Ohio），3K党发表种族歧视、煽动恐怖行动的言论被法院认可为属于言论自由保护的范围，显然，这一判决为如今还异常活跃的3K党、白人至上思想和绵延不绝的种族冲突作出了很大贡献；阿桑奇、斯诺登揭发美国政府侵犯人权的言论却又不属于言论自由保护的范围，美国想尽办法引渡他们。到底什么是言论自由？美国宪法保护的是谁的言论？谁的自由？一个国家或地区放任、鼓励传播什么样的言论，禁止、限制传播什么样的言论——总是存在倾向的，有益的言论可能被禁止，有害的言论可能被放纵，都与政治目标相关联。

对言论的范围、方式做何种法律限制是合理正当的，才能既保障公共讨论的民主性和质量，激发批判思考和创新思想，又不至于放纵信息扭曲妨害民主讨论甚至危及个人及社会安全？面对这一系列问题，无法简单地下结论。尤其是在互联网自媒体时代，许多人信仰无限制的信息流动是人们充分知情、言论自由、民主参与的基本条件。然而，在信息不再经过审慎审查就发布并快速传播的情形下，信息接收者因为信息的即时性、流动性、爆炸性而缺乏追溯、分辨信息内容的意愿和能力，无法形成有建设性、高质量的公共讨论，反而会形成"反智"的力量对民主构成伤害。与此同时，在这样的环境下，那些掌握着全球传媒资源的主体，还可能进一步凭借"取消限制"增强自身的话语权，导致更深层次的话语不平等，破坏民主的根基。如同我们在本章探讨过的其他神话般的口号"三权分立""宪政"一样，不能过分简化地理解"言论自由"，认为自由即放任，更不能以此来断然否定对言论施加合理限制。

自然法、自然权利、社会契约论
——个人权利和国家权力对抗的政治意蕴

上一章我们考察了以西方国家政治法律制度面目出现的"宪政""三权分立",这一章我们来认识它们背后的一套理论——自然法、自然权利学说、社会契约论。虽说这套理论是 17 世纪、18 世纪兴起的,但并不意味着它已衰落并被替代,它一直是西方主流的法理论,不但奠定了"宪政""三权分立"的内涵——保障个人权利与限制国家权力,而且其构建理论的思维方法依然被沿用至今,如 20 世纪以来最具影响力的学者罗尔斯就使用了一套类契约论的方式"选择"正义原则。它甚至还被直接用于司法判决中以论证权利的正当性。可以说,它作为西方法理论的支柱,深深印刻在西方学者和法官的血脉里。在我国,也有一些学者喜欢引用自然法这套逻辑来论证自身观点,认定个人权利和国家权力的矛盾是法领域的基本矛盾,遇到法学理论或法律制度上的问题总是首先以保障个人权利限制国家权力的眼光来加以审视。这样的立场、视角是否存在问题?很值得探讨。

像上一章一样,我们还是从一个案例入手。通过这个用"自然权利"正当化"持枪权"的判决,我们来认识什么是所谓的"自然权利"——它既是自然法的核心,也是社会契约论的宗旨,经由它将这一整套理论的逻辑串连起来,有助于我们考察立足于"自然权利"来理解权利、政治权力的观点是否合理?其理论实质是什么?

一、"哥伦比亚特区诉黑勒案"判决引出的问题——自然权利从哪里来?

(一) 基本案情

2008 年"哥伦比亚特区诉黑勒案"(District of Columbia v. Heller)的判决,也是一个 5:4 的结果,说明它是在政治上有很大争议的案件。

这个案件判决审查的对象是《哥伦比亚特区枪支管制法》（Firearms Control Regulations Act of 1975）。哥伦比亚特区的法律如此规定：禁止居民拥有手枪，禁止居民无执照携带手枪，要求置于家中的武器保持在拆卸状态或上扳机锁的状态。警察局局长可以签发一年期的持枪执照，黑勒想要注册一只手枪放在家里却被拒绝。他起诉，要求特区不得再实施关于持有手枪的禁令，禁令不但使在家持有未经注册的枪成为非法，还使合法持有的手枪处于无法正常使用其功能的状态。地区法院驳回了起诉，而上诉法院认为《美国宪法第二修正案》保障个人的持枪权，特区的枪支管制法使持枪不能满足自我防卫的需要，违背了《美国宪法第二修正案》。巡回上诉法院判决《枪支管制法》的规定侵犯"持枪权"，之后特区上诉到最高法院。[1]

第二修正案的全文如下：

管理严明的民兵部队对于自由州的安全是必要的，人民持有及携带武器的权利不容侵犯。

A well regulated Militia, being necessary to the security of a free State, the right of the people to keep and bear Arms, shall not be infringed.[2]

（二）案件争议和判决理由

争议突出体现在对第二修正案的解释上，尤其是前半句"a well regulated Militia being necessary to the security of a free State"和后半句"the right of the people to keep and bear Arms, shall not be infringed"之间是什么关系。

上诉者哥伦比亚特区认为，只有出于民兵组织防卫的目的，人民才能持有武器，在其看来，对持枪严加控制合理合法。被诉者则认为个人持有武器的权利与组织民兵的目的无关，而与自卫的传统目的有关。

美国联邦最高法院斯以斯卡利亚法官为首的多数派（保守派）法官称他们基于"原旨主义"解释宪法条文，认为前半句对后半句来说不起限制作用。前半句仅仅是对本条款的目的进行宣告，它的意图在于防止国家立法剥夺限制个人持有武器的权利，并不是把"持枪权"视为一种集体性的权利，并非是对"持有及携带武器的权利"适用范围的界定。另一方面，从体系上看，

---

〔1〕 District of Columbia v. Heller, certiorari to the united states court of appeals for the district of columbia circuit, No. 07-290. Argued March 18, 2008—Decided June 26, 2008, https://www.law.cornell.edu/supct/html/07-290.ZS.html, 最后访问日期：2019 年 7 月 18 日。

〔2〕 由于该案例涉及对条文语义的争论，所以特别展示出英文。

宪法修正案被称为权利法案，整个权利法案都是出于对个人权利加以保障的目的而出台的，《美国宪法第二修正案》的目的也必然是保障个人的权利，保障个人持有武器的权利。个人的"持枪权"，持有武器的权利，属于自我防卫的权利，是一项自然权利。在多数派看来，应该尽可能取消对持枪的控制。当然，他们也认为一些特定规则应该维持，比如禁止有精神病的人持枪，禁止在敏感地区如学校、政府大楼等地持枪，枪支买卖必须符合满足一定的条件（买枪人背景审查、枪支注册等）。但是，这不妨碍多数派法官把严格控抢的做法视为违反宪法的。

与多数派相反，以布莱耶法官为首的少数派认为，不应拘泥于对宪法文字的解释，过于弱化政府对枪支的管控，而应仔细衡量对枪支的管制是否超出保护其他利益的必要限度。当前美国的枪支暴力是一个很严重的问题，哥伦比亚特区的枪支管制法谈不上超出必要限度。与多数派以"宪法原意"来论证持枪权的正当性不同，少数派出于非常现实的角度来考虑这个问题。

哥伦比亚特区的这部枪支管制法虽然是一部地区性法律，但可以说，它在针对个人持枪的控制方面是美国最严格的法律之一。所以，美国联邦最高法院判定该法设置的禁令违宪，带来的示范性影响是很大的。

（三）判决引出的问题

判决有两点很引人关注：

第一，看过这个案件判决，会感觉它与第一章中讨论过的"公民联合会诉联邦选举委员会"一案的判决相比有一个突出特点，即它没有明显体现出政治争议。表面看起来，它专注于宪法条文的解释，一直在咬文嚼字，力图辨明前后文的字面意思。

第二，判决专门提到历史上威尔逊法官针对持有武器的权利的解释作为此次判决的理据：

Justice James Wilson interpreted the Pennsylvania Constitution's arms-bearing right, for example, as a recognition of the natural right of defense "of one's person or house" —what he called the law of "self preservation." [1]

这是明显的自然法解释：持有武器的权利属于自卫的自然权利，源于自

---

　　[1]　Justice Scalia, "Opinion of the Court"，载 https://www.law.cornell.edu/supct/html/07-290.ZO. html，最后访问日期：2019 年 10 月 1 日。

我保存本能的法则。

前述两点是紧密相互联系的，因为美国的宪政理念、宪法内容正是以自然法、自然权利学说、社会契约论为根基的，因此，在美国法官的认知中，解释宪法条文到自然法那里找依据理所当然。自然法构建的个人权利与国家权力对抗的视角，正是美国宪法及司法判决论证自由至上、个人权利正当性以及排除和限制国家权力干预的依据来源，这便是"原旨主义"蕴含的核心价值目标。

> 我们认为下述真理是不言而喻的：人人生而平等，造物主赋予他们若干不可让与的权利，其中包括生存权、自由权和追求幸福的权利。为了保障这些权利，人们才在他们中间建立政府，而政府的正当权利，则是经被统治者同意授予的。
>
> ——1776 年美国《独立宣言》

> 无视、遗忘或蔑视人权是公众不幸和政府腐败的唯一原因，所以决定把自然的、不可剥夺的和神圣的人权阐明于庄严的宣言之中，以便本宣言可以经常呈现在社会各个成员之前，使他们不断地想到他们的权利和义务；以便立法权的决议和行政权的决定能随时和整个政治机构的目标两相比较，从而能更加受到他们的尊重；以便公民们今后以简单而无可争辩的原则为根据的那些要求能确保宪法与全体幸福之维护。因此，国民议会在上帝面前并在他的庇护之下确认并宣布下述的人与公民的权利。
>
> 第一条 在权利方面，人们生来是而且始终是自由平等的。除为了公共利益而体现的社会差别外，其他社会差别，一概不能成立。
>
> 第二条 任何政治结合的目的都在于保存人的自然的和不可动摇的权利。这些权利就是自由、财产、安全和反抗压迫。
>
> ······
>
> ——1789 年法国《人权和公民权宣言》

根植于自然法的"宪政"理念并非仅存于美国，西方国家共享着自然法理论带来的这份遗产：人人生而自由平等，天生享有一系列不可剥夺的自然权利，建立政府的目的就是保障个人理应享有的自然权利。

那么，到底这一套理论有何特性？它如何论证权利的正当性？又如何构建起个人权利和国家权力的对抗性？这一番操作的背景、原因是什么？对后世有什么影响？是我们接下来将要探讨的问题。待我们将理论问题研究透，再回过头去看"哥伦比亚特区诉黑勒案"判决以自然法论证"持枪权"的正当性、合法性是否站得住脚。最后，结合"持枪权"之所以在美国被塑造为"权利"的背景，尝试抛开自然法理论的框架去探讨如何认识权利，权利是什么。

二、自然法、自然权利、社会契约论屏蔽了什么？

（一）理论内容

在说到自然法、自然权利、社会契约论这一套理论时，我们通常会先谈到三个人，即霍布斯、洛克和卢梭。他们三人的学说是启蒙思想时代比较成体系的理论，可以把他们的观点作为典型样本来分析。

霍布斯在其代表作《利维坦》中提出他的社会契约论，该著作完成于1651年。霍布斯身处的是政局动荡不安、战乱较多的时代。在他看来，由一个集权的、有绝对权威的主权者来统一维护稳定社会秩序是国家强盛发展最首要的条件。所以，在他笔下，自然状态是一种弱肉强食的状态，虽然人人都有自然权利并可以为保障权利实施自力救济，但是力量强的可以压制力量弱的，在这样的社会中，矛盾冲突很多，自然权利也得不到充分保障。由此，他得出结论，为了减少冲突维持社会秩序，人们应签订契约将保障自然权利的权力赋予主权者，由主权者来统一实施权力，遏制矛盾维系稳定。但是，在霍布斯这里，一旦契约签订，人们就只能服从契约、服从主权者。他的社会契约论实际上支持的是一种集权专制政体，带着对具强大权威的君主制的向往。

洛克在《政府论》系统地讨论了自然权利、社会契约论、三权分立等主题。这部著作完成于1690年前后。熟悉历史的人都知道，1688年英国发生光荣革命，1689年的《权利法案》确定了"光荣革命"（英国的资产阶级革命）之后的政治法律体制构架，即新兴资产阶级和贵族相互妥协的君主立宪政体，防止保守的专制君主复辟。洛克的理论源于他身处的社会条件，他自身的体验，脱胎于英国统治阶级各阶层相互妥协的君主立宪政治经验。英国历史上妥协性的"宪政"经验不仅这一例。1215年出台的《大宪章》被后世认为是"宪政"创造的开始。事实上，《大宪章》是英国统治阶级内部的一个妥协性协议，盖因国王与贵族之间利益冲突，贵族向国王施压签订协议限制王权，其中被后世所称道的"正当程序"等条款当时是贵族为自己争得的权利。在此提及《大宪章》，用以说明英国历史上的妥协政治文化源远流长，对洛克理论产生了深刻影响，一方面，影响到其社会契约论所构建的"宪政"框架缺乏容纳民主的空间，关于这一点后文会再进一步讨论；另一方面，影响着其对自然状态的设想，相较于霍布斯，洛克笔下的自然状态是比较平和的，不是战争式的自然状态。但是，对于洛克来说，这样的平和状态还是不够好，因为缺乏制定和实施法律的专门机关来执行自然法，对于自然权利的保障就很难做到位。所以，人们还是需要签订社会契约，授予政府执行自然法的权力，以更好地保障个人的自然权利。

洛克很明确地提出政治权力应受到制约——限制在保障个人自然权利的范围内。他认为，人人与生俱来拥有自然权利，自然权利的核心是私有财产权（他所谓的财产权不仅是经济上的财产权，还包括生命权，洛克认为财富通过由身体延展的劳动而创造，个人的财产权天然地包括对自己生命的拥有及对身体的自由使用），"人们联合成为国家和置身于政府之下重大的和主要的目的，是保护他们的财产"。[1]如果政府滥用权力，侵害个人的自然权利，人们可以通过另订契约新建政府等方式替换现行政府。但是，他也明确提到，如果有人觉得执政者超出契约范围行使权力损害其权益，则只能请求人们的集体来裁判，若执政者拒绝这种方式，只能祈求上天。人们既已经把最高权力交给议会，并给它规定了后继者产生范围和职权的规则，只要政府继续存在，立法权就不能重归人民。[2]在封建专制统治之下，新兴资产阶级的生命、财产都是得不到什么保障的，专制君主掌握着司法裁判权，可以随意征税、随意剥夺他人财产，也可不经过正当程序就对人定罪处罚。所以，作为新兴资产阶级的代表，洛克想要确立的是一种能切实保障资产阶级权利的政体，资产阶级能够分得政治权力的政体。在洛克的阐述中，并未说明一定要采用什么政体，民主制也好，君主制也可，但明确立法是最高权力，要求立法权、执法权、对外权三权分立，以确保没有一股势力能集中行使政治权力，侵害

---

〔1〕[英]洛克：《政府论（下）》，叶启芳、瞿菊农译，商务印书馆1996年版，第77页。

〔2〕参见[英]洛克：《政府论（下）》，叶启芳、瞿菊农译，商务印书馆1996年版，第150~151页。

资产阶级的财产权等自然权利。也就是说，洛克通过社会契约想要达成的目标是统治集团里不同阶层力量的调和，把资产阶级在当时政治构架中的地位确立下来，论证君主立宪制即资产阶级主导的议会限制下的君主制的正当性。他的理论明显立足于英国当时的政治现实经验，将这种政治形式塑造为最好的统治方式。

卢梭的《社会契约论》于1762年写就。此时，资本主义已经发展到一定阶段，其负面影响显现出来。不同阶层生活条件之间的差距逐步拉大，贫富分化明显了，有些小资产阶级在市场激烈竞争过程中逐渐失去竞争的能力，失去对生产资料的掌控，失去原先的社会地位，面临生活困境。作为小资产阶级的代表，卢梭尤为关注私有制造成的财富不平等、政治不平等问题，他想建立心目中的理想政府来改变现状，而达成契约是政治合法性的唯一基础。在卢梭版本的社会契约中，全民通过签订契约让渡所有自身拥有的自然权利给代表公意的主权者，主权者服从契约、服从公意。卢梭意图依赖社会契约为人们创造出更为平等的政治地位，以克服现实中的社会不平等。不过，虽然他认识到私有制是造成社会不平等的根源，却并未想过从根本上改变私有制，而是想要通过政治驯服资本，支持小资产阶级共和制来改变经济不平等，陷于空想。

霍布斯、洛克、卢梭的学说代表的是不同的时代、不同的社会条件、不同的政治力量，对自然状态的设定有所不同，构造的社会契约形式上也略有差异，但是，基本框架是一样的：按照自然法，人生来自由平等，拥有财产权、生命权、追求幸福的权利等几种权利（在不同的版本里，关于自然权利的说法并不完全相同），若每个人都在权利受到侵害时自行执法，会造成秩序混乱，不利于自然权利的实现，因此，为了更好地保障权利，人们应该签订社会契约，脱离自然状态进入政治社会，赋予特定政治实体以权力来执行自然法履行维护自然权利的职责，这个拥有权力的实体必须以维护个人自然权利为己任，不得滥用权力侵害权利，否则它就不再具备合法性，人们有权替换它。

（二）逻辑特性和政治意蕴

并不否认这套理论在历史上有积极意义。资产阶级革命反抗、推翻封建专制制度，将人们从严酷的枷锁中解放出来，具有进步性。革命的胜利当然不是靠资产阶级自身的力量夺得，但引导革命的理论确实是资产阶级理论家的贡献。当时，这套理论起着团结组织各方力量参与革命的作用。那个时代，无论是资产阶级，还是无产阶级，都是受封建专制压迫的群体。多数人有着一定的共同利益诉求，比如都想要摆脱掌握着司法裁判权的封建君主、领主对人们生命的肆意侵害。自然权利学说把生命权视为神圣不可侵犯的，鼓励人们推翻暴虐的政权，能够激发大众积极参与到反抗封建压迫的斗争中去。然而，我们承认资产阶级革命理论在历史上有积极意义，有进步性，并不代表要承认它是颠扑不破的永恒真理。因为，它在世界观、认识论、价值立场上存在严重的问题，它的主要功能是为资产阶级政权提供正当性、合法性基础。

这套理论的逻辑有两大特性：一是自然法上的，神学的宇宙观；二是社会契约论上的，唯心主义历史观。自然法为自然权利提供正当性论证，社会契约论为特定政治权力分配体制提供合法性论证。但是，在我看来，这两个层面的论证都站不住脚。

先从自然法谈起。自然法学说并不是直到近代才有的。从古希腊时代起，自然法就作为神圣化、正当化特定利益诉求的方式出现。古希腊的自然法是相对朴素的，那时候社会生产力水平很低，自然条件对于生产生活的影响很大，人们普遍有自然崇拜的思想，认为符合自然秩序的事物就是好的，就是值得维护的。比如，亚里士多德就在《政治学》里明确以自然正义来正当化奴隶制："很明显，人类确实原来存在着自然奴隶和自然自由人的区别，前者为奴，后者为主，各随其天赋的本分而成为统治和从属，这就有益而合乎正义。"[1]

与古希腊自然崇拜式的朴素自然法思想不同，近代的自然法显现出一种明显地人为构建痕迹。自继承希腊遗产的罗马帝国，在其征服、统治的区域里推行宗教一统，基督教的地位逐渐变得至高无上。帝国崩溃后，进入中世纪时代，各政权之间战乱频繁，教会组织逐渐掌握了超过世俗政权的权力。神学视上帝为全知全能的，其意志至高无上并且决定着世间一切事物，人们的行为必须与上帝的意志相符合，这套话语为教会的政治地位和宗教规范提供了正当性。为了争夺财富和统治权，世俗政权和教会之间的矛盾激化，教会神学家们为了适应现实需要，触角越来越深入到世俗生活中，如阿奎那，

---

〔1〕　[古希腊] 亚里士多德：《政治学》，吴寿彭译，商务印书馆 1965 年版，第 18 页。

在尊崇神法的前提下，引入自然法作为神意与世俗实定法的中介。资本主义兴起后，宗教改革派致力于排除教会的神圣性，认为每个人都具有和上帝直接对话的资格，人文主义思想倡导人人有理性，有主动追求自由、幸福生活的能力。从古希腊到这一时期，主导的神学宇宙观发生了一系列改变但并非截然断裂：古代自然法注重各守本分的秩序——服从于神的安排，服从于宇宙秩序；中世纪神学使上帝的任性意志而非目的成为至高法则；启蒙思想时代，上帝的地位有了变化，仅作为世界运转的第一动因，不再以自身意志决定人的所有活动，如同牛顿物理学中上帝的作用，人人都有上帝赋予的神性因而具有理性，可根据自由意志行事。代表资产阶级利益的启蒙思想家们顺应了新思潮，以"自然法"把"人人生而自由平等"神圣化，将人的本性统一起来，就是为了从共同人性出发以不证自明的逻辑推出"自然权利"，将人们当时的某些特定利益诉求正当化。而这"新"自然法的背后依然是神意，以彰显其遍及世界的普适性。如美国《独立宣言》中明确提到"造物主"赋予人们不可剥夺的自然权利，至今美国还是宗教大国，使其不可动摇地信仰"普适人性"和"普适价值"。

他们这套权利话语着重强调的核心诉求是私有财产权。为什么看重私有财产权？因为这是资产阶级最迫切的需求。有财产的资产阶级，希望摆脱封建专制政权对土地资源和潜在劳动力的严苛控制，对其财产的肆意征税，对贸易的过度管控，这些管控妨碍他们透过压榨劳工攫取利润，透过商业活动增加财富，所以他们才强烈要求法律承认私有财产权、契约自由，限制国家干预。那些本身没有财产，没有生产资料，甚至不得不忍饥挨饿的无产阶级，他们并不会将私有财产权视为核心诉求。自然法学说认为私有财产权是人生而具有的，把财产权塑造为核心自然权利，将它神圣化，目的在于正当化资产阶级的特殊利益诉求，提出私有财产权应获得国家法律承认、保障的权利要求。

以自然法、自然权利将利益诉求正当化还达不到资产阶级思想家的最终目的，他们需要的是革除旧的封建专制政权对实现"自然权利"的阻碍，建立能够保障"自然权利"的政治权力体制。所以，还要通过自然状态的设定来描绘自然权利得不到保障的状态，并通过唯一具有正当性的渠道——签订社会契约——来建立符合其诉求的政权。思想家们通过构建社会契约前后从自然状态到政治社会的变化来否定历史的延续性，是为了革除旧政权创建新政权提供合法性。这一做法最大的问题是，以抽象的共同人性和拟定为平等公平的契约来确定社会政治法律制度的基本原则——保障个人天生平等享有的自然权利——并将之视为普适真理。它是否定历史的，不关注现实的，不关注人们实际境况的，不关注不平等的人之间是否能签订公正的契约，不关注遵守契约是否符合所有人的诉求，不关注契约以外的其他可能性。社会契约论设定的路径只有一条，不管如何，必须签订契约，必须遵守契约。

这一逻辑并不仅为明确提出"社会契约论"的思想家们所用，从近代到现代，西方的理论大家们都在使用，从康德的"绝对命令"到罗尔斯的"无知之幕"，都是从抽象人性出发来"选择"普适的社会制度包括法律制度。康德要求立法应遵守"绝对命令"——每个人自由意志之间相协调，可谓是契约论的翻版。罗尔斯让处于"无知之幕"背后不知道现实利益冲突的人们根据道德直觉选择正义原则，由此选出来的正义原则即为现实社会中政治法律制度应当遵循的原则。这些学说表面上似乎都尊重"契约自由"，但从不质疑契约自由是否真的有条件存在，只是简单地给出学者自认为的毋庸置疑的结果，要求这一结果必须得到政府的承认，必须得到全民的遵守。一方面，这些学者总是以社会契约论仅是一种理论构建来摆脱上述批评；另一方面，他们从来不能充分回答：既然理论构建得出的结果被要求应用于特定的现实社会甚至普遍适用于具有不同条件的各个国家地区，其理论为什么不关注实际社会问题而仅以抽象人性为立足点？

这根源于他们理论所依赖的唯心主义哲学，这一点在康德的理论中尤为明显，他为了解决休谟问题即不能由关于事实的陈述推出"应当"的规范性判断，明确提出规范人类行为的法则必定是先天的、先验的由纯粹理性确立的，是与经验、事实（在他看来可知的只有经验，事实本质——物自体不可知）相脱离的，也就是说，规范性的法则，道德也好，法律也好，涉及善恶对错价值判断的标准只能从不证自明的源自人性、天生理智的"绝对命令"中演绎出来，别无它途。[1]似乎一旦植根于"普适"人性，就无需再追问下去了，余下的是上帝意志的范畴，我们的人性就是"天生"的，上帝给的"天性"，没有比上帝更能证明正当性、神圣性的来源了。如今美国国内探讨堕胎合法化、婚姻平权问题时，反对意见依然主要集中在堕胎、同性恋行为

---

〔1〕 关于休谟、康德哲学的问题，将在第六章中详细讨论。

不符合人性，不符合上帝派给人类生殖繁衍的使命上。事实上，他们关于何为"人性"的界定也不过是对自身特殊经验、特定诉求的正当化、普适化，与此同时，凭借"普适"人性将现实存在的人之间因社会结构、生活条件产生的境遇差异、社会不公摒弃于"人性"视野之外，从而将致力于改变不公的诉求、举措排除在"普适规则"的考虑之外，将它们视为次要的，甚至完全忽视它们。

这一思维方式突出反映在西方国家对"三代人权"的不同态度上，西方认为第一代人权也就是启蒙思想倡导的私有财产权、政治自由权等植根于所谓人性的权利属于真正的"普适的"人权，而第二代人权如劳动和社会保障权等以及第三代人权如生存权、发展权等不属于普适人权的范畴。第二代人权是马克思主义理论和社会主义运动的产物，强调劳工权益保障，第三代人权则是殖民地反抗西方经济政治压迫、要求独立解放的产物。在第二代人权的问题上，欧洲有社会民主主义政治传统的国家与美国有所不同，这些国家认为社会保障权是基本权利，而在美国即便是罗尔斯这种被视为"左派"的自由主义理论家都不认为社会保障权属于宪法应予承认的权利。在第三代人权上，西方国家的立场是完全一致的，因为发展中国家提出的生存发展诉求挑战的是资本主义世界体系，这一体系是西方国家得以保持其经济政治文化资源上的优势，确保财富增长的根基，因而是其绝对不能让渡的利益。

如此看来，权利是利益诉求的正当化，什么被承认为"权利"或不可动摇的"自然权利"取决于特定的利益诉求，特定历史时期特定群体的诉求，并不存在天生的法则。如我们第一章讨论过的判决，法官以"人人都有欲望，欲望是天生的、基因决定的"来论证其观点，是不恰当的。要警惕以"人性""天性"论证立场观点的"自然法"论调。

以上，主要集中在哲学层次上对自然法、自然权利学说和社会契约论的缺陷进行剖析，下面，我们来看看这套理论如何塑造了西方国家的"宪政"框架，而采取这一框架认识问题又会导致我们忽视什么。

（三）个人权利和国家权力对抗的框架怎样限制了人们看待问题的视角

之前提到过，保障个人权利限制国家权力这一西方"宪政"的核心内涵正是源自于自然权利学说、社会契约这套理论建立的个人权利和国家权力对抗的框架。受其话语影响，很多人运用这一框架来研究法学理论问题，评价法律制度，但是，它会让我们忽略哪些东西呢？

第一，自然权利学说把个人权利建立在个人意志自由的基础上，把原子式的、自由放任的、占有财产的个人主义摆在至上的位置。有学者专门作过研究，从霍布斯到洛克，他们所谓的自然法，并非"天生自然"，而是对他们自身所处社会资本主义市场的临摹。[1]在霍布斯那里，由自然状态抵达社会契约的唯一路径是，人们具有对文明社会的渴望，遵从财产权利、市场交易规则，才会以签订契约的方式进入政治社会。他对自然状态里人的设定，显然带有特定的心理特征——个人根据自身理性、自由意志和选择行事——这是启蒙思想认为的只有文明社会中的人才会具有的特征。在洛克那里，自然状态中的人们按照以财产权为核心的自然法行事，人们交往关系平和，明显地突出个人私有财产的重要性。他们用资产阶级的核心利益诉求及与其相适应的心理态度——来界定人性，把所有人都等同于这些均质化的"经济理性"个人，并将被认定为"个人"特征的自然权利、自由意志视为赋予政府权力的来源，借个人至上把财产私有、契约自由神圣化，使它们转变为具有规范性规则的同时具备了与"拥有自由意志的个人"一样高于国家、政治权力的地位。受此影响，后世学者尤其是信奉原旨自由主义的经济学、政治学、法学学者如哈耶克等，往往会以还原论地方式认为，只有个人是实在的，而集体、社会、国家都是虚拟的存在，个人组成社会，部分（个人）的特征即可代表整体（集体、社会、国家）的特征，个人自由意志至上，不能以任何源自"整体"的借口来干涉个人，否则会造成奴役而非自由。

这种均质化的个人至上、财产至上、契约至上观点框定了人们关于人性、权利、政治规范的设想，使人们难以设想其他可能性，难以设想个人和集体、社会、国家之间可形成的其他形态的关系，忽略个体、群体之间因生活条件、社会结构而产生的差异和他们之间的利益冲突，以及这些因素对"人性"的制约和影响。

第二，"保障个人权利限制国家权力"表面上强调自由排除政治强权，实则强调权威秩序，不容纳对于民主实践其他可能性的深入探索。我们前面讨论美国"公民联合会诉选举委员会案"时，应该有一种体会，人们身处的生活条件、社会地位不同，所掌握的资源多少不一，并不是所有人都能真正享

---

[1] 参见［加拿大］C.B.麦克弗森：《占有性个人主义的政治理论——从霍布斯到洛克》，张传玺译，浙江大学出版社2018年版。

有、实现宪法法律确认的自由权利，社会中多数人之所以不能享有与富人同等的权利，是因为富人更有权势，能够对政治权力施加影响力，社会缺乏实现平等、民主的条件。换句话说，自由需要民主作为条件。但是，西方的"宪政"架构及其背后的自然法、社会契约理论是不关注除投票选举之外的其他民主形式及实现条件的，甚至可以说，是不在乎民主的。[1]

美国"宪政"方案的蓝本是洛克理论，源自于英国妥协式精英政治的经验，始终对来自下层群众的民主诉求抱有警惕。英国自中世纪以来一直是王权集中、实施精英统治的国家，其"宪政"框架的核心是精英统治阶层内的权力分配，从未将"民主"视为重要的价值，可以说"宪政"与真正的人民民主并不相容，保留下来的仅是"宪政"框架可以容许的民主形式。他们设想的是一种自上而下的民主，类似于西方经济学上谈的涓滴效应——富人赚更多的钱可产生渗透效果，让穷人受益（可以说是斯密"无形的手"的另一种说法）。洛克所在的 17 世纪英国，拥有一定数量财产的男性才有选举权，直到 20 世纪，英国女性才经过惨烈斗争获得选举权。结合历史事实来看，自然法、社会契约论描绘的自然权利、民主社会都是虚幻的，以掩饰资产阶级的实质政治目的。

在理论上，个人及其权利的神圣性有不证自明不可动摇的自然法确认，个人和国家的矛盾关系被视为政治法律领域的基本矛盾，剩下的目光就聚焦于如何解决这个矛盾上。前有社会契约限制国家权力，后有"宪政"限制国家权力。社会契约论把均质化个体之间签订契约授权政府等同于民主，如今西方国家把"一人一票"选举等同于民主，都是通过个人"自由"选择达成的形式化契约证明政治权力的合法性。一旦通过社会契约进入政治社会，"宪政"已然建立，其核心目标就演变为维护既定的权威秩序。霍布斯也好，洛克也好，都是意图通过社会契约一劳永逸地解决社会冲突，在他们看来，无论是契约之前还是契约之后，人们都无一例外是自由的，唯一缺少的是秩序，只有强有力的国家权力才能全面执行资产阶级所需要的私有财产权保护、契约强制履行的法律。[2]在这套理论的视野中，人人生而自由平等，个体、群

---

〔1〕 参见［比利时］达维德·范雷布鲁克：《反对选举》，甘欢译，社会科学文献出版社 2018 年版；王绍光：《民主四讲》，生活·读书·新知三联书店 2018 年版。

〔2〕 See Frederick Schauer, *The Force Of Law*, Havard University Press, 2015, pp. 20~22.

体之间没有实质性的利益冲突，民主不是自由的条件，也不是解决社会冲突的重要手段，便不可能在"宪政"架构中获得生存空间。理论对民主的忽视，导致现实中民主价值被边缘化，投票选举以外的民主诉求以及其他形式的民主实践被排斥。西方国家虽然声称自己是民主国家，但他们所谓的"民主"仅是现行宪政框架确认为合法的某些特定制度，对于他们来说，真正的民主有悖于他们致力于维护的权威秩序。如有兴趣，可以读读美国学者写的《美国不民主的宪法》，或许能够对现行美国宪法的细节如何体现不民主有所了解。[1]很多人认为美国"一人一票"选举代表真正的民主，其实"一人一票"并非其政治竞选制度的全部，候选人党内初选、选举人团等过滤机制的力量远远强于"一人一票"的力量，更不要说前一章集中谈到的政治献金力量。而我们也有必要追问，仅仅以选举制来衡量评价一个国家的民主状况是否合理。自然法学说宣扬"生而自由平等"，西方体制在政治上强调"一人一票"与在经济上强调"不受政治权力干预的自由"，目的是统一的，在于展现一种"形式平等"，掩饰社会中存在的严重不平等。[2]英国学者柯亨曾讽刺自由主义学者提倡的适用于经济生活和政治生活的两套迥异原则，割裂了人，在经济生活中追求私人利益最大化的人，又如何能在政治领域当个有公心的"圣人"，从一个侧面揭示出政治原则的"形式化"。[3]通过前一章关于"自由"的探讨，我们也能很清楚地认识到，自由放任会造成政治上的不平等。

　　电影《妇女参政论者》[4]或许能帮助大家感性地理解人人生而自由平等并非事实，权利也并非与生俱来。这部电影根据真实历史事件改编，反映英国女性经过斗争才取得了投票权。影片结尾滚动呈现了一些数据，各国女性取得投票权的时间差异很大，比如，在英国，1918 年 30 岁以上妇女获得投票权，一些中东国家的女性直至 21 世纪才获得投票权。

　　电影故事中的女主人公是一个长期甘于接受现状的人，虽然身为女性，但她从内心中接受社会长期以来占主导地位的歧视女性的观点。她

---

〔1〕　参见［美］桑德福·列文森：《美国不民主的宪法》，时飞译，北京大学出版社 2010 年版。

〔2〕　关于这一点，后文在讨论马克思主义理论和西方自由主义理论的区别、社会主义法治和资本主义法治区别时也会作考察。

〔3〕　See G. A. Cohen, *Rescuing Justice and Equality*, London：Harvard University Press, 2008, p. 2.

〔4〕　Suffragette（2015 年）在讨论何为权利的时候，我通常会给学生放映这部电影，其中有很多细节与前面已经讨论过的内容和后面将要讨论的内容相关。

到国会作证支持女性投票权的时候，不知道投票权是什么，也不知道为什么要争取它。她之前并没有意识到社会制度、男性对女性的压迫是一个社会结构塑造的利益矛盾问题，也没有意识到自己可以通过斗争去改变社会、法律制度和自身的生活，她受到权利意识更强烈的友人影响之后，渐渐意识到这些问题，关注到很多以前她没想要过要关注的问题，促发她发自内心地加入斗争行列。其中几个细节，我认为值得说说：

细节1：电影开篇提到当时男性反对女性拥有投票权的理由，这些理由到现在还常常用于描述和评价女性。比如，女性的性格有弱点不能作理智的判断，女性的父亲、兄弟和丈夫完全可以代替她们作决定，女性有了投票权会要求更多政治权利，威胁到社会的秩序。这些理由体现了男性对女性的歧视，对女性获得权利的惧怕，这些观点源自于女性长期依附于男性，没有独立的经济权、没有政治民主权利的现实。看得出来，在那个时代，相对而言，女主人公的丈夫是那种比较爱护照顾太太的男性，会帮太太干活儿、带太太去看电影，但是他头脑里那种根深蒂固的男女地位有别的观念不会因此有什么变化。女主人公的工资要上交给她的先生，女主人公参加政治活动，她先生完全不能理解。工厂里，女童工很普遍，恶劣的工作条件给她们的身体造成了严重伤害，没有劳动保护措施，工厂主很随意地对女工实施性侵害。在工作场合、在家庭里，女性都是没有地位的，掌控资源的是男性、真正享有权利的是男性，女性无法掌控资源，也没有权利，那时候，不仅仅是不能实现权利，而是法律根本不承认她有权利，法律不承认她有权利，是因为制定实施法律的人不承认女性有同他们一样的权利。警察、议员等政府官员动用各种手段监视、打击争取权利的女性。社会大多数人也对她们争取权利的行动报以偏见，用言语和行动告诉这些开展斗争的女性，她们的斗争是不会胜利的，因为她们的选择是错误的。女主人公在国会作证的时候，参与听证的议会议员全是男性，只有打字员是女性。拥有立法权力、法律实施权力的是男性或者说上层男性，不仅提出各种理由反对女性争取权利，而且会运用手中掌控的政治法律机器来阻止女性争取权利。所以，在那样的条件下，较为平和的争取权利的尝试注定会是失败的。

细节2：早先就积极参加政治活动的女工米勒对女主人公说了一句话：要人们尊重法律，法律首先要尊重每一个人。这一句话很发人深思，法学专业的人总是强调尊重法律，也喜欢指责非专业人士不尊重法律。但是，对于现成的法律是否真的平等尊重社会中的不同个体、不同群体，很少去思考。法律面前人人平等，很大程度上只是一种拟制，做出一个假设：在已经出台的法律面前，人人平等，法律平等地对待不同的人。似乎这就体现了法律对每个人的尊重。然而，简单地强调法律面前人人平等这个口号未必是一种尊重。一方面，信仰这种口号可能会阻止人们对于法律本身的规定是否公正不再作更深入的研究。比如，对于掌控更多资源的人是否应当承担更多义务的问题，对于缺乏资源的人是否应当给予特殊保护这样的问题，如果不深入考虑，很容易导致制定出来的法律本身就是不公正的，会误以为用同一种标准对待不同的人的立法就是公正的。另一方面，法律实施过程中，掌握不同资源的人在实现法律所确认的权利时，能力不同，有的人能真正享有，有的人则可望而不可及。比如，虽然每个犯罪嫌疑人都有得到刑事辩护的权利，但是不是所有人都有能力、钱、资源来实现这些权利。虽然有法律援助制度，可是法律援助的范围、标准、经费是很受限的，远远达不到让每个有需求的人获得充足帮助这一目标。现实并非人人平等，如果法律只是简单地承认法律面前人人平等，就起不到促进平等、维护社会公正的作用，还可能成为不平等、不公正的帮凶。

细节3：争取权利的女性们因为参加政治活动被逮捕关入牢房。其中，有一位富家太太，她先生是官员也有钱，支付保释费后，富家太太就可以被放出去了，而没钱的女性只能继续在牢房里待着，受尽屈辱，毫无尊严。这体现了一种法律实施上的不公正、不平等。富家太太跟他丈夫表明钱属于她，要求丈夫保释所有跟她一起参与活动而被逮捕的女性同胞，但她丈夫并未照做。可以想见，这富家太太原先也是富家小姐，继承了家产，但结婚之后，财产所有权、处分权都归了她丈夫。虽然相较于其他穷人家的女性而言，她因家境好能够轻松躲过牢狱之灾，但面对丈夫，她也没有任何平等地位可言，一样要接受丈夫的经济控制和训斥，没法作出有力反抗。

透过这部电影，我们要关注的不只是权利、女性的境遇，还需要关注其他身处劣势境遇，生活受社会不平等、不公正所限制的那些群体的境遇，这样才能理解权利从何而来。譬如，在美国，直到20世纪中期民权运动兴起，黑人等少数族裔才可以说拥有法律形式上与自由白人同等的公民权利，时至今日，现实中他们依然是被边缘化、受歧视的群体，是缺乏资源实现自身权利的群体。收入差距扩大、种族隔离等因素导致的社会严重不平等支撑着刑事司法体系的不公正，黑人被逮捕、定罪、关押的比例远远超过白人，被判处的刑期也更长，由于人身权利在实践中得不到平等保护，黑人面对警察的不合法搜查时通常难以自保。[1]著名的"辛普森案"，律师营造舆论把人们的关注度引向种族问题，助其筛选陪审团，赢得刑事诉讼，其结果似乎表明美国司法不存在基于种族的不公，却让人们忽略了辛普森属于有能力重金聘请强大律师团队的阶层，并不能代表美国黑人情况的基本面。从美国的历史可以观察到与英国类似的情况，不同的群体权利诉求不同，获得法律确认权利的时间不同，实现权利的条件和可能性也不同，权利并非人人天生具有，而是由政治力量所塑造的，受奴役人群如果不经过政治上的斗争，便无法争取到法律对其要求的承认和保障，遑论权利的实现。不仅如此，已取得的权利还可能被剥夺。比如，特朗普上台之后，陆续推出修改涉及女性、移民、少数族裔权益的法案，凸显对这些群体的歧视，引发全球范围的反种族主义、女性游行。特朗普的做法迎合了民粹白人群体的诉求，过去几十年，美国女性、少数族裔的权益获得较大幅度的提升（只是相对于历史情况而言），而在国家经济形势变差之后，陷入困境的白人男性认为之前得益的这些群体是造成他们困境的原因，于是将矛头指向这些群体，特朗普借此来转移矛盾，转移人们对经济问题的担忧。保守政治势力通过法律修改使本就在经济、政治生活中处于劣势地位的群体失去本已取得的权利或丧失条件、资源、手段去实现权利，势必会进一步加剧社会不平等，削弱这些群体的话语力量，削弱与保守政治对抗的民主力量，形成一种恶性循环。

只有结合历史、现实中的实际事例，才能对什么是权利有更切身的体会，判断宣扬与生俱来的、因人之所以为人所以人人都拥有的、内在的自然权利的这套理论存在什么问题，会给人以什么样的不当引导。

导言提到过，自然法学和法律实证主义是共享着世界观、方法论、价值

---

〔1〕 See David Cole, *No Equal Justice——Race and Class in the American Criminal Justice System*, The New Press, 1999, pp. 4~5.

观的一套理论，法律实证主义传承了自然法，将法律规范视为封闭的，自上而下演绎着的体系。正是自然法暗含的上帝宇宙观，决定了自上而下的演绎秩序。自然法-自然权利-转让自然权利的社会契约-宪政，演绎规范构建的秩序只能容许规范体系内部的解释，不允许其他解释。也只有把政治事实设想为规范内部的事实，才能设想出"宪政"理论。上帝意志-个人意志-个人权利的转换，使个人自由放任成为权利的核心内涵。自由放任和权威秩序之所以能够共同成为如今特朗普代表的新保守主义立场，正是因为这一套理论塑造了西方主流的政治文化。

一旦把视野集中在个人权利和国家权力的对抗关系，就很容易忽视这套理念背后的立场。一方面"宪政"凸显个人权利对政治权威的约束作用掩盖了"宪政"对现行政治权威秩序的正当化，另一方面"生而自由平等"让人们认为自己是完全自由的，与别人是平等的，陷入困境只能责怪个人的运气不好或努力不够，忽视更为重要的、造成社会不公正的根本性矛盾。为什么要塑造这样一个框架，把矛盾集中在个人权利和国家权力的关系上，更深层次的原因我们将在下一章进一步结合"公私划分"问题，结合自由主义理论的实质来说明，可以说，对"公私划分"加以强调以抗拒政府对市场自由的干预正是为了适应资本主义经济发展的需求。

三、"持枪权"背后的利益集团

既然自然权利并非"天生"，"持枪权"不能用"自然权利"证成，那么如何理解美国"持枪权"的存在呢？

枪的问题在任何不严格控枪的国家的都很突出。澳大利亚原来也是枪支买卖比较自由的，1996 年澳大利亚发生了史上最大的枪杀案件，死了 35 人，政府很快就立法进行严格的枪支管制，禁止半自动步枪等杀伤性较大的武器装备，回购了 65 万支枪支，严格枪支登记等，枪杀案大幅下降，之后再也没有发生过大规模枪杀案。2019 年"新西兰枪击案"发生后，议会马上决定立法控枪。美国却是一个特例，每年都要发生死伤人数很大的枪击案件，但从来没有在全国范围内真正实施严格的控枪。从数据来看，枪支管理最严的加州，因枪死亡的人口平均比例（以 10 万人为基数）为 7.8 人，而管理松散的州，死亡比例都相对较高，枪支管理严格程度排在后 25 位，比例基本上都在

15 人以上，管理最松散的密西西州比例为 21.5 人。[1] 严格控枪显然是有效果的，但得不到有力支持。奥巴马多次想在任期内推进控枪，都无果而终。

2016 年"奥兰多酒吧枪击案"造成五十多人死亡，当时就堪称史上造成死亡人数最多的枪击案。时隔一年，记录就被刷新。2017 年 10 月 1 日，美国拉斯维加斯一音乐节发生枪击事件，该案件造成了严重的伤亡，造成五十多人死亡，包括警察在内几百人受伤，重伤数十人，成为美国史上伤亡最大的枪击案。2018 年年初佛州校园枪击案后，学生们开展了抗议活动，要求修改法律，严格控枪，提高购买枪支的年龄到 21 岁，禁止销售枪支自动化改造的配件等。美国民众在国会前摆了 7 000 双鞋，代表 2012 年 12 月 14 日至 2018 年 3 月 13 日因枪支暴力丧生的儿童，抗议枪支暴力。[2] 根据《华盛顿邮报》报道，2018 年美国校园枪击案数量和伤亡人数均创下近 20 年最高纪录。[3]

有意思的是，每次枪击案爆发之后，强大的舆论压力随之而来，支持控枪的一派提倡严格控枪的舆论会掀起高潮，提倡购买和配备枪支以应对危险的舆论也会掀起一个高潮。这是一个很奇怪的现象。长期以来，控枪问题一直是美国政治争议的重要主题，关于枪支管控的司法诉讼也很多。美国是联邦国家，每个州的立法权限是很大的，不同的州在控枪问题上的立场也不一样，有的州会出台很严格的控枪法。一旦出现这样的立法或诉讼，人们争论的焦点往往集中在政府出台控枪法律是不是侵犯个人的"持枪权"，就像我们讨论的"哥伦比亚特区诉黑勒案"。

结合前面关于"自然权利"的讨论，我们知道，把"持枪权"神圣化这样一个立场是被特定的话语塑造的。那么，到底是谁需要把自身的利益诉求正当化成法律保障的权利呢？

既然法官执着于宪法原意，我们就有必要回到该项规定制定之初，先从

---

〔1〕 参见 "Annual Gun Law Sorecard"，载 https://lawcenter. giffords. org/scorecard/#VA，最后访问日期：2019 年 7 月 25 日。

〔2〕 参见 "美国会大厦前摆放 7000 双鞋 纪念枪口下丧生的美国儿童"，载人民网，http://world. people. com. cn/n1/2018/0314/c1002-29867161. html，最后访问日期：2019 年 7 月 25 日。

〔3〕 参见 "2018 年美国校园枪击案数量和伤亡人数创近 20 年新高"，载新华网，http://www. xinhuanet. com/world/2018-12/28/c_ 1210026281. htm，最后访问日期：2019 年 10 月 2 日。对枪支暴力数据有兴趣的，可关注 https://www. gunviolencearchive. org，其注重统计不同年龄段的青少年伤亡人数。

历史上的"持枪权"说起。1775 年美国独立战争爆发，1776 年《独立宣言》发表建立美国，1783 年英属十三块殖民地（十三个州）独立，1789 年建立联邦制。原先作为殖民地的各州依然维持着很强的独立性，殖民者们要保护自己的领地并不断扩展土地疆域、掠夺资源，对印第安人等土著居民进行侵略。对于这些殖民者来说，持有武器的权利是很重要、很有必要的。美国建国时，公民主体是信奉基督新教的白人欧洲移民。按照美国 1790 年《归化法》（Naturalization Act）的规定，只有自由白人移民在满足居住期限的条件后才能申请成为美国公民。确认"持枪权"的《美国宪法第二修正案》是 1791 年颁布的。也就是说，只有殖民者们及他们的后代、自由白人公民才拥有"持枪权"。当时确认"持枪权"的目的是什么，服务于谁的利益诉求，显而易见。不仅是《美国宪法第二修正案》，《权利法案》所有条款保障的所谓个人权利，都是上述这些人的权利。所谓的生而自由平等的人，指的是他们，权利属于他们，而受奴役受歧视的群体包括黑人、印第安人、"不自由"的白人（如白人奴隶）均不属于美国公民，没有资格没有地位拥有这些权利。

回到我们讨论的案例，为什么"持枪权"如今能够在美国的立法、司法判决中得到有力支持，其实跟利益集团有很大的关系。前一章讨论的案件，作为其中一方的美国公民联合会是一个以非营利组织面目出现的具有保守立场、具有很强政治性的组织，而美国国内支持"持枪权"反对枪支管制法律的活动，也是一些利益集团和组织共同推动的。全美步枪协会 NRA（National Rifle Association of America）号称非营利性民权组织，它是共和党背后的大金主，代表军火商利益发声。它作为力量非常强大的游说组织，长期资助共和党保守派以及支持持枪权的候选人进行总统、议员选举，组织反对控枪的活动，共和党的总统基本上都是该组织的会员，每年用于游说的经费有数千万美元。对于持枪的微小控制都会招致其反对。如果对持枪派的游说活动有兴趣，可以看看电影《斯隆女士》。2005 年，《保护合法枪支贸易法案》（Protection of Lawful Commerce In Arms Act）出台，根据该法，枪械犯罪案件受害者及其家属难以对枪械制造商和经销商提起民事诉讼，排除了军火商理应对受害者承担的责任。"哥伦比亚特区诉黑勒案"本身就有利益集团组织的参与。加图研究所（Cato Institute）是一个研究公共政策的、信奉自由至上的保

守派智库。〔1〕其成员一直致力于推动个人持枪权获得宪法确认的活动，是
"哥伦比亚特区诉黑勒案"的幕后推手。〔2〕该组织找人通过诉讼挑战哥伦比
亚特区的控枪法律，当时有 6 人提起了帕克诉哥伦比亚特区案（Parker
v. District of Columbia，2003）（黑勒是这 6 人中的一个，还有一人叫帕克），
哥伦比亚特区巡回上诉法院认为有诉讼资格的只有黑勒，后来才有了"哥伦
比亚特区诉黑勒案"。2010 年的"麦克唐纳案"（McDonald v. City of Chicago）
挑战芝加哥控抢法，背后也有步枪协会的影子。〔3〕正是由于特殊利益集团及
为其发声的保守派组织在政治上的强大影响力，才使"持枪权"被神圣化为
不可剥夺的权利。

在美国保守派眼中，枪支暴力犯罪的原因不在于枪——犯罪的是人，不
是枪。他们提出应把重点放在打击犯罪上，而不应放在控抢上，而且，人人
持枪还能够起到遏制暴力保护自身安全的作用。2015 年 11 月 13 日法国巴黎
发生暴力恐怖事件，造成上百人伤亡，令人发指。有保守派人士表示：如果
巴黎人民有"持枪权"，局面就会很不同。"麦克唐纳案"中的麦克唐纳住在
芝加哥犯罪率特别高的街区，暴力横行，他频遭威胁，麦克唐纳认为芝加哥
法律使自己无法合法持枪对抗歹徒，所以起诉芝加哥的控枪法违反《美国宪
法第二修正案》。这种观点合理吗？以暴制暴是否能够从根本上遏制暴力？暴
力的根源是什么？持枪自由是否会进一步导致暴力滋生？

以宗教极端主义暴力恐怖活动为例，西方学者一向在涉宗教问题上持
"文化冲突"的观点，认为是伊斯兰教极端思想的扩张造成了恐怖主义活动的
蔓延。极端思想为何能得到传播呢？观察一下极端暴力恐怖活动频发的主要
区域，阿富汗、伊拉克、叙利亚、利比亚……就能够意识到极端思想和活动

〔1〕　该研究所的立场非常明显。2012 年，该所曾颁发"弗里德曼自由奖"给我国经济学者茅于
轼，无论是弗里德曼还是茅于轼，均是信奉原教旨自由主义或新自由主义的学者。Philip Mirowski,
Never let a serious crisis go to waste：*how neoliberalism survived the financial meltdown*，Verso，2013，p. 45 提
到扎根于世界各地的新自由主义智库，其中所说的 unirule（Beijing）就是茅于轼主导的天则（经济研
究所）。这也从一个侧面可以体现出，经济问题和政治法律问题不可分，在西方资本主义国家主导意
识形态中，自由放任、排除干预的立场贯彻于各领域，服务于统一的目标。

〔2〕　参见 Robert A. Levy，Cato Institute：The D. C. Gun Ban：Supreme Court Preview，object. cato.
org，载 http://object. cato. org/publications/commentary/dc-gun-ban-supreme-court-preview，最后访问日
期：2019 年 10 月 2 日。

〔3〕　参见 McDonald v. City of Chicago，https://www. scotusblog. com/case-files/cases/mcdonald-v-
city-of-chicago/，最后访问日期：2019 年 10 月 2 日。

并非凭空出现的。塔利班是美国在 20 世纪 70 年代、80 年代培育的反苏势力中成长起来的，在其基础上发展出了基地组织，"伊斯兰国"在叙利亚、利比亚的政权真空中壮大势力。这些地方，都是经济、政治动荡，战乱频繁的地区，极端思想才有生存条件，与此同时，武器供应唾手可得，才能滋生出大规模的恐怖主义活动。到底是谁给了这些人武器，到底是谁造成了这些地区的暴力横行？正是美国扶持分裂势力，兜售军械物资，为极端势力、恐怖分子及其巨大破坏力提供了温床。而这样的局势，对于军火商来说是十分有利的。国际问题与国内问题是相联系的，特殊利益集团的诉求绞缠其中。一方面，暴力因霸权主义、武器贸易而不断滋生；另一方面，一旦暴力事件发生，最容易受伤害的是妇女、儿童这些本来就脆弱的群体。而特殊利益集团以及美国联邦的法律、司法判决却忽视受害者的利益，通过正当化持枪权去支持和保障特殊利益集团的利益诉求。

至此，我们面对"权利是什么"或"如何理解权利"的问题，即使难以用特别精细的语言回答出来，至少也能把之前接触到的一系列素材和线索勾连起来，有一个大致轮廓。习惯于教材的人，更适应于"权利是什么"这样的提问，想要获得一个精确的概念定义。但是，概念定义只是人认识问题的辅助工具，在对它所指的对象缺乏深入了解之前，即使知道概念也很难理解，而一旦深入了解对象，精细的概念定义反而会成为理解对象的障碍，因为概念总是在一定的范围和层次来描绘对象的，有很大的局限性。所以，我更愿意提出的问题是"如何理解权利"，一切有待抽丝剥茧，一步步深入下去。下一章将结合私家车限行问题来讨论理解权利的不同视角，继续探讨这一章未完全讲明的权利与权力的关系、公私划分问题。

通过这一章的讨论，希望大家能关注到两点：第一，自然法理论、自然权利学说、社会契约论有积极意义，但其更多的是对某些利益诉求的正当化，体现为一种权利要求，而非对权利的科学理解，不能简单地将之作为讨论问题的基本框架或得出结论的根本理由，不能完全脱离开社会历史条件来理解学者的观点，这也是我们需要深入学习西方法律思想史的原因，不了解制约思想观点流变的社会根源，就无法对思想观点本身进行恰当判断；二是，在法理上，一定要明确个体或群体的权利要求与法律认可的权利之间的联系和区别，二者是否完全对应或等同？个体或群体的诉求通过什么渠道才能被法律认可，什么能够被法律正当化并被认可为权利（或不能被法律正当化并不被认可为权利)？所以，我们关注法律实际上给了哪些主体什么样的行动空间和自由，又给了哪些主体什么样的行为限制和约束，只有从不同主体拥有的不同的行动条件中，才能发现法律调控社会关系的政治立场、价值倾向。

公私绝对划分带来的问题
——以私家车限行是否侵犯私有财产权为切入点

一、问题的引入

上一章，我们揭示出了自然法理论中的公私对抗意蕴，这一章，我们借由一个现实问题来考察将公权和私权相对立的视角直接用于对现实问题的分析是否合理。

2007 年起，北京市开始实施机动车尾号限行的措施，限行措施的适用范围包括私人所有的机动车。自其启动起，一直存在争议，这样的声音不绝于耳：限行是公权对私有财产权的侵犯，私家车主购买了汽车并缴纳了法定的税费就理所当然地拥有自由使用车的权利，而限行是对私人权利的侵犯。以公权侵犯私权的视角看待机动车限行措施是否合理？把政府行使权力正当与否唯一性地系于保障个人权利是否恰当？

这不仅仅是一个只与具体事例有关的问题，它牵扯到我国法学界的重要争论——是否承认公法私法的划分？宪法大还是民法大？在争论中，有人直接把宪法定性为"（公）权力法"而把民法定性为"（私）权利法"，有人认为私法和公法具有相当地位，各有其根本法，民法是私法的根本法，宪法是公法的根本法，甚至认为私法优位于公法。[1]民法学界的主流观点认为法治的功能就是保障私权限制公权，民法的使命就是为私权提供全面保护，"公权和私权是法治社会的两大基本权利范畴。法治社会的一切问题一切都要围绕

---

[1] 参见韩大元："宪法与民法关系在中国的演变———种学说史的梳理"，载《清华法学》2016 年第 6 期。

这两个范畴展开"。[1]一些法理学者也持这种观点，认为"限制公权保障私权"是法治建设的唯一主线。[2]经过多年的争论，关于公私法划分的问题，各方达成了一定程度的共识：私法具有"公"的性质，宪法应作为民法、物权法等"私法"的法律依据，但是，并未深究这一问题的根源。或许是，对于他们来说，追究根源并没有多大意义，公法、私法的划分既已成为被接受的框架，就只需在该框架下去理解问题了。而在我看来，这一问题在法理上具有特殊的重要性，公私划分、私法优位显然与上一章中说到的个人权利和国家权力对抗的理念有关。公私划分是如何产生的？公私划分在什么层次上有积极意义，在什么层次上有消极意义？以个人权利、私权利定义权利，以国家权力、公权力定义权力，并将权利和权力的矛盾置于法学研究、法治架构的中心，会导致什么样的问题？怎样限制了人们认识问题的视野？这些都很值得我们探讨。

私家车限行措施刚开始实施时，确实有一些程序上的瑕疵，北京市之外的河北省等地，也经常出台临时的限行措施，引发人们的质疑。在中国人民大学的研究团队所做的法治满意度调查中，机动车限行依然是导致民众对政府控权满意度较低的一项重要原因。[3]如今，随着《中华人民共和国道路交通安全法》的修改和《北京市大气污染防治条例》的出台，限行有了法律法规上的依据，程序瑕疵问题我们不再作讨论，这里集中讨论"权利和权力"的问题。

在一次学术会议上，我遇到某位环境保护法学者谈及限行问题，他认为不应该为了环保而限制人们开车的欲望。一名环保法学者如此认识问题，让我刮目相看。至于他所谓的欲望是本能还是别的什么，我们这里不再纠缠了，第一章已专门就"欲望"作了详细讨论。我关注的是，他表达的观点很明显

---

　〔1〕　王利明："侵权行为法：权利的救济法，利益的保护法"，载《光明日报》2006年8月29日第9版。在近年的阐述中已渐渐改为"规范公权，保障私权"，但没有实质性变化，依然将它作为"法治的核心"。王利明："公权与私权"，载北大法律信息网http://article. chinalawinfo. com/ArticleFull-Text. aspx? ArticleId＝84490&listType＝0，最后访问日期：2019年7月29日。

　〔2〕　参见"司法改革：限制公权保障私权"，载《中国青年报》2012年10月10日刊，http://zqb. cyol. com/html/2012-10/10/nw. D110000zgqnb_ 20121010_ 2-01. htm，最后访问日期：2019年7月29日。

　〔3〕　参见朱景文："法治评估中的问题指标——中国法治建设面临的难题"，载中国社会科学网http://www. cssn. cn/fx/fx_ flx/201801/t20180116_ 3817591. shtml，最后访问日期：2019年9月6日。

地体现出一个预设：公权和私权各有领域，公权不得侵犯私权。

暂先以一个粗糙的图示（图4.1）来描绘抱持上述立场的人是如何理解权利的：

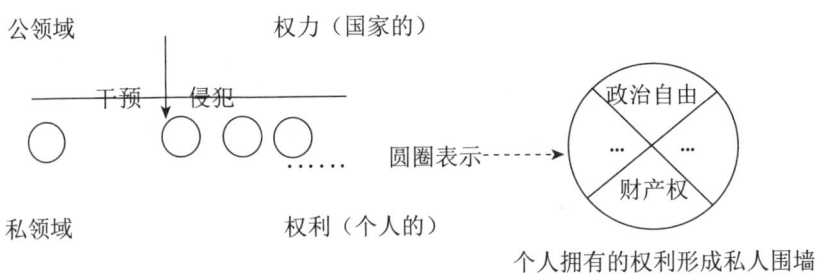

图4.1

用国家权力和个人权利相对抗的视角看问题，某种程度上假设公领域和私领域之间有明确的界限，每个人都有一块由权利高墙围护的私人范围，被划定为个人权利的领域，是绝对不应该被侵犯的。国家运用公权力朝这一块私人领域伸手进行干预，施加限制，就属于侵犯。如果以这种模式理解权利的话，私家车限行属于公权侵犯私权无疑了。这种理解模式合理吗？难道没有其他方式理解限行措施了吗？没有其他方式理解权利吗？个人权利和国家权力的关系是否真如上述模式所说的那般处于天生的对抗紧张关系中并且理所应当被视为法治建设应对的根本性问题？

二、转换视角的尝试

（一）以权利和权力对抗来理解个人与国家的关系过于片面

我们尝试换一个视角，不从公和私的明确划分出发，不从个人权利和国家权力的对抗出发，也不认为只有国家才拥有权力，抛开这所有的预设，再来看私家车限行这个问题。比如，我们是不是可以多关注个人和个人/群体和群体之间的冲突，是不是可以设想一下并非只有国家才拥有、使用权力，其他主体也有权力？

如果我们在很抽象的意义上谈论权利，环境权、生命健康权、私有财产权等似乎都是我们每个人应该享有的权利，可是，认可大家都拥有这些权利，并不能告诉我们在不同的权利要求相冲突的时候到底该怎么办。私家车主大概会认为自由地开自己所有的车理直气壮，对其开车的自由施加限制就是侵犯其私有财产权。但是，其他有不同诉求的人或许并不这么认为。

对环境科学有所了解的人，应该清楚机动车尾气排放对污染贡献很大。就我个人读到的相关研究资料显示，尾气排放对于空气污染的总体贡献度在20%以上有时甚至能达到50%（因燃料、城市环境、气候条件不同，会有所区别）。"摊大饼"式的城市规划，人们的通勤需求，造成对汽车的依赖度不断增加。在我国，还不乏一些学者和商家推广美国郊区田园式的"中产阶级梦"，影响着我国群众的价值观和城市发展方向。但是，这种梦想是不是合理的？城市扩张，大建郊区房产，后果就是通勤路程长，无论是公共交通车辆还是私家车，都会对车内车外的空气造成更多的污染，影响人们的生命健康。美国环境学家作过研究，身体脆弱的儿童、上下班通勤坐班车时间更长的人受到空气污染的伤害更大，土地密集高效使用的地区污染更少，对人们身体的负面影响更小。[1]在通勤路程长，便捷舒适快速的公共交通不可及的情况下，只能加深很多人对私家车的依赖程度，这些人会倾向于反对限行。更别提将私家车作为标识自身阶层地位的人，即使没有路程较长的通勤需求，也依然对开车有着"刚性需求"。部分私家车主对环境科学有一些深入认识，环保意识比较强，知道机动车尾气排放给环境造成的污染很大，可能会觉得限行有一定合理性，算不上侵犯他的财产权。而那些不依赖私家车出行，又对环境、健康问题极度敏感的人，或许更倾向于认可优良环境的权利、生命健康权应优先获得保护，通过限行，给机动车使用者施加义务来保障环境权、健康权的实现是正当的。人们的诉求是存在冲突的。就像在公共场所抽烟这个问题，现在已经不只是谈二手烟了，还要谈三手烟，抽过烟之后沉淀在周围环境中的有害物质即使经过一段时间之后也会给人带来伤害。已有两会代表提案讨论控制三手烟的问题。有些人觉得抽烟是他的权利，但是，受二手烟、三手烟伤害的人的权利，尤其是儿童等身体更易受有害物质伤害的人群的权利，视抽烟为权利的人有没有考虑过呢？到底该怎么认识这些冲突，如何处理这些相冲突的要求呢？这其实涉及如何理解权利和义务的关系，如何恰当地划分权利和义务的问题，而这些问题对于理解权利至关重要。

---

〔1〕 See John Wargo, *Green Intelligence——Creating Environments That Protect Human Health*, United States：Yale university press，2009.

在机动车限行问题上，除了环境污染带来的成本和风险，道路资源分配上的不均衡也值得重视。全国大多数城市交通道路的规划设计都是倾向于为机动车提供便利的，给行人造成了很大的影响。以本人所在的城市为例，在一个五车道的路口过马路，绿灯亮时立即起步并以年轻人的快步速行走才能赶在绿灯闪灭前抵达对面，甚至可能在红灯亮起时还差几步，更别说儿童或老人了。行人占用的资源和机动车占用的资源显然不平衡，行人的路权很难得到充分保障，甚至可能不得不承担一定的违法成本。以下一幅漫画（图4.2）很生动地说明了行人和机动车所占道路资源的对比，虽然作者是以他所在的城市作为观察对象描绘出这幅作品的，但是在全球城市形态趋同、汽车消费增长的背景下，这幅画对我们的现实有很强的参照意义。

图 4.2　Karl Jilg/Swedish Road Administration[1]

资源分配的不均衡当然也不是私家车主造成的，不均衡的背后是城市发展的诉求，汽车行业发展的需求，汽车消费的刺激，但是，让占用较多资源，带来较多环境风险、公共卫生健康成本、行路成本的私家车主承担限行的成本是否算得上不合理不公正呢？从私家车主和其他主体之间权利义务的相称

---

〔1〕　参见 Joseph Stromberg, This brilliant illustration shows how much public space we've surrendered to cars. https://www. vox. com/xpress/2014/11/18/7236471/cars-pedestrians-roads，最后访问日期：2019 年 9 月 6 日。

性来考虑，我认为，施加给私家车主的义务使人们之间的权利义务关系更加均衡，具有正当性。尾号限行只是限制汽车使用的一种手段。欧洲一些地方，尤其是致力于打造低碳生态的城市，不但征收高昂的汽车购置税，对石化燃料汽车征收很高的能源税，而且把道路资源和停车场地资源更多地向自行车、公共交通倾斜，市中心区域收取高额的停车费、拥堵费甚至禁止开车进入市中心。这些手段都是对"开车自由"施加限制，让人感觉到买车开车成本高，这其实都是对私家车尤其是石化能源汽车加以限制的手段。在我国，污染排放税收体系还未健全，新能源汽车也还未发展至一定规模，城市规划的困境短期内难以纠偏，尾号限行于当前的条件下不失为一个合理手段。

在我看来，对私家车的限制并不是对私有财产权的侵犯，而是一个权利义务划分的问题。法的核心价值是维护社会公平正义。如果社会中的一些群体占用的可用于满足其利益的资源相对于其他人更多，行动选择范围更广，履行的义务更少，而其他人占有的资源少、承担的成本和义务过于沉重，他们之间就容易形成一种不均衡的关系，占有优势的人给其他人的生活机会、行动自由构成不合理的限制。这时候，就有必要重新权衡不同主体之间权利义务关系的公平性。任何人提出自身的诉求，也应该考虑公平性，不考虑公平性的诉求很难得到别人的承认，得到正当化。前两年网上流传过一些文章，说生活在北京的中产阶级对雾霾感到绝望，觉得自己和孩子深受其害，国外的环境质量肯定要好很多，表达出对移民的憧憬。生活条件比较好的中产阶级可能没有意识到，他自身的生活展现了很多冲突：一方面，每日开车上班送孩子上学，经常开车制造污染，反对私家车限行；另一方面，觉得雾霾会对自己和孩子的健康造成巨大伤害，家里又装着昂贵的空气净化器。他们既是问题的制造者也是受害者，最大的期待是赚够钱移民摆脱雾霾，但是，他们不去考虑自身生活方式存在的问题，不想对自身的行动加以限制，也不关心社会中其他人的境况。西方有些学者也在反思他们主流的自由主义法治观，一直强调权利，不强调义务。好像法的核心价值就是保障私人权利。这是一个很偏颇的观点，容易给我们造成一种错觉，好像我们每个人都拥有一大堆权利，任何权利都是完全地、绝对地属于我们每一个人的，这些权利构成了一个围墙，形成了我们自己的领地，似乎我们每个人所拥有的权利之间是不冲突的，除非其他主体尤其是国家伸手到我们的领域来，才会产生冲突，我们的权利才会因此受到侵犯（如图 4.1）。好像权利是第一位的，义务是附随于权利的，仅为保障权利而存在。按照教材上的定义，义务是以权利来界定的，但目的在于说明二者的内在联系，并不是说义务次要于权利。[1]把权利奉为优先的理解，我认为是一种极大的误解。社会利益冲突是普遍的、必然的，生活需要、利益要求不同的人，对权利的理解也不同，权利实际上体现的是主体的利益诉求——其内容是主体生存发展的需要以及实现其需要的手段、措施，包括对其他主体个人、组织机构或国家作出或不作出一定行为来保障其利益实现的要求，权利、义务是对这些要求的正当化。法律对这些要求的正当性进行确认，使其成为法律上的权利和义务。如果法律确认你有这项权利，是确认你的这个利益诉求是正当的、合法的，通过法律确认为正当的、合法的手段来实现你的利益，你可以在一定范围内以一定的方式自由行为，可以对一定的主体提出履行义务的要求。满足利益诉求的行动的范围、方式——构成权利。当你的利益诉求、实现利益的行为可能影响到别人利益的实现，就可能面对别人的质疑，面对行为上的限制，面对权利义务关系的调整，限制——构成义务。说权利、义务具有统一性，我认为主要体现在权利义务共同构成的行为边界上，而这一边界是变动不居的，是弹性的，会随着社会条件的变化、不同力量的介入和影响而变化。由此，应当动态地理解权利、权利和义务的关系。

（二）对权力与权利关系的另一种理解

结合前两章的内容和本章前文关于私家车限行的讨论，以及从中获得的关于权利的认识和体会，我摸索着画出另一种理解权利的图示（图4.3）：

---

[1] 参见孙国华、朱景文主编：《法理学》（第4版），中国人民大学出版社2015年版，第147~148页。按照定义，义务是保障权利人利益的手段。法律意义上的权利，反映由一定物质生活条件所决定的行为自由，是指法律所允许的、权利人为了满足自己的利益而采取的、由其他人的法律义务所保证的法律手段。法律义务，反映着由一定物质生活条件所制约的社会责任，是指法律所规定的义务人按照法律或者权利要求所必须从事的一定行为，是保障权利人的利益的法律手段。我认为把义务定义为"社会责任"并不合适，而应以"行为纪律"来定义。而且，权利并不一定不与社会责任有关。

孙国华、朱景文主编：《法理学》（第2版），中国人民大学出版社2004年版，第385页。法律上的权利，是指法律所允许的、权利人为了满足自己的利益而采取的、有其他人的法律义务所保证的法律手段。法律上的义务，是指法律所规定的义务人以满足权利人的利益的法律手段必须从事的一定行为或不行为。第2版的定义似乎更合理一些。

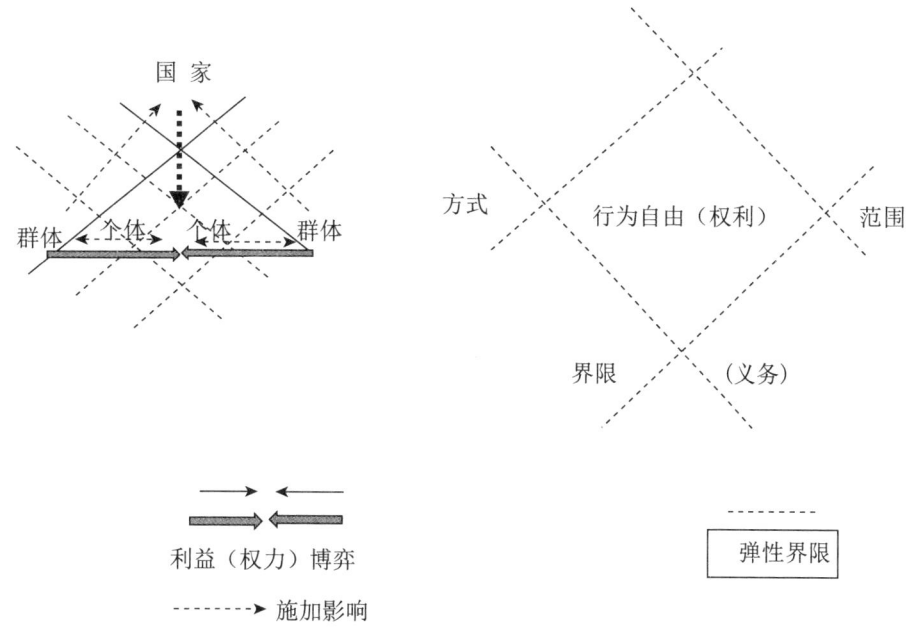

利益（权力）博弈

--------▶ 施加影响

图4.3　从社会主体互动博弈（权利义务关系）的角度看待权利

在确定权利义务的过程中，国家会起到一个关键作用，但并不是唯一起作用的，唯一能对权利义务关系施加影响力的主体。国家通过其掌握的政治权力制定和实施法律来设定权利义务，将它落实到人们的行动上。但国家不是一个有独立思想意识的主体，它的意志，所谓国家意志，很大程度上反映的是政治活动中有着不同诉求的群体之间的博弈结果。

社会主体之间的博弈定型利益关系、行为模式，催生适应利益关系、行为模式的价值观，框定权利和义务的轮廓。国家权力的作用体现在为社会博弈中大致定型的利益关系盖印法律的认可和支持，标识权利义务范围、主体行为界限的正当性、合法性。法律用合法还是非法的标准来确认行为是正当的还是不正当的，做出动用各种资源来对正当行为加以保障的承诺，合法即正当，不合法即不正当。法律体现的价值标准并非中立的，掌握经济支配权、政治权力、话语权的群体对主导价值标准、对政治风向的影响力更大。有些人可能觉得做某件事或者要求别人做某件事是正当的，自己有权利别人有义务，但缺乏对政治、立法过程的影响力，法律未必会认可他的要求。他可以提出权利要求，但未必能成为法律所承认的权利。有些事情，即使现在的法律确认它是合法的、正当的，但社会里其实还有好多人持有不同的意见。随着社会条件发生变化，不同意见背后的力量对比发生转变，针对同一事项，原先处于下风的意见在博弈中取得主动的、优势的地位，合法/非法的判断标准，权利/义务的边界可能会产生变化。譬如，吸烟控制的问题。北京市 1995 年就制定了《北京市公共场所禁止吸烟的规定》，2008 年出台《北京市公共场所禁止吸烟范围若干规定》，2015 年颁布号称史上最严格的《北京市控制吸烟条例》，人们的健康意识逐步提高，对吸烟的严格控制给予更多的支持。由于经济社会发展程度、文化水平地区间的不平衡、有利害关系的主体参与的广度深度不同，博弈是长期的。比如云南这样的地方，至今没有出台过严格控烟、禁烟的立法，一方面，云南的烟草业是支柱产业；另一方面，人们对吸烟有害健康的认识水平还普遍较低，可以想见开展控烟、禁烟方面的立法会面临更多阻力。再比如，对含糖食物、酒精、烟草等严重危害人体生命健康、给公共卫生带来沉重成本的消费品产业予以严格立法加以监管控制，是保障人们健康的重要举措，但是，这些产业行业的影响力很大，导致相关的立法决策难以成形。世界卫生组织每年的预算约为 40 亿美元（2017 年），而可口可乐一家公司计划在 2020 年之前分别投入 120 亿美元在非洲和印度推广其产品。[1]在非洲、印度一些贫困地区，食物缺乏，民众对含糖产品的危害也没什么意识，廉价的可乐饮料已经成为青少年"补充能量"的基本品，给当地民众带来非常严重的健康问题。宣传预算的差距如此悬殊，倡导监管的一方明显力量不足，而在贫困问题得不到根本性解决的情况下，引导人们改变饮食习惯也非常困难，加剧了不同声音话语能量、效果上的差异，加强监管改变现有利益格局的阻力非常大。[2]

统观前面讨论过的国内外各种立法事例、司法案例，在法的形成和运作过程中，一直都有不同主体参与其中，有的主体直接参与行使国家权力，有的主体能够对国家权力行使的方向、手段施加影响力，有的主体能够在凸显自身话语权的同时压制其他主体的话语权……权力因素的作用无处不在，体现为以金钱、传媒、地位等各种资源的不均衡分配为基础形成的支配与被支

---

〔1〕《柳叶刀》（The Lancet）："Oral Diseases：A global public health challenge"，https://www.thelancet.com/journals/lancet/article/PIIS0140-6736（19）31146-8/fulltext，最后访问日期：2019 年 10 月 3 日。

〔2〕关于食品产业对政治决策施加影响力的例子，可阅读［美］凯利·D·布朗诺、凯瑟琳·伯特尔·霍根著，王洋译：《食物战争》，机械工业出版社 2006 年版。

配的关系、放任与被限制的关系，不同主体力量的强与弱主导社会利益关系的博弈格局。在众多权力之中，国家权力尤为显眼，并非因为国家权力以外的权力不发挥任何作用，而是因为，国家权力与其他权力形式相比有不同的特点，有无可比拟的强制力保障法律普遍地、有效地实施，有些理论学说却把国家权力和其他权力之间的关系阻断，影响我们对社会整体格局的认知。

　　当然，我并不是说不能立足于个人权利和国家权力关系的角度来研究问题。比如，行政执法侵害相对人合法权益的事例有不少，这里确实涉及国家机关及其工作人员权力行使不当对个人权利的侵害。比如，在民主政治制度不健全的情况下，个体无法通过有效的方式平等参与国家治理，其提出的诉求和批评、建议得不到政治体制内的重视甚至被直接忽视，容易导致对个体自由、基本权利的不当限制甚至压制，为此要重点规范政治运作，增进民主参与，以保障个体的自由发展。但是，即使要谈限制国家权力，也要进一步谈为谁而限制，为什么目标而限制以及如何限制的问题，而不能仅仅将个人和国家抽象地放在对立面、抽象地谈限制。要意识到个人权利和国家权力对抗视角的局限性，既不能将个人权利受侵害的具体问题简化为个人和国家对立，个人权利和国家权力的对抗，也不能由此把"个人权利和国家权力的关系"作为法学研究的唯一标签，更不能不假思索地把解决个人与国家（权利与权力）的冲突作为法治的核心指标。不然，我们很容易失去判断西方法治理论实质所需的眼界，失去区别资本主义法治和社会主义法治的能力。

　　在我国理论界流行的"权利本位论"很大程度上沿袭了社会契约论及其构建的个人权利与国家权力对抗关系的视角。虽然"权利本位论"似乎是为打破我国历史上长期以来的"义务本位"模式和法学理论上的"阶级斗争"范式提出来的，然而，"权利本位论"因在抽象意义上谈论"权利"和"义务"，不但错误地将旧时代束缚人身的"义务"直接作为"义务"来理解，致使其难以深入认识权利义务的关系，也因对"权力"的错误理解而将"阶级分析方法"简化为"阶级斗争范式"加以批判，从而不能超越"权利和权力"的视角认识问题。[1]对权利的重视体现了社会发展过程中人的自由的拓展和自主能力的提高，无论是自然权利学说还是"权利本位论"都是适应这一变化的理论，有积极意义，但并不意味着我们应当认为"权利"是天然的

---

　　〔1〕　关于"权利本位论"的问题，可参见本书附录2的文章。

并当然地将其作为理解法的必然出发点和根基。尤其是，人们若广泛地立足于这套理论形成一种社会想象，以此看待社会组织模式、人们之间的互动方式，型构自身的思想行动，会造成很多问题。有意思的是，在"权利本位论"出现的同时，也有学者提出了"义务先定论"。[1]关于权利和权力关系问题的反思，建议阅读《权利与权力是一对矛盾吗?》等系列文章。[2]虽说这都是 20 年前的论著，但以前的理论争议并未得到认真的解决，只不过是以"通说"代替了争论，代替了理解的深化。

下面，我们就来追问，为什么西方国家需要"公私划分""公权不得侵犯私权"这样的理念?

三、公私划分、公权不得侵犯私权体现特殊的利益诉求

公私划分、公权不得侵犯私权这一政治法律理念，源于资产阶级经济上的诉求——私领域的主导规范优于国家制定的规则，维护私领域的主导规则是公权的宗旨。可能有人会问，这种理解难道不对吗? 不是与我前面用于理解权利的图 4.3 差不多吗? 图示似乎表达的就是，即使不明确划分公私领域，国家权力制定的法律也不过是私领域规则的一种表达形式。我要强调的是，图 4.3 突出的是法形成和运作过程中发挥作用的主体以及权利义务划分的意义，主要针对的是图 4.1 关于个人和国家关系、权利的理解模式的缺陷，并没有涉及法律的内容应该是什么。

秉承公私划分的人，很多人支持"私法至上""私法优位""私法是经济领域的根本法"。在他们看来，私法至上才是核心，公私划分是以私法至上为基础的。"私法至上"体现了一种规定性，以它作为判断法律正当性、合法性的标准，框定了法律的内容。

亚当·斯密塑造了比较明确的"私法至上"理念，在《国富论》中，他根据资产阶级的心理、生活经验和需求，塑造了一个"经济学世界观":一方面，逐利心理是个人追求自身利益的动力，逐利是个人活动的主要目标;另一方面，虽然每个人都追求自己的私人利益，但"无形的手"会自觉地调控

---

〔1〕 参见张恒山:《义务先定论》，山东人民出版社 1999 年版。

〔2〕 参见孙国华:"权力（Power）和权利（Right）是一对矛盾吗?"，载《法学》2000 年第 2 期。

人们的行动，使每个人都得益，社会目标也能自动有效地达成。也就是说，只要私人能够在市场上自由地从事逐利活动，个人的生活目标就能得到满足，社会财富就能增加，国家就能繁荣，社会便会朝着和谐美好的方向发展。那么，最重要的就是尊重个人逐利的自由，尊重"无形的手"，政治国家的作用就是通过明确界定产权、维护自由交易、强制契约执行来尊重和保障前述经济法则。有没有觉得这套理论很耳熟？不错！这与洛克《政府论》中提到的核心内容——个人签订社会契约建立政府以保障私有财产权——很类似。其实，斯密的经济学是洛克学说的一个新版本。洛克通过"自然法""自然权利"将——私有财产权至上——神圣化为人人应当遵循的法则，通过社会契约论，将政治合法性立足于保护私有财产权，作为"宪政"规则确立下来。在洛克那里，国家权力来源于个人权利，应限制国家权力保障个人权利，这一套政治说辞，无非是"私法至上"的化身。类似地，斯密把资本主义私人经济活动的经验视为私人经济领域的"规律"，甚至上升为社会发展必循遵行的"规律"，界定了经济（私）领域和政治（公）领域各自的功能——政治权力应服务于私人经济领域的"规律"，实质上就是"私法至上"。这一套内在统一的自由主义经济政治理论，奠定了私法至上、公私划分的理念。自由主义宣扬排除国家干预的主要目的是避免资产阶级逐利的自由被限制。只要逐利自由不被限制，其他的自由被限制并不是特别需要关心的问题，因为这套框架里没有它们的位置。这也是为什么在西方的话语里，政治自由主要局限在言论自由和选举自由上，而这两种形式的自由在西方国家也是以类似于资本主义市场逐利自由的方式来理解和运作的。还记得关于公民联合会诉选举委员会案的讨论吗？多数派法官认为企业、组织投钱给竞选宣传活动不应受限，因为要保障意见自由市场。而没钱投入市场的人是否能享有同等的自由以及其自由是否因有钱人的优势而被限制这些问题是无需关注的，是无关于自由的，毕竟，在他们眼中，人人生而自由平等，人人皆有意志自由和选择自由，只有国家权力的限制才是需要被排除的限制。逐利自由至上的原则贯彻到整个政治体制中，总统、议员、法官的选举，主要依赖竞选资金的竞争，人们投入政治献金支持中意的候选人和党派，为的是追求自身的利益，为的是争取立法、司法判决作出有利于自身的决定。在这样的环境和语境里，逐利自由被认为是本能，是天生正当的，永远是第一位的，其他诸如社会公正等问题，要么被异化为"自由即公正"，要么被认为是与"自由"相冲突的而被忽视，被贬低，不被认为是值得认真对待的，将其推给"无形的手"处理，至于"无形的手"是不是真的存在，是不是真的无所不能，是不是真的会处理社会不公正问题，似乎无需担心。

从 17 世纪兴起的古典自由主义到 20 世纪 70 年代起流行的新自由主义，上述理念未发生过本质变化。新自由主义作为各资本主义国家政策的指导思想，盛行至今。[1]其代表人物哈耶克、弗里德曼、诺齐克等人鼓吹"大市场、小国家"的意识形态，塑造个人自由和国家干预的对立以及市场经济和计划经济的对立，坚持有市场才有自由，计划只能导致奴役，坚持"私法至上"排除国家干预的立场。20 世纪初的经济危机和世界战争，曾使西方国家一度偏离"尽可能排除国家干预"的轨道，采取凯恩斯主义，增加国家干预，扩大政府投资，促进就业，增加针对富人的税收，提高福利，管制物价，以刺激投资和消费，拉动经济增长，同时缓解收入不平等，缓和了阶级矛盾。世界大战结束，进入冷战时期，美国就开始采取措施对工会进行打压，削弱工会政治力量。[2]20 世纪 60 年代、70 年代，石油危机等因素导致经济危机，各主要资本主义国家由此陷入低增长阶段。新自由主义鼓吹者认为危机原因在于凯恩斯主义，是国家干预过多导致的问题，倡导排除国家干预，认为只要赋予资本更多的自由，降低其逐利成本，便可增加资本投资意愿从而自动拉抬经济增长。这一与斯密理论如出一辙的思潮逐渐占据上风，政府在政策上不断放松资本管制，为富人减税，放松劳动力市场的管制，采取货币政策来处理经济问题，促使货币贬值、通货膨胀，社会不平等逐渐扩大。资本投机越来越膨胀，陆续引发规模性经济危机，资本更多投向可攫取高额利润的金融、军事领域，实体经济衰退，直至 2006 年美国房地产泡沫引发金融危机、全球性的债务危机和经济危机。

虽危机明显是放任导致的，新自由主义起了很大的推波助澜作用，但危机发生后，不得不由国家来兜底，为挽救资本损失，不惜以财政税收来拯救

---

〔1〕 See Susan S. Fainstein, *The Just City*, Cornell university Press, pp. 8. Susan 在其著作中曾提到"新自由主义"称呼的由来，在美国，自由主义是偏左的，新自由主义相比自由主义更强调回归市场教条，认为只有自由市场才能产生有效的资源分配并激励创新、经济增长，国家干预必须最小化。Philip Mirowski 在 *Never Let a Serious Crisis Go To Waste*：*How Neoliberalism Surived the Financial* Meltdown Verso，2013 一书中把新自由主义视为"市场原教旨主义"。

〔2〕 可以回想一下在公民联合会诉选举委员会一案中讨论到的 1947 年的《劳资关系法》。

濒临破产的大型银行、企业，造成的开支又由政府债务和针对社会保障等领域的公共开支收缩来支撑。然而，新自由主义意识形态并未丧失其主导地位，危机高潮过后，其依然认为危机是因为国家干预过多导致。债主银行要求更多的公共开支收缩，以确保政府还得上债务，政府不得不继续缩减福利方面的公共开支，造成收入、社会不平等持续扩大，社会保障水平下降，生活成本、失业风险变高，越来越多的人陷入更深的困境。顶尖富人在危机后的财富增长甚至超过危机前，而中下层群众的收入下降。[1]凯恩斯主义确实不能从根本上解决资本主义经济的内在矛盾，即资本主义私有制和社会化大生产之间的矛盾，只要私有制存在，生产就只能围绕生产资料所有者的逐利目标进行，而不是为了满足群众的生活需要而进行。凯恩斯主义只能以增加社会公共开支和成本的方式来增加再分配的力度，通过提高福利帮助资本消化劳动力成本，群众生活水平提高又可通过消费刺激拉动经济增长。事实上，在富人税收较高，收入不平等程度较低的历史时期，美国的经济增长要好于20世纪70年代富人减税、收入不平等扩大以后的历史时期，维持高税收的西方国家也比美国表现要好。[2]一旦发生危机，经济增长水平下降，资本家要求自身利益得到最大限度的保障，只能以更具强制性的手段降低劳动力成本、增加资本投机机会的方式来应对。新自由主义正是适应于资本家的要求而生的，是使资本家的利益得到维护却排除经济危机、社会危机从根本上解决可能性的一种方式。新自由主义主导政策以来，低增长状态并未得到根本性扭转，正是它拖延、扩大了危机，却把责任归咎于国家干预。

虽然自由主义给自己营造了一幅厌恶国家干预的面孔，但"私法至上"要求排除的只是对逐利自由不利的干预，并非所有干预。针对资本活动弱化国家干预，针对与资本逐利自由相悖的力量加强干预。[3]在资本主义发展、资本逐利的过程中，一直有强有力的国家权力在支撑，为其排除逐利自由的障碍。对内打压工会，维持低工资水平，为富人减税，对外通过霸权拓展市场，打压发展中国家的优势。虽然抨击别国采取计划手段发展经济，自己却

---

〔1〕　关于金融危机后美国收入差距不断拉大的数据，可以阅读［美］约瑟夫 E. 斯蒂格利茨：《不平等的代价》，张子源译，机械工业出版社2013年版。

〔2〕　参见薛涌：《市场到哪里投胎：3 种资本主义模式的得失》，商务印书馆2013年版。

〔3〕　关于自由主义意识形态宣扬的神话与资本主义发展现实之间的差异，可阅读［英］张夏准：《资本主义的真相：自由市场经济学家的23 个秘密》，孙建中译，新华出版社2011年版。

通过各种计划手段如补贴、债务国有化、建立贸易壁垒等方式来维系本国资本的利润。计划和自由体现的是发展经济的不同手段，并不是截然对立的。将二者极端化、相对立，是自由主义建构的以适应意识形态对抗的思维，同时也是为了遮蔽其实际目标。自由主义的实际目标是保护资本逐利自由，但与本国资本逐利自由相悖的活动必须遵循一定的限制，不能自由。正是这一意识形态导致了 20 世纪 80 年代的拉美债务、经济危机，非洲国家的债务危机，90 年代的东南亚金融危机。当时，拉美各国采取了一些保护民族工业发展的手段，经济发展势头良好，但是美国等西方国家要求外国资本能更加自由地进入拉美投资，在利率上涨时将投入的资本迅速回笼，导致拉美外债增加，陷入经济危机、政治动荡。同样地，独立解放后，非洲很多国家经济发展一直维持高水平，但是自 80 年代接受外国资本借贷起，就发生了逆转，为了还债，减少种粮，大量种植咖啡、棉花等经济作物，卖出市场需要的初级产品，随着国际市场此类产品价格下降，债务越来越多。[1]债台高筑压垮了经济，饥荒战乱频繁，影响至今。对于当时经济发展势头良好的东南亚国家，西方国家要求其放松资本管制，以有利于资本的进入，其后"热钱"投机活动促生了金融危机。我国对于资本的管制向来比较严，西方国家一直批评我们不够"自由"，但对于他们来说"不自由"的举措，恰恰使我们免于前述亚非拉国家的遭遇。

表面上看，西方国家要求放松管制是为了自由，实际上是要求其他国家为西方国家资本的逐利自由而（必须）选择"自由"，"自由"不过是西方国家给其他国家施加限制的做法。尊崇逐利自由、私法至上的内涵是放任资本逐利自由，带来的影响是全球范围内不平等的持续扩大，经济危机，政治动荡。法国经济学家托马斯·皮克迪所作的《21 世纪的资本论》引发热潮，他发现资本回报增长的速度始终高于国民收入的增长速度，收入、财富不平等的不断扩大是伴随资本主义发展的长期趋势。收入、财富的不平等，全方位影响了人们的生活。经济上的不平等，使那些贫困群体缺少资源来参与政治活动，而社会上层群体则拥有更强势的资源和能力来影响政治风向，将其偏

---

[1] 参见张梅："第三世界债务问题与不平等的全球资本主义体系"，载《国外理论动态》2005 年第 9 期。该文为英国《国际观点》杂志 2005 年 2 月 5 日号刊登的罗布·莱昂题为"第三世界债务：帝国主义的镣铐"的文章的摘编。

好的政治议题置放于立法者眼界和社会舆论的中心，排除社会下层群体的利益诉求，公众作出选择的可能性被限制在上述议题范围内，投票选举也只是一种虚有其表的形式。符合上层群体利益要求的法律政策出台，会进一步弱化中下层特别是最贫困群体参与政治的动力。收入越不平等，越下层的群体政治参与效能越低。[1]一个国家收入不平等状况越严重，在犯罪率、公民健康状况、学生素质等反映社会发展优良程度的指数上表现得越差，美国的情况就比社会平等程度较好的国家糟糕得多。[2]在危机深化、不平等扩大、阶级矛盾更加尖锐的社会形势下，为稳定秩序以保障资本逐利自由这一核心利益，统治阶层在政治上就会变得越保守化，越来越强调权威，牺牲对于他们来说"不重要"的自由。

以上自由主义理论与社会历史事实之间的差距揭示出来的正是"自由主义""私法至上"的实际目的和功能——掩盖资本特权群体的利益目标，创造服务于该目标的政治神话。西方学者喜欢探讨的"消极自由（权利）"（个人拥有不受国家干预的自由、权利）与"积极权利"（要求国家权力介入保障的权利）、"积极自由"（体现个人积极自主性的自由，主要包括自主参与社会治理的自由），以及，何者应被视为真正的权利或权利的核心[3]，始终从个人（权利）和国家（权力）关系的角度来界定自由、权利，众多学者坚持消极自由、权利具有核心地位，与自由主义坚持自由至上、排除国家干预的立场有关，强调积极自由、权利的学者和政治家则往往是偏"左"派学者。忽视"私法至上"隐含的意识形态并以它来支持公私划分，显然是极大的错误。[4]

〔1〕　See Frederick Solt："Economic inequality and democratic political engagement"，*American Journal of Political Science*，Vol. 52，No. 1，2008.

〔2〕　参见［英］理查德·威尔金森，凯特·皮克特：《不平等的痛苦：收入差距如何导致社会问题》，安鹏译，新华出版社 2010 年版，第 12~25 页。还可阅读上述作者的后续作品《公平之怒》，新星出版社 2017 年版。

〔3〕　关于消极自由和积极自由的理论争议可阅读［德］阿克塞尔·霍耐特：《自由的权利》，王旭译，社会科学文献出版社 2013 年板。

〔4〕　哈贝马斯对公私划分意识形态的剖析较为深入，参见哈贝马斯：《在事实与规范之间》，童世骏译，三联出版社 2003 年版，第 494 页。

四、公私划分在什么层次上有意义——细化对法律调整对象特点和调整手段的认识

在认识清楚私法优位、公私划分暗含的倾向后，破除对此观念的盲目认同，尤其是不再简单地将"限制公权保障私权"作为法治唯一的、首要的价值诉求来看待之后，我们才能领会公私划分的积极意义。

（一）不应将西方宣扬的"限制公权保障私权"的理念当作社会主义法治的核心使命

在这里，并不是说规范、约束国家权力的运行对于贯彻法治不重要，毫无疑问，它始终是法治建设的目标之一，只不过，把"限制公权保障私权"抬高到法治核心使命的位置是不恰当的。

法治有别于德治等其他治理方式的最大特点是，能有力地遏制特权促进社会公正，而法治之所以有能力实现这一功能仰赖于民主的落实。民主力量强大，特权才能真正接受约束，而造成社会不公的特权包括经济（资本）特权、政治特权、文化特权，这些特权都有必要受到限制，才可推进社会平等，进一步增强民主、公义的力量。若仅仅约束国家权力只能约束一部分政治特权，却约束不了其他领域的特权及其在政治领域的影响力，难以防止普通群众的利益被这些特权力量所侵害。

前面几章已经从理论、现实各个侧面分析了西方"宪政""法治"的特征。"限制公权保障私权"是在很抽象、很狭窄的范围内界定"法治"的，其与真正的民主是不兼容的，也不关心真实的社会平等，公正对于保障人权的必要性，而与权威秩序之间反倒有极大的相互兼容性。缺乏社会平等的支撑，缺乏民主的支持，限制特权的目标是无法达到的，最多能堪堪维系法律形式上的平等。仅容纳法律形式上的平等，或许可为资本主义法治所接受，却不能为社会主义法治所承认。对我们来说，法律形式上的平等只是起点和手段，并非最终的核心目标。

西方之所以能接受法律形式平等所定义的法治，是因为他们想要隐藏法所服务的其他更重要的价值目标。为此，他们将手段与目的相分离，以内在于法律的规范视角，把法律、法治打造为中立的、技术的、普适的、自治的制度体系，割裂其与所服务实际目标之间的关系，而其实际目标在于维护资本主义社会经济、政治、文化关系中的特权。

我们却不能忽视法与特定社会关系之间的紧密关系，不能把手段与目的、形式上的目标与实质上的目标割裂开，不能把形式上的目标当作核心目标，不能局限于法律本身的、外在的形式特征来谈法治，而要重视法律、法治致力于实现的社会价值目标。与资本主义法治不同，社会主义法治的目标是遏制经济、政治、文化各领域的特权，实现真正的平等，真正的民主。在这个根本目标下，"限制公权保障私权"的理念能够于个人权益易受国家权力侵扰的领域中发挥关键作用。特别是，由于我国历史上政治权力缺乏有效约束、国家机关工作人员使用特权导致群众正当利益受侵害的问题特别突出，将规范国家权力保障个人权利作为当前法治建设的一项重点任务，是合理的。但是，不能将它作为统领法治建设全局和长远目标的理念，否则会产生遮蔽社会主义法治目标、限制长远目标充分实现的作用。现阶段我国国内一系列社会问题依然存在，同时还面临国际资本特权、西方国家政治特权和文化特权的压制，需要法治来矫正的不公平问题遍布各个领域不同主体之间的关系中，如果只局限于"公"与"私"的关系，很难全面考量社会公正的实现条件。

（二）从权利义务划分的视角来看待公私划分——根据所调整社会关系的特点对行为空间施加不同的限制

公私划分并非毫无价值，当明确其有限的范围，我们才能更加清楚其有益的一面。前面曾经提到过，权利义务的划分，实际上是对行为方式的规范，划定行为的边界、空间。有三种划分（调控行为）的基本手段，即给予一定的行为自由（授权）、禁止一定的行为（消极义务）和要求积极作出一定的行为（积极义务）。

举个例子：实现选举权，践行民主，依赖于多层次的条件，既需要给予主体作出选择的自由空间，也需要主体对民主政治活动的平等积极参与，因而需要运用权利、消极义务、积极义务多种手段营造弹性适度的规范框架，对主体行为共同施加引导。按照我国《选举法》的规定，投票既可以投赞成票也可以投反对票，还可以弃权、另选，这是行动自由的一面；义务的一面用于保障平等参与，譬如要求每个选民在一次选举中只能行使一个投票权，不能参与破坏选举的活动如妨害其他人的投票自由、伪造选举文件等。

公法与私法的划分主要基于作为法调整对象的不同领域的社会关系特点不同，以及因调整对象特点不同而选择的不同调整手段组合模式。在具有较多"公"因素的关系即涉及国家机关组织和权力行使的关系中，需要给国家机关及其公职人员加以严格限制，塑造弹性比较小的行为空间，来确保其积极履行职责，又不至于侵害到相关人（可能是立法涉及的利益相关人，可能是行政执法涉及的相对人，也可能是司法涉及的当事人）的正当权益。一方面通过更多克制性的、明确具体的授权和禁令、积极义务来严格上下级国家机关的领导、管理关系，约束国家机关及其公职人员的行为；另一方面给予相关人要求信息公开、提出意见建议、监督批评、申诉控告等权利，来约束国家机关权力行使的随意性。在具有较多"私"因素的关系如平等主体间的财产关系中，为了鼓励经济活力，需要给人们相对较大的行动自由空间，因此原则性、框架性的授权规范较多，弹性较大。比如订立合同，只要协议双方自愿，有明确的意思表示，协议内容不违背公序良俗，一般来说都是合法有效的。

公与私的区别主要体现在"管"和"放"的力度和弹性上。所谓涉"公"的关系也存在一些需要更大弹性空间的领域。比如，政府购买公共服务，一方面要在财政预算、招标程序等方面严格约束政府的行为避免出现腐败问题，由更具"公法"特性的手段调整；另一方面为保证所购买服务的质量、性价比，需要政府在询价、谈判、合同订立和履约等环节保持对市场的开放性，尊重与对方的约定，遵循"私法"原则。涉"私"的关系并非都有很大的弹性空间，也会受到严格限制，甚至会被直接纳入政府职能部门的监管范围。比如劳动合同，为了保护相较于雇主更为弱势的劳动者的权益，法律对劳动合同形式、内容、期限施加更多限制：合同必须是书面形式，合同内容要包括关于休息、劳动条件和防护的条款，明确必须订立无固定期限合同的情形，给予合同订立者弹性更小的约定自由空间，此外，用人单位与劳动者订立和解除劳动合同的情况还要纳入人力和社会保障行政主管部门的监督检查范围。

在我看来，没有什么绝对的公私划分。公法，是需要较多管理性、约束性手段的法律领域，私法，是需要较多开放性、较少限制性手段的法律领域。正因为如此，环境法、经济法等新兴法律领域很难被安放于公法或私法任何一个口袋之中。有人认为这是"公私法划分危机"，事实上，这并不是什么危机，只不过，一旦把公私划分视为法律体系内在的固有结构，便无法看清问题所在。这些所谓的新兴部门，是为了实现一些特殊的调整目标如劳动权与社会保障权的落实、产品质量的保证、环境资源的保护等，而在原本自由度比较大的领域内增加了更多管束性较强的手段，以更严格、有力地把控利益关系的调整。

　　上一章集中探讨权利问题，这一章着重讨论权利和权力的关系并涉及权利与义务的关系，下一章将由义务谈起，细致考察义务的重要意义。

义务应当分配给谁？

——法理学家和刑法学家关于"明知"条件的争论

2019 年 4 月，在黑龙江省某市，一成年男子与不满 14 岁幼女发生关系，幼女家长认为这构成强奸并报警，后警方经过调查认定男子行为不属于强奸，不予立案，引起争议。警方给出的理由是，根据最高人民法院关于"明知"条件的解释，对于满 12 周岁不满 14 周岁的女孩，需结合其体态等因素判断男子是否"明知"女孩不满 14 岁。[1]

关于"明知"的争论已经绵延十几年，不仅是强奸幼女罪，2015 年才废除的嫖宿幼女罪的认定也被"明知"条件所拘束。著名的刑法学家和法理学家当年曾分别专门撰文围绕确定"明知"条件的司法解释进行过激烈争论。在我看来，他们的视角不同，面对"义务应当分配给谁"这一问题的立场不同。下面，我们就以"明知"条件为例，结合学者们关于嫖宿幼女罪、强奸罪的观点来探讨义务分配的重要性，以及，公正设定权利义务关系的意义。

一、"明知"条件的由来及相关理论争议

2001 年最高人民检察院出台《关于构成嫖宿幼女罪主观上是否具备明知要件的解释》，2003 年最高人民法院作出《关于行为人不明知是不满十四周岁的幼女，双方自愿发生性关系是否构成强奸罪问题的批复》，该批复相当于司法解释，对下级法院有指示作用。这两个解释都明确肯定了"明知"条件，陈兴良捍卫其合理性，发表了文章《奸淫幼女构成犯罪应以明知为前提——

---

〔1〕 参见"成年男子与未满 14 岁女孩发生性关系，警方不立案遭质疑"，载新京报，http://www.bjnews.com.cn/news/2019/07/18/605004.html，最后访问日期：2019 年 10 月 4 日。

为一个司法解释辩护》，[1]朱苏力则以《一个不公正的司法解释》[2]表明其立场，两人持迥异的看法。甚至还有刑法学者就此写了题为《一个半公正的司法解释——兼与苏力教授对话》的论文，表面上肯定朱苏力的批判有一定道理，但实际上认为朱苏力的观点比司法解释本身更值得批判。[3]虽然我不太懂何为"半公正"，觉得这个词带有戏谑成分，与讨论重大社会议题应有的严肃不符，但从中可以窥见当时的争论很"热闹"。多年过去，随着社会对未成年人保护的重视程度逐步提高，嫖宿幼女罪被废除，"明知"条件的适用空间被新的司法解释大大压缩，说明当时法理学家的观点是更合理的，虽然这一观点用了十几年的时间才逐步占据上风。不过，由于"明知"条件依然在一定范围内存在，虽然司法实践中的争议依然不断，可是却很少有人再在理论上对之进行讨论。在这里回溯这一争议，因为我认为它不仅仅是理论问题和法律问题，还与我们社会中的偏见、歧视有关。这些偏见、歧视不但影响着普通人的观念，也影响着法学学者、司法机关工作人员的看法，影响着他们对于法律的解释和适用，不仅不会因为法律的修改、罪名的废止而轻易消除，还会在一定条件下长期存在。因此，有必要去揭示它们，推动人们观念上的变化，推动立法、司法朝着更为公正的方向变化。从刑法学者和法理学者视野的差异之中，我们也可以更深入地认识到法理的价值。

《关于行为人不明知是不满十四周岁的幼女，双方自愿发生性关系是否构成强奸罪问题的批复》（以下简称《批复》）的来龙去脉[4]：

> 《批复》缘于辽宁省高级人民法院对一个奸淫幼女案件的请示。案件中的被害人徐某，女，案发时 13 岁，身高 1.65 米，体重 60.2 公斤。该女在 2002 年 2 月，以"疯女人"的网名上网与人聊天，随后与人见面，先后与张某等六人发生性关系。本案经某区人民检察院向某区人民法院提起公诉。某区人民法院经审理后，对该案奸淫事实确认无误，但对被

---

[1]　参见陈兴良："奸淫幼女构成犯罪应以明知为前提——为一个司法解释辩护"，载《法律科学》2003 年第 6 期。

[2]　参见朱苏力："一个不公正的司法解释"，载《中国妇女报》2003 年 2 月 27 日，第 3 版。

[3]　参见邱兴隆："一个半公正的司法解释——兼与苏力教授对话"，载《法学研究》2004 年第 6 期。

[4]　陈兴良："奸淫幼女构成犯罪应以明知为前提——为一个司法解释辩护"，载《法律科学》2003 年第 6 期。

告人的行为是否构成犯罪存在意见分歧，遂将该案请示到中级人民法院。中级人民法院经审委会讨论，同样存在意见分歧，遂请示到辽宁省高级人民法院。

在法院对该案审理中，主要存在以下两种意见：

第一种意见认为，被告人张某等六人构成强奸罪。理由是，被害人徐某案发时未满 14 周岁，而奸淫幼女罪是指与不满 14 周岁的幼女发生性关系的行为。主观方面是故意，并且具有奸淫的目的，客观方面表现为与不满 14 周岁的幼女发生性交行为。不管幼女是否同意，也不管行为人用什么方法达到奸淫目的，只要实施与幼女的性交行为，即构成此罪，上述六被告人的行为符合奸淫幼女罪的犯罪构成。

第二种意见则认为，被告人张某等六人的行为不构成强奸罪。首先，奸淫幼女罪主要是考虑到不满 14 周岁的儿童对性的认识能力欠缺，为保护儿童的身心健康，所以在强奸罪中单独列出"奸淫不满十四周岁的幼女的，以强奸论，从重处罚"，而在本案中，被害人徐某虽未满 14 周岁，但其从网上和其他渠道了解了很多性知识，其给被告人杜某的信中也说："爱好：上网、找男人做爱"等，说明其心理发育早熟，有别于传统意义上的幼女。其次，被害人与上述六被告人均是在网上聊天时相识，被奸淫之前大多是被害人提出要与对方见面，不想回家，想找个地方睡觉。网上聊天时，也是以性爱作为主要内容，想知道性爱是什么，由于早熟及好奇心驱使，使其主动接触异性并勾引异性，导致其与多人发生性行为，且被害人在网上及当着六被告人的面均说自己 19 岁，从其体貌特征看貌似成人，被告人不可能知道其是幼女。也就是说在本案中，上述六被告人无罪过，不能认为是犯罪。

辽宁省高级人民法院对本案定性也没有把握，考虑到这个事件涉及对《刑法》第 236 条第 2 款规定如何解释的问题，具有一定的普遍性，就将该案请示到最高人民法院。经最高人民法院审判委员会讨论，对本案作出如下《批复》："行为人明知不满十四周岁的幼女而与其发生性关系，不论幼女是否自愿，均应依照刑法第二百三十六条第二款的规定，以强奸罪定罪处罚；行为人确实不知对方是不满十四周岁的幼女，双方自愿发生性关系，未造成严重后果，情节显著轻微的不认为是犯罪。"

（一）学者间的争论

在陈兴良看来，"明知"这个条件是包含在罪过里面的，必须要有罪过才能认定犯罪，一个人只有对他作出的行为有一定认识，尤其是对涉及犯罪构成要件的事实有一定认识，才能追究他的责任。如果一个人做出了客观上危害社会的行为，但他主观上没有危害社会的故意或过失，认定他的行为是犯罪，追究他的刑事责任就没有合理性。他还将嫖宿幼女和奸淫幼女相类比，结合2001年最高人民检察院出台的关于嫖宿幼女罪的司法解释"行为人知道被害人是或者可能是不满十四周岁幼女而嫖宿的，适用刑法第三百六十条第二款的规定，以嫖宿幼女罪追究刑事责任"来说明认定奸淫幼女罪也应遵循明知条件。

朱苏力认为这个解释存在很大问题。国外的立法没有在普遍层次上设定"明知"条件，只是在一定情况下，允许被告在法庭上以类似理由进行抗辩。他表达了忧虑，即有钱有势的人可以用金钱等诱导幼女"自愿"与其发生关系并利用"不明知"脱罪。陈兴良也承认，像朱苏力所说，世界上大多数国家在立法上，都没有为奸淫幼女罪设定"明知"条件，"明知"的含义也确实有些模糊。不过，在陈兴良看来，由于奸淫幼女多发生在熟人之间——教师奸淫学生，奸淫邻居孩子等，在这些情况中，犯罪人对幼女年龄一般都是明知的，而该《批复》主要针对的是陌生人之间的性行为，陌生人之间对对方的底细不是很清楚，需要定明知条件，以免这些人被冤枉。按照邱兴隆的"半公正说"，对幼女年龄的明知是奸淫幼女成罪的必要要件，这是刑法关于奸淫幼女的规定的本意，司法解释遵循这一本意具有合法性，最高人民法院的《批复》以对幼女年龄的明知作为奸淫幼女的入罪条件，符合立法原意，具有公正的成分，但没有将幼女的年龄的不明知作为出罪条件，又不是完全公正的。

（二）确认"明知"条件的司法解释到底公正不公正？

刑法学家们遵循的是法教义学的路线。他们对法律、司法解释的认识，局限于犯罪构成要件，或者，更确切地说，用犯罪构成要件来解释、框定行为。邱兴隆的观点"对幼女的年龄的明知是奸淫幼女成罪的必要要件，这是刑法关于奸淫幼女的规定的本意"最能体现这一点。我们不得不问，刑法关于奸淫幼女的规定本意仅在于把幼女的年龄作为行为人认知的必要对象，还是为了保护未成年女性的身心健康不受伤害？刑法学者在法律文本面前，显然遗忘了对法律目的和社会影响的考虑应是首位的。他们没有在社会公正的意义上考量"明知"条件的正当性。而朱苏力作为擅长法社会学研究的学者，致力于在更大的格局上思考公正问题。

在《中华人民共和国立法法》的严格意义上，我国最高人民法院、最高人民检察院的司法解释不是立法，但是，从社会学的角度来看，由于其具有普遍性的示范意义，被下级法院视作指导性规则，其事实上执行着立法的功能。一旦以这种方式普遍性地设定"明知"条件，很多案件在公安机关调查阶段就可以根据"不明知"定性结案，不经检察院、法院的严格审查，很容易导致放纵犯罪的结果。当然，公安机关在实践中依据司法解释直接将此类行为定性为非罪的做法是否正当其实也有待研究，不过，这种做法也正说明司法解释的"立法"功能。因其普遍性意义，司法解释并不像陈兴良所说的那样，会选择性地只考虑陌生人的情况，而且解释中"确实不知"这个词空间很大，陌生人轻易相信对方，可能知道、有办法知道但并不去仔细了解，也可以解释为确实不知，不符合"明知"条件。"明知"条件起到的作用，是直接将定罪的初级门槛提高。一个人的行为是否符合犯罪构成要件、是否有社会危害性和违法性，是由专业人员来判断的，要求行为人在行为时对自身行为可能满足的犯罪构成要件有充分准确的认识，是一种过高的要求。定罪门槛变高意味着给男性施加的义务更少，意味着给男性放宽了行为要求，给予其在与未成年女性发生关系时以更大的"自由"，同时不需要其履行更多的义务来保护包括未成年女性在内的女性。过多的放任会造成恶劣的影响，会让人更加随便地、不负责任地对待性关系，而在这样的关系中，女性所受的伤害和付出的成本是很大的。现在有些医疗机构的广告表达出这样的理念——男人带女朋友、妻子去一家流产服务好的医院就是对她们好，却很少有关于女性怀孕、流产对身体造成损害科学知识的宣传，是一种不重视男性义务和女性义务均衡性的体现。

"明知"条件带来的是公正还是不公正，不能仅立足于一个奸淫幼女罪来考察，需要结合其他相关法律和社会问题来考虑。幼女不是孤立的群体，对幼女的保护不够，反映的是对女性的保护不足，出现在其他女性身上问题亦会映射到幼女身上。下面，我们将对相关的社会议题、立法、司法实例作一些讨论，总结共性问题，考察女性承担的成本是否过于沉重及成本背后的根源，在此基础上判断给男性施加必要的义务以使女性权利得到更加充分的保障是否合理。

二、法律制度给女性带来的成本及其背后的根源

（一）日常言论体现的偏见、歧视

近两年，发生过几个具争议性的典型事件，讨论中出现的一些关于女性的观点值得关注。

某女星在某婚礼上被男明星戏弄，即所谓的"闹婚"事件。"闹婚"的习俗在我国还是比较普遍的，只不过因涉及演艺圈，所以这个事件的受关注度比较高。有人认为，既然受害者不追究，也没有必要再继续讨论下去，事后该女星甚至因为批评声影响结婚喜庆氛围而道歉。还有人觉得这种行为不过是私人场合的玩笑、游戏、风俗习惯，并没有严重到需要对其进行指责的地步。当然，也不乏因为该女星长期以来在媒体上的形象，而让有些人一开始就戴着有色眼镜来看待这件事，该女星在穿着上一向走比较"清凉"的路线让很多人在评价这个事的时候有一种轻视她的倾向（我们也应思考一下女明星们为什么要走"清凉"路线）。[1] 很多人发表这些言论时，或许并没有意识到自己在歧视女性，因为这已经内化于他们长期以来所接受的观念中，这种观念不但被男性所接受，甚至被很多女性所认同。不管该事件本身是不是一个炒作，由这个事件引发的言论所反映出的问题并不是伪问题。我曾在某住宅楼的电梯上看过一个整容机构的广告，广告语是这样的："事业是男性的姿色，姿色是女性的事业"，这很像是人们茶余饭后会说起来的玩笑话，但多数人并未意识到其中带有的偏见，在国外，这样的广告很可能因违法被禁。[2]

与闹婚事件类似，在关于某女性在某酒店中被袭击的事件的评论中，也能够发现一些指责受害人的言论。譬如，因为受害人的穿着貌似"不良妇女"，所以才被"拉皮条的"误以为是抢生意的而遭受攻击。依照这种观点，女性穿着暴露或者过于招摇似乎成了减免攻击者责任的理由。曾看过一部电

---

〔1〕　特此声明：文中说到的"清凉""穿着暴露""不良妇女""外围女"等词汇的时候，仅是在引述社会上一些人对女性的评价，不代表作者个人立场。

〔2〕　2019 年 8 月，英国根据不久前出台的广告法规禁播多则涉嫌制造"性别刻板"印象的广告，其中一则德国大众汽车公司生产的电动汽车广告，画面中同时出现男性宇航员、运动员和一名正在照顾孩子的女性。

影，叫做《黑处有什么》，表面上看是一个强奸杀人的罪案故事，但实际上是个讽刺片，讽刺了人们意识里的一些观念，这些观念含着对女性的恶意，甚至不比强奸杀人的危害性小。强奸杀害女性的事件发生后，大家热衷于看热闹，家长叮嘱自己的女儿——苍蝇不叮无缝的蛋。什么是"苍蝇不叮无缝的蛋"？被害的女孩子是常人眼里那种比较"开放"的女孩儿，人们用这种说辞的时候往往暗含着"她活该"的意思。

郑州市前两年曾经试着开了一路女性专用公交车，当时掀起了巨大争议。公交公司考虑到夏天女性穿着比较单薄，所以在上下班高峰期某一路线专门增设了女性专车，原来已有的班次正常开行，也不阻止男性上所谓的女性专车。舆论中出现反对女性专车的声音。有人认为，给女性开专车是不公平地分配公共资源。还有人提出，因为女性穿着单薄就把女性隔离起来以防止男性犯罪，是对女性的歧视，也是对男性的歧视——一方面是对女性自我保护的能力不信任，隔离会弱化女性的自我保护意识和能力；另一方面是预设男性都是"色狼"，都会犯罪。

毫无疑问，确实需要反对因为女性穿着单薄就把女性视为一种可以随意侮辱的物品或者下等人的观念。然而，这并不意味着反对着眼于男女性生理上的差异、天气条件和车厢空间拥挤等情况对女性加以特别保护。如果说开设女性专车就等于预设男性都会犯罪，是否强奸罪也没必要设立了？这些反对理由的逻辑非常牵强扭曲。

由以上言论可见，社会上有很多声音把矛头、责任施加给受害者，对女性的歧视可谓根深蒂固。法律不是自行运作的机器，是要靠人来运作的，规范的是人的行为，调整的是人与人之间的关系，若从事法学研究、法律实践的人受到不当观念的影响，把这些偏见、歧视"落实"到工作中，则会进一步加深业已存在的社会不公。一定要加以警惕，引以为戒。为此，有必要深入讨论几个反面例子。

（二）强奸与贞操

既然有人认为女性穿得暴露是导致别人侵犯她的原因，主要责任在受害者，不在于强奸者，那么如果女性穿得很不暴露或者女性穿得不利于"诱导"强奸、侵犯发生是不是就有助于证明强奸者必须负责呢？

1999 年，意大利最高法院审判了一个案件。[1]一名驾驶教练强奸 18 岁的女学生，下级法院定罪，最高法院却推翻了定罪。理由是，女学生穿了一条"很难脱下来"的紧身牛仔裤。法官认为，如果没有穿着牛仔裤的人配合，裤子是脱不下来的，因此推断这是自愿行为，不是强奸。穿着暴露也是女性的错，穿着严密也是女性的错。这个判决在意大利乃至全世界都引发了抗议，当时，意大利的女议员们穿着牛仔裤去法院前面抗议。"牛仔裤"判决并不是个案，在澳大利亚等国的法院也出现过以"脱牛仔裤需配合"的理由判决性侵罪名不成立的案例。特别具有反讽意味的是，在印度这个性犯罪特别猖獗的国家，有印度少女发明了防强奸牛仔裤；裤子上安装能够向警察局发送求救信号的装置。让弱者自救，很明显是不公平的。

依然在意大利，还有一个案子，跟"牛仔裤案"有关。一名男子把手伸入 16 岁女性的牛仔裤前裤裆，被控性骚扰未成年少女，地区法院裁定罪名成立，上诉法院维持原判决。之后，该男子向最高法院上诉，并援引 1999 年"牛仔裤案"的判决，以对方牛仔裤太紧为辩解理由。最高法院没有采纳这个理由，判决其罪名成立。有人认为这个判决是对"牛仔裤案"判决的一个矫正，但我觉得这算不上矫正。这个案子和"牛仔裤案"还是有差别的，因为涉及未成年少女，对未成年少女的强化保护倾向一定程度上影响了这个判决的走向。但是法院的理由实际上也值得质疑，法院认为紧身牛仔裤不具备贞操带的功能。[2]在我看来，法官对于"贞操"的看重，不仅未起到推翻"牛仔裤"判决的作用，在一定程度上还维持着对女性的歧视、污名化。大约在中世纪，"贞操带"在欧洲流行起来，那时候，女性被视为男性的私有财产，为防范自己的女人跟其他男性发生关系，男人让女人穿上"贞操带"，贞操带的钥匙掌握在男人手里。非洲不少地区对少女实施的"割礼"实际上执行的也是"贞操带"的功能。时至今日，意大利一些女性还穿着"贞操带"。要求女性穿贞操带的观念在世界各地都存在。在我国，有些头脑里满是落后观念的男性也还会给所谓"自己的女人"上贞操锁。保护贞操的观念把身体上的"纯洁"等同于女性品格优良，将之作为衡量女性品格首要的、核心的标

---

　　[1]　See Kitty Calavita, "Blue Jeans, rape, and the 'De-constitutive' Power of Law" *Law&Society Review*, 35 Law & Soc'y Rev. 89. , 2001.

　　[2]　参见"意大利法院新裁定：紧身牛仔裤，保不住贞操"，载中国新闻网，http://www.chinanews.com/gj/oz/news/2008/07-24/1322900.shtml，最后访问日期：2019 年 7 月 26 日。

准。在李某某轮奸案发生后，某法学专家就曾经在微博上发表以下言论："强奸良家妇女比强奸陪酒女、陪舞女、三陪女、妓女危害性要大"。后来，其在网友的质疑声中删除微博，但依然未改变立场，之后其在接受《华尔街日报》"中国实时报"栏目记者采媒采访时说道："每项犯罪都会产生一定的社会危害，而犯罪的心理危害则因受害人不同而不尽相同。同样伤人的话对不同的人造成的影响不一样；良家妇女和妓女的贞操观是不一样的，（强奸）对贞操观不同的妇女影响不同。"可见，我国封建时期为女性立"贞节牌坊"的理念在今天依然有很强的影响力，"贞操"是社会为女性而设的束缚，男性并不受它拘束。以女性所从事的职业来"推断"所谓的"贞操观"，以是否严守"贞操观"来评价受害者遭受的伤害程度，并以此作为衡量犯罪者责任的依据，是很有问题的，这等于是将受害的成本、责任推给受害者。

2016 年的斯坦福大学性侵案也很值得讨论。一男生性侵酒醉女生。按照当地法律，暴力性侵和性侵无意识女性是有差别的，相比暴力性侵，性侵醉酒的人，也就是性侵无意识的人，刑期相对更低。男生父亲在判决前写了求情书，认为"优秀"的儿子为 20 分钟的短暂行为坐牢代价太高。还有舆论认为，责任在于大学性开放和嗜好酒精的风气，不能把全部责任归咎于这名男生。最后法官给出了明显的轻判，6 个月刑期，认为重判会对这名男生的前途产生严重影响。受侵害的女生，则认为性侵的伤害已给她带来一生都无法磨灭的影响，对方的言论和法院审判给自己造成了二次伤害。由于这个判决导致了大规模抗议，该州的立法机关不得不行动起来，尝试通过立法把性侵无意识女性等非自愿的性侵害与暴力性侵同等视之。法律为什么会对暴力性侵女性和性侵无意识女性做出区别？《黑箱——日本之耻》[1]中描述的真实案例可以做出解答。一名女性，被同行前辈下药，该前辈在其无意识的情况下强行与其发生关系。日本立法上区别强奸罪和准强奸罪，准强奸罪，即是针对无意识对象侵犯的罪名。为什么叫"准"强奸罪，就是因为受害人无意识，同意与否无法表达，"缺乏"违背意志的证据，被视为"黑箱"。日本刑法适用看重主观因素，导致刑事定罪门槛过高，权利义务显著不均衡，受害者追究犯罪者刑事责任的成本很高，其遭受的严重伤害得不到弥补。类似的问题还有，刑法理论在讨论强奸罪既遂时执着于接触说、插入说的争论，然而，

---

〔1〕 参见 [日] 伊藤诗织：《黑箱——日本之耻》，匡匡译，中信出版社 2019 年版。

进行此种讨论的人除了想借此问题吸引人之外，可能意识不到，不能被认定为强奸的性侵所带来的伤害不见得有多小，或许只有男性才会觉得插入和接触之间有很大差异。

从上面的例子可以看出来，所谓女性的"过失"——穿着单薄、醉酒都可以被当作攻击者免责的理由，这种观念不仅存在于社会流行价值观里，也存在于法律职业人员的头脑中，直至"落实"于法律的实施。可是，女性的这些"过失"，包括女性的穿着取向或对酒精社交的参与，并非其真正自愿，很大程度上源于她们不得不去迎合有权势者、消费文化勘定的导向。比如"谈工作"的酒桌文化，要求女性陪酒的风气，比如广告通过暴露的女性来展示商品，实际上都是对女性的物化、商品化，深刻影响着女性的生活形态，强化了已有的不平等关系。由于男性女性之间根深蒂固的不平等关系，女性承担着长期的、深重的歧视，如果法律制度、从事法律工作的人还要把这种歧视合法化，只能进一步加重歧视，加深不平等、社会不公。这类带有歧视、偏见的观念和做法普遍存在于世界各国和地区，既存在于相对落后的国家，也存在于发达国家，说明这是非常需要重视的社会问题、法律问题。

（三）嫖宿幼女罪争议与罪名的最终废除

我国历史上封建制度存续时间很长，对女性的偏见是比较顽固的。前面提到的拿"贞操"说事的法学教授并非孤例。嫖宿幼女罪的设立集中体现了落后观念的影响。这个罪名[1]从1997年确立到2015年废除，在我国存在了十几年的时间，在此期间，一些人大代表、律师多次要求废除这个罪名，但刑法专家们举出各种理由支持这一罪名。

典型的观点有：

> 如果嫖宿已满14岁的少女，不构成犯罪；但如果对象是不满14岁的幼女，不管你知不知情，都要判5年以上，这本身已是一种重罚。加

---

[1] 当时《刑法》第236条规定强奸罪：以暴力、胁迫或者其他手段强奸妇女的，处三年以上十年以下有期徒刑。奸淫不满十四周岁的幼女的，以强奸论，从重处罚。强奸妇女、奸淫幼女，有下列情形之一的，处十年以上有期徒刑、无期徒刑或者死刑：（一）强奸妇女、奸淫幼女情节恶劣的；（二）强奸妇女、奸淫幼女多人的；（三）在公共场所当众强奸妇女的；（四）二人以上轮奸的；（五）致使被害人重伤、死亡或者造成其他严重后果的。《刑法》第360条第2款规定嫖宿幼女罪：嫖宿不满十四周岁的幼女的，处五年以上有期徒刑，并处罚金。嫖宿幼女罪设在"妨害社会管理秩序罪"一类，强奸罪设在"侵犯公民人身权利、民主权利罪"一类。

上考虑到嫖宿幼女一般发生在地下非法性交易场所，并且不使用暴力、胁迫、麻醉、引诱等手段，因此当时认为定性为'嫖宿幼女'，比'强奸罪'更确切一些。

"嫖宿幼女刑罚过轻"是个伪命题。刑罚重不重，不能光看纸面。司法实践中，99%的嫖宿幼女罪判得比强奸罪重。虽然《刑法》规定强奸罪的"顶格刑"是死刑，但一般只适用于3次以上并伴随暴力的极恶劣情况。根据《最高人民法院关于常见犯罪的量刑指导意见》，强奸1次、仅涉及1名幼女的普通强奸，多数刑期只有3~5年。"而嫖宿幼女罪的起步刑就是5年。在贵州习水案中，有3人获刑7年，有人判到10年，也有人判到14年。一般嫖宿幼女的刑期，大多在5~7年之间。"考虑到嫖宿幼女罪一般属于"非暴力犯罪"，道德因素在量刑中已经体现得很重了。成人社会对此都有共识：小孩子是受害者。而一个社会对引诱、组织、强迫这些幼女卖淫的如何惩处，才是衡量这个社会是否尊重、保护幼女的标尺。

嫖宿幼女罪比普通强奸罪重，最低刑比强奸罪高。而某些案件中女方系提供有偿性服务，定为强奸不妥。

推动废除"嫖宿幼女罪"的人大代表持与刑法学家相反的意见。全国人大代表、全国妇联执委、中华女子学院女性学教授孙晓梅的观点直指问题所在："该罪是对道德有'瑕疵'的幼女的歧视，嫖宿幼女罪意味着刑法对幼女的保护不再是平等的，而是将幼女在道德上做了区分——'良家幼女'和'卖淫幼女'，对奸淫'良家幼女'的行为仍按照强奸罪处罚，而对于奸淫'卖淫幼女'的行为，处罚力度与以往相比也大大降低"。[1]

刑法学家们就法律设定的犯罪构成要件来论证罪名的合法性，就法律条文来谈法律，忽视了对法律目的的考察，忽视了法律体现的价值标准对于社会生活的影响。他们将性交易视为适用嫖宿幼女罪的前提。可是，在民法上此年龄的幼女并不具有完全的行为能力，为什么刑法假定幼女具有完全的行为能力来决定从事性交易这一事关其重大利益的行为呢？性行为、性交易与

---

[1] "最高法赞成废除"嫖宿幼女罪"称有充分理由"，载中国发展门户网，http://cn. chinagate. cn/law/2013-12/09/content_ 30840945. htm，最后访问日期：2019年10月4日。

买卖普通商品显然性质不同。无论幼女是否接受金钱,保护幼女的身心不受伤害始终应是置于首位的价值目标。嫖宿幼女罪设置在《刑法》"妨害社会管理秩序罪"中"组织、强迫、引诱、容留、介绍卖淫罪"一节,作为第 360 条第 2 款,而第 360 条第 1 款规定是传播性病罪,可见,"嫖宿幼女罪"附着于卖淫相关犯罪,主要针对的是有伤社会风化的行为。也就是说,保障幼女身心健康这一更为重要的价值目标被忽视。这跟对"卖淫女"的歧视有关,认为其道德有瑕疵,所以可以将之放在"下等人"的地位上,是不公平的。做法学研究的、从事法律职业的人,最不应该有的就是偏见,不能用高人一等的态度来评价他人。

从事卖淫行为当然是与社会主义道德要求相悖的,无论从公共卫生健康方面来说,还是从社会秩序稳定方面来说,卖淫嫖娼行为是会带来一定负面影响的。正因为如此,对卖淫嫖娼行为进行查处一直是社会治安管理的重点工作。但是,从事卖淫交易的人是不是应该在法律上受到低人一等的不公平对待呢?"自甘堕落"这个理由并不能用来充分解释卖淫行为的存在。卖淫行为的存在是有社会原因的。部分卖淫女是出于生活所迫,由于缺乏在商品化社会就业的技能、素质和充分的社会保障,被他人诱骗、强迫或者不得不"自愿"选择从事卖淫来谋生。2018 年上映的一部电影《找到你》,说的是农村来的女主人公假扮保姆抢走雇主孩子的故事。一个没钱、没有家庭支持,还屡遭丈夫家暴、诈钱的农村妇女,为了给孩子治病,当陪酒女、委身于诈骗犯,还是填补不了孩子住院的医疗费,一拖再拖。医院虽然也展现过仁慈,但还是把她和孩子赶出病房,后来孩子在偏僻出租房里发病因救护车赶不及最终死在她怀里。这部电影最丰富的地方在于并不仅仅讨论了女性问题,还讨论了阶层问题。抢走她孩子病床的是女律师、男医生一家这样的社会精英,这名农村妇女体味到护士面对她的表情和面对女律师男医生一家的表情形成的鲜明对比。她懂得社会是很不公平的,有地位有财富有资源的人可以轻易得到她如何努力也够不到的一切。理解了这一点,才能理解她为何想要假扮保姆夺走女律师的孩子,她想让高高在上的女律师了解到什么是不公平。当精英女性可以选择离婚、选择保姆来代为做家务劳动并且有能力声称"不能以婚姻定义女性"时,很多底层女性无可选择,面对家暴无处可躲,面对经济困境只能从事卑贱的高风险职业,面对开展新生活的可能只能选择却步。这就是资源、条件的差异造成的不平等不公正,有些人受制于这种不平等不公正而很难实现自由、真正享有权利，所以我们才需要通过有力的法律制度来矫正社会不平等不公正，为人们实现自由创造条件。

还有一些从事卖淫的女性，虽然生活条件不差，但为了填补无限度的物质需求，选择卖淫来换取金钱、奢侈品等可以拿出来"炫富"的东西。人们产生这种无限度的物质需求，也是受消费主义文化的影响。而社会对女性的物化、不尊重，造成女性的低地位，被视为男性的附庸，使某些女性把自己当作一个物品，以身体作出的"交换"，这也并非是平等的"交易"。

回到嫖宿幼女罪的问题，以金钱或者其他财物为代价取得幼女的"同意"与其发生关系实际上也是一种变相的强制，将这种行为视为"嫖宿"是对强制的正当化，会鼓励行为人的放任态度，容易形成一种有形或无形的权力支配或压迫、掌控关系，而被贴上"嫖宿"标签的幼女不仅身心受到伤害，还不得不承担社会歧视所带来的沉重成本。

将嫖宿幼女罪和强奸罪的起步刑相比较，以高起步刑来论证罪名设置合理也并不恰当。事实上，我国强奸罪的法定刑起步并不算高，为3年有期徒刑。按照《最高人民法院关于常见犯罪的量刑指导意见》（2014），奸淫幼女1人，可以在4~7年有期徒刑幅度内确定量刑起点。[1]像法国，强奸的起步刑是15年，强奸幼女是20年[2]。印度强奸罪的法定刑最低为7年[3]，但是在现实中，因为种姓制度、男女地位严重不平等的原因，法律实施力度不足，逃脱惩处和轻判的情况很多，所以针对妇女的性暴力犯罪非常严重。不管怎么说，我国强奸罪的法定最低刑很低，拿嫖宿幼女罪的最低刑与强奸罪的最低刑相对比，没有多大意义。

另一方面，"书本上的法"并不能体现"行动中的法"的实际情况。由于

---

〔1〕 构成强奸罪的，可以根据下列不同情形在相应的幅度内确定量刑起点：（1）强奸妇女一人的，可以在三年至五年有期徒刑幅度内确定量刑起点。奸淫幼女一人的，可以在四年至七年有期徒刑幅度内确定量刑起点。（2）有下列情形之一的，可以在十年至十三年有期徒刑幅度内确定量刑起点：强奸妇女、奸淫幼女情节恶劣的；强奸妇女、奸淫幼女三人的；在公共场所当众强奸妇女的；二人以上轮奸妇女的；强奸致被害人重伤或者造成其他严重后果的。依法应当判处无期徒刑以上刑罚的除外。2. 在量刑起点的基础上，可以根据强奸妇女、奸淫幼女情节恶劣程度、强奸人数、致人伤害后果等其他影响犯罪构成的犯罪事实增加刑罚量，确定基准刑。强奸多人多次的，以强奸人数作为增加刑罚量的事实，强奸次数作为调节基准刑的量刑情节。

〔2〕 参见《法国刑法典》第222-23条和第222-24条第2款。

〔3〕 参见"印度紧急修法强奸幼女可判死刑 有分析担忧新法治标不治本"，载环球时报，https://world. huanqiu. com/article/9CaKrnK7Vxv，最后访问日期：2020年3月6日。

文化的影响，被性侵、强奸的女性，真正报案的比例很低。性侵、强奸证据收集需要在案发后短时间内进行，否则证据很容易灭失，而证据收集又受限于医疗条件的可及性、医院诊所医生注意性侵案和保护受害者的意识，等等。此外，很多警察、检察官、法官在一定程度上会根据受害人的身份甚至过往的经历来判断性侵害、强奸案到底要不要立案、起诉、定罪。那些曾有过卖淫经历或者不被社会主流道德观认可的人，受到侵害之后往往得不到司法机关足够的重视。

嫖宿幼女罪废除前两年即 2013 年，最高人民法院、最高人民检察院、公安部、司法部联合发布的《关于依法惩治性侵害未成年人犯罪的意见》（以下简称《意见》），规定以金钱财物等方式引诱幼女与自己发生性关系的，知道或者应当知道幼女被他人强迫卖淫而仍与其发生性关系的，均以强奸罪论处，并规定了很多"推定明知"的情形，实质上否定了嫖宿幼女罪的正当性，大幅压缩了"明知"条件适用的空间，很大程度上否定了刑法学家关于"明知"的说辞。2015 年嫖宿幼女罪被正式废除，体现了社会进步。但是，这样的道理竟花了如此长的时间才占据上风。可见，刑法学家、司法机关人员思维方式转变有困难，并没有因为受过专业教育就对社会不公正更加敏感，这也恰好说明传统法学教育存在的问题。在 2013 年的《意见》中，保留了一个区分，行为人与 12 岁以下的幼女发生性关系推定其"明知"，与 12～14 周岁幼女发生关系的，可根据幼女的外表、身形来推断行为人是否"明知"。[1] 结合该《意见》的措辞，只要有可能明知就该算作"明知"，限制"不明知"的适用。但是，在实践中，如本章开头提到的案例，警察依然沿袭着对 2003 年《批复》的理解，只要"不明知"就认为其不构成犯罪。

现代社会，很多人强调性自由。但真正的性自由只能建立在平等地位上。当男女不平等问题还未得到根本性解决的时候，完全的性自由只能使男女之间的不平等关系更加凸显出来，反过来说，如果男女地位不平等的情况很严重，也不可能存在真正的性自由。法律首要的任务应是纠正不公平的现实，

---

〔1〕　最高人民法院、最高人民检察院、公安部、司法部印发《关于依法惩治性侵害未成年人犯罪的意见》的通知（法发〔2013〕12 号）19. 知道或者应当知道对方是不满十四周岁的幼女，而实施奸淫等性侵害行为的，应当认定行为人"明知"对方是幼女。对于不满十二周岁的被害人实施奸淫等性侵害行为的，应当认定行为人"明知"对方是幼女。对于已满十二周岁不满十四周岁的被害人，从其身体发育状况、言谈举止、衣着特征、生活作息规律等观察可能是幼女，而实施奸淫等性侵害行为的，应当认定行为人"明知"对方是幼女。

实现更平等的关系。法通过三种基本的调整方式来提出行为要求，划定权利义务，规范人的行为，一种是允许你做某种行为，也就是在一定范围内给予你行动自由，另一种是要求你必须作出某种行为，也就是承担积极的义务，还有一种是禁止你做某种行为，也就是要求你不得做某种行为。在男女不平等问题依然很严重很普遍的情况下，法律上应该给男性设置更多的限制性要求，要求他不得为某种行为或者履行更多积极义务来保护成年女性、未成年女性的权益。如果立法、司法实践降低行为要求，给予其过多的自由空间，很容易导致对侵害行为的放纵，不利于保护女性，是对不公平社会现实的维护。[1]

专注于部门法的学者和学生，尤其是注重教条、教义学思路的刑法专业人士，可能需要注意，"罪刑法定"不是死板僵化的同义词。刑法规定一项罪名，目的在于调整社会关系。设立强奸罪、强奸幼女罪的核心意义，在于它对女性的强化保护。如果不能通过它的实施来保障弱者权益、促进平等关系和社会公正，只能说明适用法律的标准出了问题，需要作调整。以法律规定剪裁社会现实会造成思维的狭隘、刻板，只有对法律所调整的社会关系现状有充分的了解，全面考虑法的价值目标和社会影响，才能把握好罪责刑相适应的原则，才能恰当选择具体法律制度发挥作用的方向、方式。

（四）小结

考察女性权益是否得到充分保护的问题，不能只看某一项条款，某一部法律，而需要把相关制度、观点、案例综合起来作研究，整体性地加以认识。

除了强奸问题，家暴问题也是一个值得关注的重点。譬如前面提到过的"董珊珊案"，她多次被殴打，家暴致死，司法机关工作人员认为家暴是连续性行为，属于虐待罪，而不应定故意伤害致人死亡罪，因其认为故意伤害是一次性打击行为。这一方面体现了司法机关工作人员的僵化思维，另一方面也体现出他们对女性遭遇的不敏感。2015年国家出台了《反家庭暴力法》，但该法的实效不容乐观。由于落后、错误观念的影响，无论是在施暴者、受害者眼中，还是在妇女保护部门、公众的眼里，有些行为没什么大不了的。《反家庭暴力法》出台后三年，杭州妇联开展了一个反家暴的社会调查，四成

---

〔1〕 上述讨论建立在当前强奸罪的定义之下，仅涉及男性强奸女性，并非歧视男性。男性受到性侵害难以在现行法律下得到充分保护，当然也是不够公正的。

人认为实施经济上的控制或因妻子不生育或不生男孩而对她施以歧视不属于家暴。[1]一名在基层妇联里工作的男性写出其切身感受，一方面他作为男性做这个工作备受外界歧视，另一方面他发现妇联的很多工作人员处理家暴问题时习惯于劝告施暴者道歉了事。[2]说明普遍存在于我国社会的"家务事"观念阻碍了对女性权益的充分保障。

从全球范围来看，女性权益保护面临越来越严峻的形势。全世界范围内的不平等问题加剧，会影响到所有女性。有兴趣的话，可以关注世界经济论坛每年都发布的年度《全球性别差距报告》。[3]近几年的报告反映出女性经济参与、政治赋权等方面有所倒退。在世界经济政治形势不好、动乱较多的情况下，本就承受不公压力的群体会面临更大的风险，包括权利的收缩、伤害的增加。譬如，之前提到的，美国女性因法律修改削弱其权益而开展抗议，以及战争难民涌入欧洲后德国等地发生的规模性侵事件等。

对于本章讨论到的问题，普遍的歧视性观念要负很大的责任，而歧视性观念又源于女性长期以来被压制、被物化的现实。许多社会问题，单靠法律是不能解决的，不改变社会结构，不改变主导的文化价值观念，问题很难根除，增强女性在立法、决策中的话语权，对于保障女性利益至关重要。法律虽然不能全然解决这些问题，但法律可以选择立场，如果选择顺应不公的现实，就只能加深女性的遭遇，如果选择为女性提供更充分、更有力的保护和支持，那就能够为矫正社会不公起到作用。

---

〔1〕 参见"杭州发布反家暴调研报告 有些数据你真的想不到！"，载浙江在线 http://hangzhou. zjol. com. cn/jrsd/shms/201803/t20180301_ 6693969. shtml，最后访问日期：2019 年 7 月 26 日。

〔2〕 参见"作为妇联里唯一的直男，我一点也不开心"，载搜狐网，http://www. sohu. com/a/ 226018255_ 119079，最后访问日期：2019 年 9 月 6 日。

〔3〕 参见 "The Global Gender Gap Report 2018"，https://www. weforum. org/reports/the-global-gender-gap-report-2018，最后访问日期：2019 年 7 月 26 日。

前面探讨的所有内容可归为两个层次，而这两个层次又可拧成一股线索：

一方面，分析具体的案例及相关的事实、观点争论，梳理学者和法学专业学生对有关问题的不当理解。正因为历史上很多理论问题未得到重视，未及时充分澄清，使一些错误认识流传至今，使许多人将前人的观点视为理所当然，不加质疑地当作"规律"看待，并以当前所接受的"知识"作为思考问题的前提，造成认识上的浅薄化，形成更大的误区。因而有必要将这些突出问题集中起来，加以梳理。可能有人会觉得某些问题显得陈旧，其实并非是问题陈旧，而是问题的重要性一直被忽视。人们拼命吸收当下的和关于未来的信息，但对历史不感兴趣甚至以"过时""落后"的名义加以抗拒。然而，恰是由于对历史的认识不充分，使很多追求新鲜的人缺乏足够的经验和能力来处理新信息，在认识和情感上变得麻木。

另一方面，上述认识的误区和情感的麻木，与西方主流法理念的流行有很大的关系。为此，需要借由案例呈现出来的问题与法学理论中重要主题的联系——自由、权力、权利、义务及它们之间的关系，运用马克思主义法学理论的思想方法剖析西方主流的自由主义法理念的缺陷所在。在对西方制度历史、现实和法理念有了细致深刻的认识之后，才能更深入地理解马克思主义的价值，更深入地理解马克思主义法理学关于法的本质的观点及其对法的定义。

下面将进入最后的章节，体系性地阐释"如何理解法"这一问题，展现马克思主义法学理论对于认识法律现象的重要意义。我们说马克思主义是哲学方法，并非是指它高高在上，与经验事实和细致的技术方法不相干或保持远距离，以这种形而上哲学的印象来认识马克思主义是很大的误解。马克思主义关注的是与我们生活息息相关的事情，关注的是"孤岛"式专业划分所忽视的问题，关注的是普遍联系，关注的是型构社会关系和生活方式的矛盾线索。以下所作的体系性总结，是为了更细致地展现马克思主义法学理论的认识框架。相较于前文围绕具体问题的讨论，这部分内容会显得更加抽象一些，但是，我希望大家能够在不忘记之前触及的案例素材、理论争议的前提下来理解它。

法与社会公平正义

可能有人会问，不是要讨论"什么是法"的问题吗？为何要将法与社会公平正义摆在一起来谈？回顾前面的内容，无论讨论的是现实问题还是理论问题，我们关注的都是社会不公问题，关注的是如何通过法来矫正社会不公，也就是说，我们实际上一直在关注法的价值目标。

当下，很多人将"法治"作为"规则之治"来理解，忽视法律、法治蕴含的价值目标，无法恰当地把握什么是法，更不要提对法治精神的理解了。1997 年召开的党的十五大，第一次明确把"依法治国，建设社会主义法治国家"作为党领导人民治理国家的基本方略。此前，在党和国家的政策中，采用"法制"这一说法而非"法治"，这一变化体现了对于法的作用的认识发生了转变。法制与法治的区别也成为法理学教材上的重点内容。但是，据我观察，在我曾经教授的学生群体中，除了些许人能够背诵课本上的内容以外，几乎没有人能真正理解法制与法治的区别、法治的内涵。市面上的很多论著喜好以"法治化""纳入法治轨道"等作为名称标题，细看其内容，多是建立健全法律制度的说辞，显然未能理解何为法治。这些问题都源于当前的法学教育对法的价值问题不够重视，探讨得不够深入，未能把价值问题视为法的内在要求，教学和理论研讨往往呈现出法律规则与法的价值目标"两张皮"的样态，价值目标似乎只是法律的装饰品。这体现的是一种将规范与价值立场割裂开的倾向，也正是导言中提到的"以规则为中心"的倾向。聚焦于规则，忽视价值问题，会造成对法律、法治的空洞理解，使表面上中立实则带有强烈价值立场的理论、制度在未经批判的情况下流行开来，从而削弱人们分辨资本主义法治和社会主义法治区别的敏感性，削弱建设社会主义国家的责任感。前文对一些错误观点的批判，已经充分说明了这一点。

价值目标并非外在于规则，它渗透于其中。不能领会法所致力实现的价值目标，便不能把握法的精神、法的作用。因此，认识法的价值是认识"什么是法"的基础。在我看来，公平正义是为法所中介的核心社会价值，是评断其他价值目标正当性的基准，集中考察它能够更好地理解法的价值，理解法的内容实质。

一、如何理解法

先根据我的理解，结合前文在探讨权力、权利、义务等问题时展现出来的法的不同侧面，整理一个粗略的图示，以突出我们曾经在之前各个主题讨论中关注到的在法的形成和运作过程中起关键作用的各种因素。

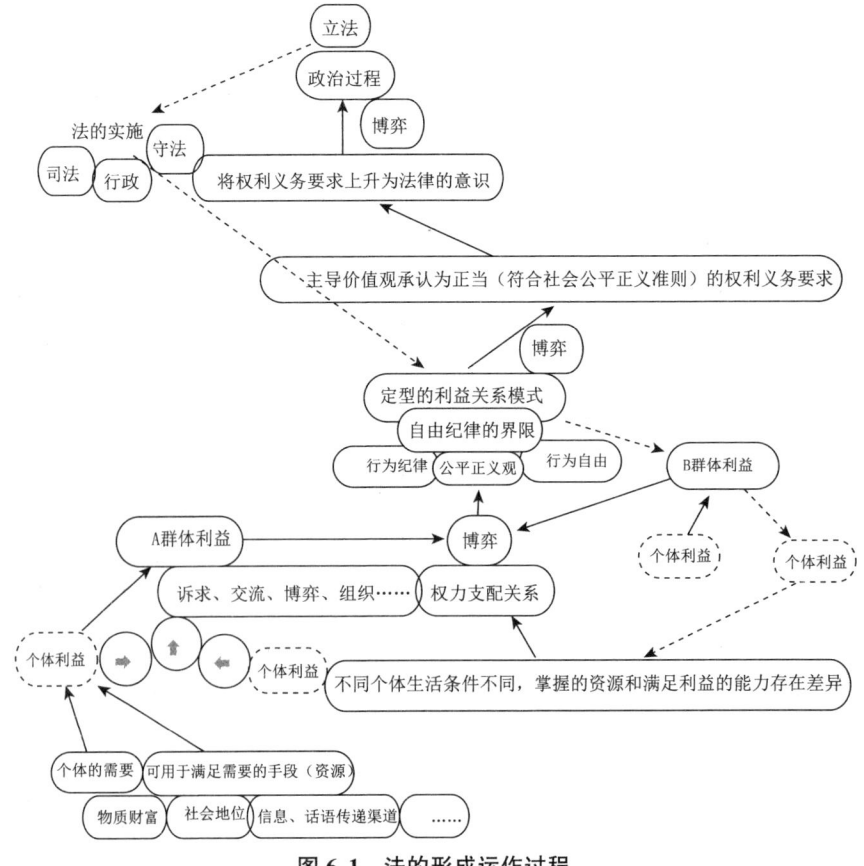

图 6.1 法的形成运作过程

138

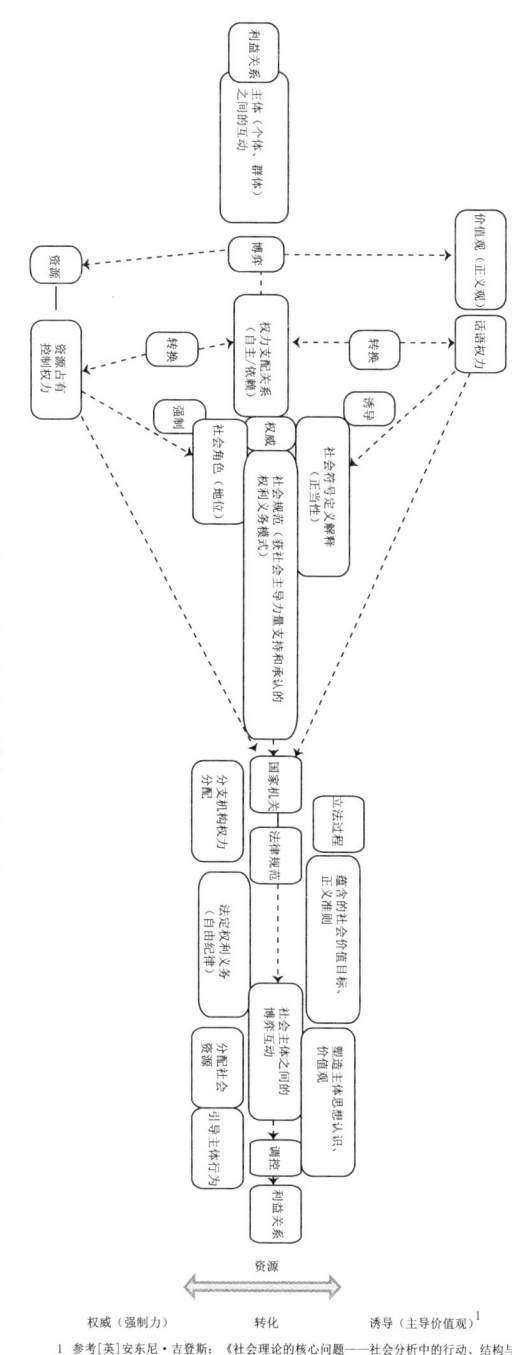

图6.2　法的形成过程中的博弈（资源转化）

1　参考[英]安东尼·吉登斯：《社会理论的核心问题——社会分析中的行动、结构与矛盾》，郭忠华、徐法寅译，上海译文出版社2015年版，第90、101、103页。

图 6.1 和图 6.2 所描绘的法的形成运作过程并非是单向的，而是相互反馈的，为更加清晰，对法的形成过程描绘地较为详细，对法的实施阶段进行了简化，图 6.2 是对图 6.1 的补充，侧重于资源和权力的转换。[1]

社会主体特别是不同的个体、群体身处各自的物质生活条件之中，需求有差异，所拥有的可满足需求的手段也不同（需求和满足需求的手段构成利益），在与其他主体形成的社会关系中处于不同的地位，可能是缺乏资源、力量而依附于他人的、被支配、被限制的角色，可能是有较多资源、较强力量而能够对他人进行支配、限制他人行动空间的角色。由于受社会物质生活条件所制约的不同主体的需求、利益不同，其对自身利益、与他人之间利益关系的认知也会有不同，从而形成不尽相同的价值观、公平正义观。主体的价值观、公平正义观主要涉及以下这些方面：哪些资源和获取资源的方式符合其自身需要、有利于满足其利益从而对特定的资源和获取资源的行为作出价值（有无、大小、积极或负面）的判断，他人、社会主流价值标准、法律等社会规范对特定资源和相关行为的价值评价是否公正，法律将有价值的资源在社会各主体之间所作的分配和对特定主体获取资源的行为所作的认可或阻碍是否公正，等。个体的这些认识判断是形成某种权利义务要求的基础，权利义务要求即对何人何种行为给予认可保障以及给予什么样的认可保障的要求和对何人何种行为加以限制以及加以什么样的限制的要求。具有法律意识的主体会提出进一步的诉求，要求法律认可和保障其所支持的、符合其价值观（公平正义观）的权利义务要求。

并非所有人的所有诉求都能被法律所认可，谁的诉求能够被认可以及得到多大程度的支持、保障，取决于社会博弈和政治博弈过程，取决于谁所支持的价值标准占据主导地位。在博弈过程中，主体的资源优势和话语优势可转换为权威性资源。多数主体都倾向于维护于己有利的资源分配格局、利益关系，而资源、地位上的优势可以转换为较强的支配力、影响力，话语优势可将社会符号加以"编码""定义""解释"以界定什么是有价值的（价值高的/价值低的）什么是无价值的以及有价值的东西属于谁、分配给谁，什么应该被保护什么应该被限制，以此种方式正当化其特定利益诉求，并将之推广

---

[1] 法的实施，尤其是实施过程中的司法环节是当前法学教育的重心，所以在此有所侧重地探讨法的形成。

为主导的价值理念。譬如，资产阶级自由主义理论坚持的"自由至上"，为资本逐利自由以及放任资本逐利而形成的社会不平等关系提供正当化解释，西方国家的法律也认可和保障这一价值立场，妨碍这一特定阶级所需要的"自由"实现的行动方式都被其法律视为是价值低于"自由"的，甚至是无价值的、负价值的，由此不给支持和充分保障，甚至着力加以排斥、遏制。因此，绝对不能抽象地理解价值目标、标准，它是与"赋值"和"去值"的行动紧密联系起来的，脱离开特定主体、群体和特定国家或地区的制度对价值的认知、评价以及产出、施行价值的实践，就不可能理解他们支持的价值目标到底有什么样的内涵。[1]什么能获得高（甚至过高）赋值从而得到强有力的保障以及什么被"去值"从而被忽视，取决于谁掌握话语权，而谁掌握话语权又与谁在社会经济政治文化生活中占据资源优势从而具有强大影响力有关。资源优势和话语优势的拥有者能够将优势力量结合起来施加强有力的塑造作用，塑造社会规范的价值立场、主导标准，使其利益诉求及维护其诉求的价值观、权利义务要求优先得到社会承认、政治承认以及法律的承认和支持，赋予法律话语符号以特定立场、意义，并能通过其所聚集的优势对政治体制、政治权力运作施加直接的影响力保证符合其利益的法律得以贯彻实施，维护有利于其利益实现的社会秩序。

法以什么价值目标为追求，在什么样的价值立场上划定权利义务以及在不同主体间划定什么样的权利义务关系，受前述社会博弈和政治博弈过程塑造的价值选择倾向的制约，受政治体制（如政治权力由谁控制，各个权力机构之间是何种关系等）的影响，而价值标准博弈、政治力量博弈的基本格局受制于社会生产方式、生产关系塑造的社会利益结构，正是社会生产方式、生产关系制约着每个人所拥有的资源、条件以及获取资源的可能方式，制约着主体间的互动行为、相互关系。

我们说法是统治阶级意志的体现，立足于阶级分析。阶级分析是一种深刻的社会学理解，基于社会物质生活条件尤其是社会生产方式制约利益格局来理解社会关系、主体的利益诉求。阶级并非人为划分出来的、具有固定边界的分野，社会经济政治体制在不断变化，阶级（阶层）分化也在变化，始

---

〔1〕　关于"赋值"和"去值"的观点参见［德］安德雷亚斯·莱克维茨：《独异性社会：现代的结构转型》，巩婕译，社会科学文献出版社 2019 年版，第 54～66 页。

终是动态的。虽然在一定历史阶段，基本经济体制、政治架构不变，基本的阶级分化变化不大，但分层可能会变化很大。比如，我国现在的社会阶层分化也是很明显的，中国社会科学院也发布过很多有关社会阶层分化的研究报告。不同阶层的人，在资源拥有上、地位上、影响力上是有很大差异的，社会主义国家的体制努力确保不同阶层的群众在经济决策、成果分享、政治份量上的平等，以实现广大人民的根本、核心利益为价值诉求。以美国为代表的西方发达资本主义国家，其体制使得从金字塔尖的巨富阶层、中上层、中产阶级到中下层、底层阶级等不同阶层群体的经济地位、政治分量明显不同。

同时，我们也不能将阶级、统治阶级理解为永恒的"铁板一块"，可能多个阶层共同构成统治阶级，统治阶级里面还有主导的阶层，在一定条件下有的阶层上升为统治阶级，有的阶层被排挤出来，他们之间互有协作或冲突。所谓法体现的阶级意志，反映的是统治阶级共同的核心利益诉求。[1]比如，西方国家统治阶层里的"左"派与"右"派虽然看似在很多政治议题上分歧很大，但并没有实质区别，尤其是 20 世纪 80 年代、90 年代起一些左派开始奉行所谓的"中间道路""第三条道路"路线，其实是整个政治风向朝"右"转的体现，左派向新自由主义靠拢，双方表现出来的政治立场变得更加接近。统治阶级通过其所掌握的政治权力将其核心利益诉求优先上升为法律要求，将其看重的有价值的资源和获取渠道、方式以法律加以控制，确保其内部的一些人便利地获取最符合自身利益的、有价值的资源并将这一有利位置固定化、合法化，有国家强制力保证实施的法律作为最有力的利益调控手段能够确保统治阶级核心利益的实现。

另一方面，法是统治阶级意志的体现也并不意味着法只体现统治阶级意志，统治阶级意志是过滤、取舍社会各方利益诉求的中介，与其核心利益不相悖的诉求会在一定程度上得到保障，在多大程度上得以保障取决于政治力量的对比。比如，欧洲一些国家社会民主党力量比较强，较为关注社会保障权利的全面实现，而更"自由主义"的国家并不将社会保障权视为基本权利，仅依赖一些零散福利救济、保险基金投资制度来实现部分社会保障功能。

---

〔1〕 如果有兴趣可以阅读〔法〕热拉尔·迪梅尼尔、多米尼克·莱维:《新自由主义的危机》，魏怡译，商务印书馆 2015 年版，其中对美国当前的阶级结构及其相互关系作了一定分析，可借此了解新自由主义的实质、阶级结构对于制度的影响。

在法的实施阶段，法通过已划定的权利义务评价特定资源和相关行为的价值高低（有无），并分配较高价值或较低价值的资源给一定的主体，规范人们的行为，展现价值导向，引导人们的思想，维持或改变不同主体的资源控制程度、价值倾向从而型塑他们所拥有的可用于博弈的力量、主体间的互动关系以及整个社会利益格局。

法的实现，依赖两类手段，一类是诱导性强的手段，一类是强制性强的手段，诱导性强的手段是前站，强制性强的手段是后站。法律界定、解释权利和义务符号以提出行为要求引导人们的思想行为，主要发挥诱导性作用。在前站诱导作用达不到目的时，最能直接表现出强制性的制裁手段会展现出来，以追究违法责任和施加惩罚的方式落实法律要求。无论是前站还是后站，都有国家强制性力量为后盾，法律符号能够发挥诱导性作用也依赖于法律的权威（其背后的强制性力量），有强制，才能使诱导具有约束力。只不过，在诱导性手段可以起作用的时，无需强制性力量赤裸走到前台，显露较少。诱导——权威（强力支配混合着诱导）——直接地、赤裸裸地展现强力控制，可以看作一个诱导性不断减弱强制性不断显现的梯度。不同梯度之间、不同的力量形式之间有着内在的紧密联系。在社会博弈过程中，资源优势可转化为诱导性或权威性的力量，既影响社会主流价值观（公平正义准则）的取向，也影响政治过程，形塑国家强制力运用的方向和采取的手段，在这个意义上，国家权力、强制力可以说是社会博弈、政治博弈中所展现的支配力量的一种特殊形式。

在理解"法是什么"时强调阶级性、权力、权力关系，并不是说法是某统治阶级用以寻求权力最大化的工具。西方学者在自然权利、社会契约论、私法优于公法的框架下，将国家视为权力的唯一拥有者，并把权力认为是先天"恶"的。其实，任何人、组织都（可能）拥有权力，权力本身并非恶，不正当、不公正地运用权力才是恶。权力是指控制调动（交换）资源、支配（约束）他人行动的能力，社会主体的行为、主体间的互动始终与权力有关。[1] 调整社会关系的规范也始终是在人们运用权力博弈行动空间、有利地位的相互关系及其变化中被型塑的。特定的社会结构、有特定价值倾向的规范使一

---

〔1〕 此处观点受法国社会学者思想的启发，参见 ［法］埃哈尔·费埃德伯格：《权力与规则：组织行动的动力》，张月等译，格致出版社、上海人民出版社 2017 年版，第 202~230 页。

定主体将资源转换为权力，运用权力增加行动空间，更有力地实现其利益诉求或剥夺其资源令一定主体缺乏权力而丧失行动空间和能力，难以实现自身利益诉求。法的形成和运作的整个过程是立体的、错综复杂的，社会主体的行动需要通过行动过程（主体间的互动）来理解，权力、权力关系始终贯穿于行动过程之中，塑造着社会结构、规范，反过来制约行动过程、主体的行动选择。权力、权力关系是认识各类社会规范形成运作过程的关键线索。社会发展到一定阶段，尖锐而复杂的利益矛盾普遍化，需要强有力的调控手段——以国家强制力为后盾的法——来全方位稳固社会秩序，统治阶级能够运用其在社会经济、文化领域中的优势（可转换为权力）主导定义法的功能目标尤其是通过其掌握的政治权力控制法（国家强制力）运作的方向、方式以维护有利于己的秩序、实现有利于己的核心利益诉求。相较于其他社会规范，统治阶级意志背后的权力关系（阶级利益关系）对于理解法的形成和运作过程尤为关键。

　　与马克思主义对法的理解不同，法律实证主义着眼于某种可观察到的有形特征。法律实证主义通常以三种特性来界定什么使法律规范之所以为法律规范：有效性、效力、实效。有效性源于任一法律规范能自上一层次的规范乃至基础规范推导出来，效力在于强制实施法律的人（法官、执法的行政官员）接受和承认由某一最高权威制定或授权的规范具有效力，实效即公众是否以及多大程度上遵守法。[1]凯尔森倾向用有效性定义法，哈特、拉兹等倾向于用效力定义法，以实效定义法的观点通常被上述学者作为批评对象。法律实证主义坚持一种从自然法学那里继承而来的内在视角，由此种视角来看，法之所以为成为法的关键在其能够约束人们的行为，而法之所以能发挥约束作用（具备合法性）的最终理由，或源于人们签订契约的同意，或基于某种基本法则的内在要求，或出于既定立法程序或司法权威的认可。自然法学以契约、自然法精神来定义法，法律实证主义则立足于立法程序或司法权威的认可来定义法，局限在"律"的特性（法的外部形式）上面，形成"以规则为中心"的视野。由自然法预设的"普适"人性、"普适"价值再到法律实证主义的"普适"规范，虽然容易描述并转化为可在各处套用的普遍化命题

---

　　〔1〕 参见［德］诺伯特·霍斯特：《法是什么？》，雷磊译，中国政法大学出版社 2017 年版，第 111~132 页。

（知识），却无益于我们对现实的深入理解。这种视角排除对特定社会条件下权力关系和博弈过程及其塑造的价值立场的动态理解，不关注法形成运作的社会过程，行为主体活动的社会环境，忽视社会利益格局和政治博弈过程中不平衡的权力关系始终型塑着社会利益关系、主导价值观以及政治格局进而塑造法的内容、价值取向、实施方式。

法律实证主义过于狭隘地定义法，法人类学通常运用的宽泛化的法的定义也存在问题，值得注意。此种定义把所有社会规范都纳入法的范畴，依照这种观点，国家及其强制力因素并非法律规范的内在性质，无须将其放入法的定义之中。以纠纷解决为中心来理解什么是法，是法人类学尤其热衷的课题，将研究课题聚焦于在此类问题上，容易将社会结构、权力关系边缘化，从而将原始形态的社会规范与法律规范等而视之，塑造出一个非正式规范和正式规范的二元结构。基于我的理解，其他社会规范与法律规范有关键区别，法的形成和实施过程中有政治权力、国家机关的介入，并非所有的社会规范都会被政治力量的掌控者纳入视线、看得很重要以至于需要由国家集中分配资源、要求全体民众遵行来落实。能进入掌权者视野并能够获得上升为法律的优先地位的，是有利于实现其核心利益诉求、有必要将其重视的利益关系控制到位的规范。如果以法人类学的立场来理解法，容易忽略阶级关系对法的内容、价值立场的形塑作用，如此便难以深入认识法的本质。

图 6.2 及其解释结合了我对马克思主义法学理论以及吉登斯社会学理论的理解。在我看来，作为西方马克思主义的代表，深耕社会学领域的吉登斯在社会角色、规范、符号和权威资源转换关系方面的观点[1]对于更细致地理解法的形成和运作过程、理解"什么是法"大有裨益。马克思主义哲学其实是一条社会哲学的进路，要求扎进广阔的社会领域进行不懈的探索。恩格斯曾经批评那些止步于哲学标签不深入作社会研究的人："无论如何，对德国的许多青年作家来说，'唯物主义'这个词只是一个套语，他们把这个套语当作标签贴到各种事物上去，再不作进一步的研究，就是说，他们一把这个标签贴上去，就以为问题已经解决了。但是我们的历史观首先是进行研究工作的

---

〔1〕　我仅仅结合吉登斯部分社会学观点，并不认为吉登斯理论全然可取。吉登斯作为英国工党"第三条道路"的规划者，其政治理论带有明显缺陷。关于"第三条道路"的问题，参见孙国华主编：《公平正义与中国特色社会主义法治》，中国人民大学出版社 2018 年版，第 119 页，周元撰写的"国外马克思主义公平正义的学说"部分。

指南，并不是按照黑格尔学派的方式构造体系的方法。必须重新研究全部历史，必须详细研究各种社会形态存在的条件，然后设法从这些条件中找出相应的政治、私法、美学、哲学、宗教等的观点。在这方面，到现在为止只做出了很少的一点成绩，因为只有很少的人认真地这样做过。在这方面，我们需要很大的帮助，这个领域无限广阔，谁肯认真地工作，谁就能做出许多成绩，就能超群出众。但是，许多年轻的德国人却不是这样，他们只是用历史唯物主义的套语（一切都可能变成套语）来把自己的相当贫乏的历史知识（经济史还处在襁褓之中呢！）尽速构成体系，于是就自以为非常了不起了。"〔1〕在恩格斯看来，他们所做的仅是迈出第一步，如果不能将哲学与人文社会科学考察结合起来，对社会问题作细致探讨，只能让哲学变得空洞，丧失其价值。因此，我一直努力寻求构建一个容纳性、开放性更强的认识框架，将社会学研究线索纳入进来，以有助于更加细腻地理解制约法的形成和运作过程的社会结构。

经由图 4.3 再到图 6.1 和图 6.2，我们不断加深对法的理解。可以发现，如果采取"以规则为中心"的视角来定义法，会忽视多么广阔的领域，会忽视制约法的内容、价值倾向的社会过程和作用其间的多重关键因素。在法律实证主义看来，法律就是法，是立法机关制定并且被行政部门所遵循、司法权威所承认、个人所遵守的规范性命令。然而，当我们不再忽视被法律实证主义所遮蔽的东西，就会发现，"法"与"律"（或者广泛的"法律"与狭义的"法律"）是有区别的。忽略二者的区别，是法学教育陷入误区的一个重要原因。在此，我们有必要深入理解这一区别。

通常人们关注到的是法律的外在形式特征——"律"——被一体遵行的规则，由此，很多人认为法就是国家制定出台的调控人们行为的，应由所有人遵守的，国家以其力量约束人们的东西，表现为享有立法权的机关在有形载体上刻印明确的规则以示人人必须遵守的效力。这样的理解只是表面化的，着眼在"律"的特性（法的外在形式）上。

"律"体现的是法的外在形式，而对法的深入理解需结合法的内容和法的形式。如果我们从法的内容、价值立场来看，从整个法的形成和运作过程来

---

〔1〕［德］恩格斯："致康拉德·施米特"（1890 年 8 月 5 日），载《马克思恩格斯全集》第 37 卷，人民出版社 1971 年版，第 432~433 页。

看，不排除对社会博弈过程、权力关系的动态理解的话，我们就能够认识到，在社会中被主导价值观所认可的社会利益关系、权力关系深刻影响着政治（国家）权力作出的价值选择，塑造法所追求的价值目标，反过来，法通过国家权力贯彻特定的价值目标以重构、调适主体间的互动来调控社会利益、权力关系、价值观。这是一个各环节不断相互反馈的过程。在这个过程中，国家能依靠集中控制的强制力对社会利益冲突、相互博弈的力量施加一定程度的约束确保实现法的全面调控作用。一方面，有国家强制力量作为后盾是法律区别于其他社会规范如道德规范、行业规范等的主要特征，另一方面，法的内容，国家权力行使的方向，体现特定的价值立场，是由社会利益关系的博弈格局所塑造的。法的内容主要体现为给一定主体赋予的权利与义务（自由与纪律），圈定合法行为的范围、方式，掌权者对不同主体的角色定位、行为评价以及资源分配作出价值选择，认为有益的、正当的予以确认、合法化，加以支持，认为有害的、不正当的则加以遏制，视为违法犯罪或不予保护任其自生自灭，而这一系列要求有国家权力来保证兑现——可能以过程监管的方式，可能以资源倾斜予以保障的方式，可能以强制协议履行的方式，可能以追究违法犯罪责任的方式，等。保有国家权力的介入和强制管束，才能使权利义务的落实具有现实可能性，使法的实际作用符合形式上刻印的效力，确保法律要求的真正落实也是掌权者实现自身利益诉求、价值目标的必然要求。权利义务的正当性是否被社会所承认、被法律所认可，依赖于社会话语和国家政治法律话语符号的编码，内在地依赖于强制力，强制力既来自社会中支配性的权力关系，也来自国家权力。国家权力的掌控者很大程度上决定着什么样的行为要求及追责方式能被法律符号所正当化，决定着如何运用法律符号对行为要求加以编码定义、解释以赋予其特定的价值份量、资源支持和强制力度来引导和规范社会主体的行为。

举个例子，立法者或许将"政治平等参与"纳入法律，但在立法中不提出保障性的措施，不限制危害平等参与的行为，更不限制扩大不平等的行为，也不给予缺乏平等参与资源、渠道的主体以倾向性的支持，意味着法律符号给"政治平等参与"所作的编码是表面化的，并未赋予其以实现条件的支撑，体现立法者的价值立场——可能是对该价值目标的不重视，也可能是对其有意加以抵制。而这一立场，仅从文字上是看不出来的，必须深入到社会结构、利益关系中才能认识到。再比如，低收入者、无地位者在实际生活中承担更多事实上的义务，很多人不得不在条件极有限、认识能力不足的情况下解决很多关系生存的难题，有时不得不委身为奴隶。虽然我们处于现代社会，各国法律上普遍消除了奴隶制，但事实上的奴隶制并没有消亡，在很多地方，法律以各种方式将人压榨人的潜规则合法化，将处于困境的穷人的义务及其义务不断累积的状态合法化，使其无力摆脱经济生活上的困境，无法参与到正式的政治体制中，不得不以承受压榨为生，成为事实上的奴隶。[1]不平等、不公正依然普遍存在，法的形成、运作及其立场倾向受制于现实的社会关系。从某种意义上来说，权利义务的一致性，是我们追求的一种理想状态，并非现实状态。因为社会现状、不平等的社会关系会影响法对权利义务的划分和落实，法对社会不公的矫正作用也受此制约，维护法律形式上的平等并不能确保平等的实现。在这个层面上，法的作用是有局限的。当然，并不是说法只能被动反映社会现状，如果其能够树立更加公正的价值准则，以此为目标有力规范人们的思想行为、凝聚社会共识和行动，是能够进一步推进社会公正实现的。关键在于法的价值导向是否能满足人们的核心利益诉求，这取决于民主是否能真正实现，中下层群体是否能真正参与到政治决策、社会治理、制度建设中来。

以上，结合法的形成运作过程、法的价值目标和形式特性之间的内在联系阐释如何理解法。在此基础上，我们需注意把握广义的"法律"和狭义的"法律"两个概念。二者的区别主要在于狭义"法律"强调法的外在形式特征，也就是"律"的特性。广义与狭义仅是对现有用语不同意义的总结，不意味着可以简单地以"狭义"来理解法。在将"法"与"律"合起来称为法律之后，切不要仅以"律"来理解"法"或广义上的"法律"，不要忘却"法"才是"法律"的核心。法的内容（权利义务的划定）具有特定价值倾向，不理解法的价值目标，就不能理解法的内在要求。所以，为什么要一再强调，不能以"规则为中心"、法条主义来理解法，而要着重理解法的目的——在法的形成运作过程中理解孕育于其中的价值目标和价值准则。

在充分理解法的形成和运作过程、法的本质的基础上，才可进一步理解法律规范与法律规则和法律条文的区别，法律体系与立法体系的区别，初步

---

〔1〕 相关事例可参阅［美］凯文·贝尔斯：《用后即弃的人：全球经济中的新奴隶制》，曹金羽译，南京大学出版社 2019 年版。

认识法制与法治的区别。而对这些问题的把握，也有助于我们更进一步领会法是什么，摆脱"以规则为中心"的狭隘视角。

1. 法律规范的内涵

法律规范的完整逻辑结构内在地需要假定、处理、制裁三个要素的联结来提出具体明确的法律要求。"假定"和"处理"提出行为模式，"制裁"提出突破合法行为界限的违法责任及惩罚，只有三者结合起来才能组成使法充分发挥作用的链条。"假定"明确适用条件，指明发生何种情况或具备何种条件下，法律规范中处理部分所认可的行为模式生效，"处理"指明具体的行为模式——或权利或义务（通过权利义务赋予你一定的自由或给你设定一定的纪律），禁止你做一定行为，或要求你积极做一定行为，或给予你在一定的范围内以一定的方式自主行动的空间，你在这空间中的行为都是合法有效的或者说是不禁止的，而"制裁"明确违反法定行为模式的后果——主要表现为违法责任、落实责任的强制性措施。制裁是权利义务（行为要求）得以贯彻的支撑，虽然法律可以通过主体主动守法得以落实，未必会用到制裁，但是假定、处理提出的行为要求之所以能够起到约束、引导主体行为的作用，内在要求国家强制力保证的制裁为后盾，没有制裁，法律提出的要求就缺乏实现的力量。这也有助于我们厘清关于法的定义、律规范逻辑结构的争议。有人认为国家强制力（突出体现在制裁中）仅仅为法的形式因素，无关内容，剥离形式来理解法并无不可。事实上并非如此，国家强制力内在支撑着假定、处理发挥诱导性作用，覆盖法发挥作用的方方面面，没有强制力作为支撑，没有制裁作为后盾，法律提出的行为要求就难以得到彻底实现。

2. 法律规范与法律规则、法律条文的区别

法律规则是法律规范的一种表达形式，法律条文是法律规则的文字载体。法律规则适应于语言简明清晰等要求，通常以"如果……则……"的句式表达，只包括两个要素，形成两类规则："假定"和"处理"构成的规则，或"假定"和"制裁"构成的规则。前一种，"假定"提出适用的情况条件，"处理"划定权利义务，框定行为模式，告诉人们在一定条件下如何行为，建立法律认可的社会秩序；后一种，"假定"展现违法行为的事实特征，"制裁"明确责任的追究，告诉人们什么属于违法行为的情形，如何追责，以强

制力维护权利义务建立的社会关系秩序，当秩序被破坏时能够有力地予以恢复。[1]因而表达出来的法律规则并不一定与具备完整逻辑结构的法律规范一一对应，法律规范的要求可体现在多个法律规则中，譬如，在经由立法出台的法律文件中，为了令立法体例结构更为清晰，体现制裁要素的规则往往与体现权利义务的规则分开规定，放在法律责任专章中。罕见能够在一个法律条文中呈现完整的法律规范，法律条文与法律规则也不一定一一对应，由于语言表达具有弹性等因素，法律规范的要素可能体现在多个条文中，一个法律条文可以承载多个法律规则。此外，有些条文并不直接涉及规范、规则，而是对特定概念、标准、信息来源等加以说明。

3. 法律体系与立法体系的区别

法律规范形成的体系，权利义务、行为要求构成的有机系统，可称为法律体系（法的体系）。理论上，我们认为其应当是内在统一的体系，划定的权利义务相辅相成，法律规范相协调。而立法体系是条文、文件的体系，享有立法权的主体自上而下的权力层级决定载体（宪法、法律、法规、规章等）的效力层级。通常来说，地位更高的机关通过更为严格的程序出台的法律法规效力层级更高。载体形式相对于内容的表达，可能表达得比较到位，也可能表达得不到位，甚至可能表达得很随性任意，不符合社会调整的需求和目的，因为立法受制于立法者的认识，受制于立法权限、立法程序，受制于语言表达、立法技术等因素。这些因素制约着立法的立场、取向和立法质量。立法体系内，不同法律条文、法律文件可能因为前面提到的各种因素，出现相互冲突打架的情况。

回顾图 6.1 描绘的法的形成过程。立法只是法的形成的结尾环节，这个结尾阶段通过政治过程、立法程序把社会利益博弈定型的一定的行为要求以法律规则的表达形式体现在作为文字载体的法律条文中，以享有立法权的主体的名义发布法律文件，使其具有社会主体——人或组织必须遵守的效力。在理解法的时候，我们需要着重关注的不是载体，或者说不仅仅是形式，而应当着重关注法的形成运作过程、法的内容和价值倾向。

4. 法制与法治的区别

法制，指的是包括一个国家或地区的法律规范（法律体系）、国家机构和

---

〔1〕 参见孙国华、朱景文主编：《法理学》（第四版），中国人民大学出版社 2015 年版，第 91 页。

社会主体参与的法律实践以及法律意识等组成的系统，其呈现法的样貌及其实际运行情况。[1]在任何国家或地区，只要有法律规范，那么，不管其致力于维护什么样的目标，不管其在该国或地区社会治理体系中处于什么地位，不管其是否充分发挥作用，法制就存在，它可以是对特权俯首称臣的，维护封建专制君主权势或维护贵族精英阶层统治的，可以是束之高阁的或表面实行而实质上不起实际作用的。法制存在，并不一定存在法治。

法治和法制的关键区别分为外在和内在两个层面：外在层面主要在于，相对于其他社会治理手段，法治要求法律具有更高地位，社会主体都要遵守法律，其他社会规范也要遵循法律确定的原则框架；内在层面主要在于，法治致力于实现特定的价值目标，若法律致力于实现不正当的目标，即使其被奉为至上的地位，也称不上是法治。当然，最重要的还是内在层面。法治要求法律作为治国基本方式，经由民主方式创制而具有权威地位，任何人、组织和国家机关都必须遵行法律提出的要求，目的是遏制特权，保障平等，矫正不公，为实现社会健康发展和个人自由发展创造条件。法治与一系列价值目标相联系：民主、平等、公正、自由等。这些价值目标在抽象层次上似乎都是中性的，但是，若还记得第一章我们讨论判决书时对抽象概念的质疑，就会记得要问一问，我们所谓的民主是谁的民主，什么样的民主，谁的平等，什么样的平等，谁的公正，什么样的公正，谁的自由，什么样的自由。这要求我们作出价值判断和选择，明确立场倾向。而要作出合理的判断选择，就必须思考社会和人应朝着什么方向发展？什么样的社会条件有利于发展？什么样的利益诉求是正当的？等诸如此类与重大价值判断选择内在相联系的问题。对这些问题加深探索，才能让我们逐渐清晰自身所期待的民主、平等、公正、自由等价值目标的内涵，理解法治的内在要求。

社会主义法治和资本主义法治的本质区别就在于价值目标的不同。对于资本主义法治所承认的民主、平等、公正、自由，我们有不同的判断，并不认为那是真正的民主、平等、公正、自由，而只是资产阶级认为的、符合其利益诉求的民主、平等、公正、自由。若秉承不同的价值目标，所采取的实现目标的手段必然会有所不同，因其作用方向不同。不能因为法律制度的外在形式、样貌上看不出特别的差异，就简单地认为法律制度是中立的，可以

---

[1]　参见孙国华、朱景文主编：《法理学》（第四版），中国人民大学出版社 2015 年版，第 40 页。

随意地移植借用。只有集中关注法的形式特征排除价值考虑的法律实证主义才会让人产生这种误解。

马克思主义法学理论与西方主流法理念的区别就在于，前者看到了法的形成和运作过程中贯穿的价值倾向，价值倾向是在社会博弈的权力支配关系中形塑起来的，不联系法于其中滋长和作用的社会结构，就无法理解法的价值目标。而西方主流法理念则致力于用"律"界定"法"，把法律制度与政治过程、社会博弈过程、权力支配关系隔离开，将被抽掉社会物质生活条件的抽象"人"及所谓人所拥有的生来即具有的"自由""平等"作为法律的价值目标，切割其与真实社会博弈过程和主体价值倾向的联系，使法具有了"价值中立"的面孔，以忽略实质内容换来对形式特征的集中关注，"法治"由此便有了一种貌似"普适"的面孔。

下面，我们就来回顾，西方法理念在其发展过程中是如何将法与价值目标切割开来思考问题的。

二、法与社会价值目标的内在联系为何被割裂

（一）扭曲事实与价值的关系

休谟命题"由事实陈述不能推出价值判断"一直被视为事实与价值应予区分的理由，也是实证主义举起"价值无涉"大旗的理据。可能很多人未能意识到，这是哲学转向以认识论为中心从而令法哲学视域变得狭隘的结果。

在休谟看来，事实陈述即描述客观世界必然关系的因果律和以价值判断、情感基础为支撑的赏罚律（法律建诸于赏罚律上）虽然不同，但二者都出自于人的主观思维习惯（表 6.1）。因果律的必然概念来自于人们在经验范围内对不同对象相随、相近、相似等关系的知觉认识的总结，因果律是否真的符合事实是不可知的，可知的只有：人们的经验认识决定了因果律。赏罚律则出自人们假定的一个必然性原则："赏罚动机对心灵有一种规则性的、一律的影响，它们都产生了善的行为，防止了恶的行为……这个影响……通常与活动相联系，所以它应当被认为是一个原因，应当被看成是我们这里所要确立的那个必然的一个事例。"[1]对他来说，赏罚律和因果律之间最大的差异在于

---

[1] ［英］大卫·休谟：《人类理智研究 道德原理研究》，周晓亮译，沈阳出版社 2001 年版，第92页。

适用对象和理智进路不同。赏罚律适用的对象是人的心灵，善与恶的价值判断同赞扬与谴责的道德情感挂钩，道德情感与人经验到的事物的有用性挂钩，有用即为善。因果律的对象是可观察到的事物外部现象，事物内在联系存不存在值得怀疑。

表6.1 休谟理论中的赏罚律与因果律

主观世界					客观世界
生活实践	赏罚律	价值判断	心灵情感	事物的有用性控制情感	不可知
认识	因果律	事实陈述	感性经验	事物带给人的知觉印象	

近代西方哲学着力解决主客矛盾问题。面对这一问题，这一时期的哲学家们主要采取将主客冲突问题划归为认识问题——通过对认识何以可能这一问题进行解答——的方式去解决，不再探讨被界定为不可知的客观世界。在这一框架下，世界观的问题被弃之不顾，而只在认识论的狭窄领域里展开争论。笛卡尔提出"我思故我在"，认为知识源自内在于人的理性，开创唯理主义进路，培根则认为知识来自于观察外物的经验归纳，开创经验主义进路。二者都是唯心主义的，区别局限于认识方法的差异，并不存在根本性差异。休谟理论也未脱离上述立场，在他看来，无论是科学规律还是行为规范都是人凭自身体验发现（创制）的，对"事实"与"价值"的区分实际上是他所认为的不同体验对象、不同体验方式。后来，这一本来很狭窄的区分渐渐泛化，事实问题归为理性认识问题，价值问题归为非理性情感问题。

随着近代西方哲学的唯心主义特性越来越突出，"事实"与"价值"的区分裂缝变得更大，其中康德作出了很大贡献。康德面对"认识何以可能"的问题时，提出"事实"领域的因果律是人类理性的展现，由先天的理性原则引申出来，通过经验命题的普遍化形成，但人类认识只能及于事物的外在面貌，不及于事物本质，"物自体"不可知。在道德领域，自由意志被康德看作纯粹理性实现自身的能力，善良的自由意志之间的契约即"绝对命令"——"依照一个可以同时被承认的普遍法则的准则行事"——是道德、立法的最高法则、基础规范，无条件地绝对适用。[1]这可以解读为社会契约论的"纯粹理性"版本（表6.2）。在康德这里，涉及行为正当性价值判断的道德领域与通过经验命题推广得出普遍法则的科学认识彻底割裂开了，道德规范不能从经验中提炼出来，作用于"自由意志"的法则不为具体经验所困。与此同时，康德认为道德调整人的内心动机，而法律调整人的外部行为。于是，不但"事实"与"价值"被认为属于不同领域的问题而让它们的区分被进一步扩大，法律与道德也因调整范围不同而被区别开来。

表6.2　康德理论中因果律与"绝对命令"

主观世界				客观世界	
主体理性	自然科学	纯粹理性（知性）：时间等先验范畴	因果律	经验命题	事物面貌	"物自体"不可知
	道德哲学	纯粹理性（实践）：自由意志	绝对命令	道德规范法律规范		

在上述区别被人为地扩大化后，自然法学和法律实证主义的区别才显得格外突出，自然法学被认为是涉价值判断的道德哲学进路，而法律实证主义则撇开价值判断，模仿自然科学的进路。但若站在更高层次上认识"事实"与"价值"，不扭曲它们的关系，就能发现自然法学与法律实证主义之间的差别并不大，它们有共性问题——对与法有关的广阔领域的事实避而不谈，流于肤浅。自然法学简单地信奉抽象道德律令，而法律实证主义则认为仅有可经验到的实定法律（"事实"）可作为科学认识的对象，法的价值目标等问题应由"非科学"的道德哲学来处理。自此，价值问题在"法学"中被彻底边缘化，而"法学"的研究重心越来越狭隘，集中于法律解释问题（表6.3）。然而，实践中，法律判断无法脱离价值判断，拉伦茨、阿列克西等专

---

〔1〕　参见［德］康德：《法的形而上学原理 权利的科学》，沈叔平译，林荣远校，商务印书馆1991年版，第28页。

注于"法教义学""法学方法论""法律方法"的学者不得不面对长期以来事实与价值区分带来的问题，他们想通过法律解释方法的理论化、论辩规则的完善来回应价值诉求，说到底，他们想要坚持的是法律体系内部的演绎方法，以保持法律实证主义要求的"价值无涉"面貌。同领域的考夫曼尽管深刻揭示了自然法理论和法律实证主义大同小异的演绎论难以解决现实问题，但他作出的回应也仅是拆借拉德布鲁赫的自然法理论，试图通过对文化伦理共识的解读来消解价值冲突，未突破受限的视域。[1]归根结底，问题还是出在以认识论"观看"世界的唯心主义哲学、实证主义的流行上。"以穷尽证据的排除法为基础的实证主义和任何意义上的学术诚实都是自相矛盾的。恰恰只有通过承认矛盾的存在、压制所有得到万古不移真理的希望，我们才能达到学术的诚实。实证主义只是特殊的信条，研究范围越狭窄，对某个主题我们'了解'的细节越多，会产生知识麻痹，难以作判断。"[2]

表6.3　从自然法学、法律实证主义到"法学方法论"认识领域逐渐变窄

	主要研究领域	方法	例
自然法学	道德（价值）目标	抽象道德法则的演绎	人生而自由平等，拥有自然权利
法律实证主义	实定法律的特征	经验描述，分类归纳	哈特：初级规则，次级规则
以德国"法教义学""法学方法论"为代表的法律解释、诠释、论证学说	如何解释实定法律以适用于个案事实	实定法律规则的演绎论证	拉伦茨：将事实"涵摄"进规则

忽视唯心主义的重大缺陷，将被扭曲的事实与价值的关系作为毋庸置疑的前提，将视野停留在法律规则上，是很多人在哲学上犯的一个根本性错误，阻挡人们看向更广阔的领域。

（二）定义个人生活目标，切割社会目标

哲学上的认识论转向，促生了个人主义，近现代社会的文化理想逐渐变

---

〔1〕　参见周元："从犯罪论体系之争看法学方法论"，中国人民大学2011年博士学位论文。

〔2〕　［美］理查德·桑内特：《公共人的衰落》，李继宏译，上海译文出版社2014年版，第57页。

为"以个人为中心"。

近代展开之前，哲学还未将主要研究领域限制在认识论之时，关于本体论的讨论还是哲学的中心。彼时，以古希腊哲学为代表，个人是被置放在世界秩序、社会目标中来被探讨的。虽然这类哲学观点带着自然崇拜的观念，服务于当时的身份等级秩序，但是，也存有值得我们反思之处。它未把个人与社会割裂开，未把个人的行动目标与社会价值目标割裂开，以一个外向的眼界看待人在世界上的、社会中的位置，审慎克制地规范人的行为。

近代科学发展起来之后，尤其是牛顿力学的出现，使处于该时代的人们相信人类可以凭自身理性认识获得、操控客观世界的规律，强大的自由意志能够征服外部世界，在唯心主义的立场上，个人中心逐渐显现出来。这一思潮，一方面，有助于突破中世纪教会和世俗政权的严苛统治对人身、思想意识的束缚，另一方面，在哲学上创造出原子式的、至高无上的"个人"以及个人"先天的"、无所不能的"理性""自由意志"。按照当时物理学的认识，客观世界可化约为原子，原子是最基本的实体。在社会哲学领域，个人被看作最基本的实体，个人组成社会，部分就是整体，社会没有区别于个人的特征，社会问题可还原为个人问题。譬如，社会契约论的逻辑是，个人凭自由意志签订契约进入政治社会，授权于政治实体来保障个人权利。再譬如，黑格尔认为，社会发展是最高理性的逐步展开与实现。"每个人的自我变成了他的首要负担，认识自我变成了人们认识世界的目的，而不是手段"，"在内在导向的社会中，人们的行动和承诺依据的是他们内心的目标和感情……西方社会目前有点像从他人导向社会向内在导向社会过渡——只是过于关注自我的人们说不清内在意味着什么罢了"。[1]

在个人中心主义的框架下，既然"社会"是"个人"的平面延展，社会制度就应当按照个人的行动目标来制定。譬如，出现了功利主义，其认为人通过衡量计算痛苦快乐、趋利避害来行为，立法也应当以这一原则为基础。以边沁为开创者的功利主义其实早有萌芽——休谟提到过，赏罚律基于道德情感，而事物对人的有用性控制情感；斯密认为，自由竞争能够使个人追求私人利益的同时满足其他人的需要，社会便可维持下去，而维护私有财产权

---

〔1〕 ［美］理查德·桑内特：《公共人的衰落》，李继宏译，上海译文出版社 2014 年版，第 4~6 页。

对于保障私人利益的追求、维护社会秩序是有用的，因而获得人们的赞同，理应作为政治法律制度的基本规则。[1]由此，社会价值目标被个人的欲望（快乐）所定义，乃至被可用于满足个人欲望的事物所定义。

个人主义是自由主义的基底，自由主义鼓励个人追求自认为好的东西作为私人目标，而政治法律制度的主要目标是维护个人追求私人目标的空间。这一做法，导致私人目标和空间的放大，导致公共空间、公共讨论的衰落，对人们的想象力和道德表达产生影响，表达符号越来越主观，演变为信息流。最终的结果是，把人们捆绑在私人空间，致使他们着眼于物质私欲的竞争，同时冷漠地面对与自身生活有重大关系的社会问题、政治课题，而让人们专注地通过物质满足私欲的竞争正是"理性经济人"的要求，正是资本主义经济生活纪律的要求。前一部分讨论到将事实和价值关系扭曲到极致的实证主义研究方法迎合了将社会问题私人化的需求：对道德问题的忽视，与公共领域和私人领域此消彼长有关，实证主义认为人类的行为和道德观念井水不犯河水，并且认为这种科学只要研究前者就够了，因为它们在研究人的行为时变得短视和固步自封，倾向于研究特定场景中的角色之间的互动，仿佛一切都能达到某种均衡，至于角色如何改变场景，场景如何产生，如何因社会的历史因素而出现和消失，都漠不关心，这种暂时性的静态化的研究并不能揭示真相。[2]受实证主义影响，无论是以封闭的演绎方式维系法律运作的法律实证主义，还是以供需结构、交易成本定义市场行为、经济规律的西方经济学，以及丢弃社会结构的社会学研究，都属于这种"暂时性的静态化的研究"。借此，实证主义将关于社会关系及社会价值目标的考虑剥离出去，把价值目标作为私人问题留给个人自我定义，人们便习惯于以自我为中心来定义事实、定义社会。

当理性主义、个人主义、自由主义的缺陷凸显出来之后，西方兴起了"非理性主义""西方马克思主义""社群主义"等思潮，试图以文化变革改造西方社会。"非理性主义"要求突破"理性"对"激情"等非理性因素的贬低与压制，通过非理性的活动来反叛"理性"要求的市场竞争纪律。"西方

---

〔1〕　参见［英］亚当·斯密：《道德情操论》，蒋自强、钦北愚、朱钟棣、沈凯璋译，商务印书馆1997年版，第105~107、111、229~331页。

〔2〕　参见［美］理查德·桑内特：《公共人的衰落》，李继宏译，上海译文出版社2014年版，第42~48页。

马克思主义"揭示资本主义经济技术理性带来的人的"异化",揭示公私划分的意识形态实质,希望通过投入更"自由"的艺术活动来摆脱"异化"或提升政治商谈论辩的参与度来改变政治生态。"社群主义"的提倡者则强调"共同体"对于个人的意义,以求使人们关注个人主义、自由主义所忽略的问题。存在主义、结构主义、现象学、后现代主义等其他形形色色的思潮,也都与前述思潮大同小异,多是在不改变西方哲学主导立场的前提下,相互借用资源,通过对不同于主流文化的意义探寻,倡导人与人之间的精神交流互动,以掀起思想认识领域的变革来应对资本主义社会的现代危机。[1]但这种变革思路有其缺陷,因为理性主义、个人主义、自由主义是适应资本主义经济、政治现实需要的文化形式,问题根源并非在文化上。这些思潮之所以始终坚持文化变革的思路,原因在于"以认识论为中心"的哲学,使他们认为改变了人的认知就能够改变世界。

不过,无论如何,上述这些反叛性的思潮对西方主流文化理想——理性主义、个人主义、自由主义的批判,反映出一个突出的问题,就是,这套文化扭曲了个人与社会的关系,极其狭隘地界定个人目标和社会目标。一方面,对个人的定位极其狭隘、肤浅,将满足私欲看作人性的基本面,并将这偏狭的人性正当化为"普适的"人性,把对私欲的追求正当化为个人理应不懈追求的"目标";"普适"人性追求私欲的自由这一"普适"目标要求不对个人私欲作过多限制,否则就是蔑视人性侵犯权利。这就是所谓"权利优先于善"的立场,个人的自由意志是权利的核心,如何理解和选择生活中具体的"善"都是个人私下的事情,不能对其施加外在干预或只能施加最小限度的干预,个人如何应对与他人的关系、与社会的关系主要靠自己的理性选择。西方主流文化理想通过这种把公共问题转化为私人问题的立场,贬低关于社会关系、社会结构问题的考虑,贬低关于社会价值目标的考虑,使社会目标服从于私人目标。之前讨论过的建立在"私法优位"基础之上的公私划分,就是这套文化理想的法学版本。

(三)把形式目的奉为核心目标,拒斥实质目的

既然法律实证主义要求把法律与道德区别开,法律仅规范外部行为不涉

---

〔1〕 当代的哲学思潮流派内部观点差异都很大,不能完全一概而论,在这里仅是作大致的总结。例如,西方马克思主义的一些学者,也会深入到资本主义社会经济、政治结构中来探讨问题,未仅仅停留在认识论层面上。

及内心道德动机，个人主义要求最大限度地尊重私人自由意志，止步于不干预私人空间的"普适"价值目标，就必然要求一个排除实质回应现实问题，不明确表现出价值倾向的规范框架，如此，这个框架肯定是形式化的。

从社会契约到绝对命令，再到罗尔斯的正义原则，除了告诉我们个人天生具备解决社会矛盾的道德直觉、理性能力所以要尊重意思自治、必须把人当目的不能当手段以外，没有谈及任何实质内容。

表面上，这一原则性的规范给人以尊严和自由，平等地对待所有人，仿佛任何人不论身处何种条件之中都能运用它来达成自己选择的目标。实际上，它只是回避矛盾，尽可能把公共问题、社会矛盾交予私人间博弈形成的规则来解决，而私人规则的主导权往往由掌控资源更多、博弈力量更强的群体夺得。基于这一框架建立的政治原则，使法律制度用于保证私人规则主导权不会旁落。在此基础上，以排除实质价值目标的形式特征界定法律、法治，可保持其"中立""普适"的面貌，显得超脱公允。西方理论界将这种形式平等、形式公正打造为首要的价值目标，抗拒进一步对实质公正进行讨论。

哲学上的形式化与实证主义的浅薄化、庸俗化相辅相成。韦伯对形式合理性的看重便是此一代表性观点。他将统治体制分类为传统型统治、个人魅力型统治和法律理性的统治。在他看来，各类统治的正当性（合法性）来源不同，传统型统治依靠民众对道德教条、习惯、宗教的信仰，个人魅力型统治依靠民众对领导人的情感，这些模式主要依赖个人主观内在的动机、目的、情绪起作用，在统治中主要采取针对具体个案实质性的、带有倾向性的判断，评价规则是不稳定的，评价结果是不可预期的。而法律理性统治则依靠"普适"规则作为"客观标准"对外部行为的规范来进行治理，稳定可预期。对于韦伯来说，具备形式合理性特征的法律更符合现代资本主义社会经济发展的需求，是实施社会治理的最佳模式。

一旦形式合理性特征被视为法律、法治的内在特质，形式目的获得了超越实质目标的重要性，实质价值目标就被边缘化乃至排除出法的内在，被视为与法没有必然联系的东西。正由于此，当前许多人对法、法治的理解就停留在法律的外在形式上，并将其视为法的内在特性。如前面提到的，照一些人的理解，法治无非就是"规则之治"。然而，如果法不致力于实现具有正当性的实质价值目标，以正当的目标来统筹社会治理，便不存在所谓的法治。在资本主义社会，被视为正当目标的是自由主义的"自由"——逐利自由，即把财富增加作为个人生活和社会追求的首要目标——这是资本家追求利润的另一种说法。新自由主义代表人物哈耶克把金钱与"形式合理的"普遍规则相类比，声称金钱是每个人实现自身目标的手段，具有同"普适的"抽象规则一样的特征，政府制定规则应当尊重个人利用"普适"的手段来实现个人特殊目标的行动自由，将追求金钱的目标正当化，同时，以"形式合理"之治是治理最佳方案为由拒斥关于其他价值目标的讨论，"那种惟有通过某些抽象特征才能够得到界定的秩序，会有助益于人们追求各种各样的不同的目的"，"……一个人为之努力的即时性目的，在绝大多数情形中，都在于获取某些可以被用来满足未知的未来需要的手段——在一个发达的社会里，人们最频繁使用的那种能够有助于实现其大多数特定目的的普遍手段就是金钱"，"人们之所以能够成为同一个文明的成员并能够在一起和平地生活和工作，实乃是因为在追求他们各自目的的过程中，那种驱使他们努力追求具体结果的金钱驱动力也受着同样的抽象规则的指导和约束"。[1]

西方主流法理念以抽象的"个人"、"普适"的规则来割裂个人与社会的关系，扭曲形式目标和实质目标的关系，掩饰其背后的实际价值倾向，阻碍我们深入认识什么是法、法治，阻碍我们对资本主义法治和社会主义法治区别的理解。因此，我们要透彻地认识法、法治，就必须重视法的价值问题，重新思考社会价值目标与法的关系。

以下，将从法、法治与社会公平正义的关系入手来探讨法的价值问题，因为，在我看来，社会公平正义可以说是评价社会利益关系的基本价值准则。

三、法、法治与社会公平正义的关系

（一）站在马克思主义的立场看个人与社会的关系、事实和价值的关系

西方近代哲学将本体论、认识论和价值论分隔开看问题。[2]回应人与世界关系、主体和客体关系问题的理论被称为本体论，用来应对人如何认识世界、人的认识何以可能问题的理论被称为认识论，关涉价值判断的理论被称

---

〔1〕 ［奥］弗里德利希·冯·哈耶克：《法律、立法与自由》（第二、三卷），邓正来、张守东、李静冰译，中国大百科全书出版社 2000 年版，第 5、12、16 页。

〔2〕 在此，感谢叶传星老师在与我的一次对话中提出的问题：马克思主义法学理论关于法的定义、法的本质、公平正义的观点如何回应西方哲学本体论、价值论相区分的立场。这个问题激发我了的思考，在这部分，我试图对它进行解答。

为价值论。三者的区隔并非先天存在的，而是由西方近代哲学造就的。近代以来，西方哲学基本抛弃了对人和世界关系的回应，客观事实的内在本质被看作是不可知的，所以就集中于认识何以可能的认识论问题，使以事物表象为认识对象的实证主义"科学"树立起权威地位，价值问题被界定为个人情感等不稳定因素决定的领域而被排挤出上述"科学"领域之外。本体论和价值论与认识论的拆解，将关于人与世界关系、价值选择等与社会发展、人类成长的重大课题留给私人个体化的理解，使致力于回应这些问题（不论回应是否合理）的宗教近年来愈发兴盛起来，在人们缺乏思考能力，缺乏对上述重大问题的把握时，崇尚"信仰"甚至"反智"的宗教解释占领了其思想认识。在认识论领域内部，视野更狭隘、更短浅、更专注于具体技术路线（概念、假设命题的界定及其论证方法）的方法论逐渐流行起来，占据主导地位，框定各学科专业的核心研究领域并努力捍卫"研究对象、研究方法决定专业独立性"的教条，研究思路变得更为僵化。

前面提到过，研究领域、专业的细分只是认识发展的结果，并非认识发展必须遵循的不变规律。相反，对事物、问题、知识细分得过于琐碎对人的认识提高是有极大危害的，造成"只见树木不见森林"的影响。只有在对事物整体有全面把握的前提下，细化研究才能促进认识水平的提高。同样的，把本体论、认识论和价值论隔离开来分头回应本是紧密相互联系为一体的问题，不仅会造成不同"专业领域"观点相互之间的冲突，还会扭曲对探讨对象的确切认识。

相较于西方主流哲学的思路，马克思主义哲学走了一条不同的路线，并未将关于人与世界的关系、价值判断等问题的讨论与关于事实的讨论分隔开，并且明确认识到影响自然世界进化、生物体成长规律的因素与影响社会发展历史进程的因素是不同的，不能将社会问题化约为个人的动机、行为问题。马克思主义要求从物质生活条件造成的资源不对称、权力支配关系、社会博弈和政治博弈格局来理解社会问题产生的深层次原因和寻求解决问题的根本性手段。而社会生产方式是追究问题根源必须考察的对象，创造人们物质生活条件的生产活动中谁能掌控资源以及能掌控什么样的资源、掌控资源的人和不掌控资源的人之间是什么关系，对于博弈格局具有最为关键的重大影响。"生产方式决定上层建筑"这样的说法很容易造成误解，马克思本人的原话是

"随着经济基础的变更，全部庞大的上层建筑也或慢或快地发生变革"。[1]马克思主义只是指出研究问题的思路，现实中发生了什么变化，变化集中体现在什么领域、层次上，究竟哪些因素造就了这种变化，哪些因素发挥了最重要的作用，这些因素如何相互影响，通过什么机制作用，等等问题都需要我们结合具体的历史条件加以探索。在强调资源不对称、权力支配关系和博弈格局对于不同主体行动自由纪律的界限、社会变化发展方向起着关键作用的同时，马克思主义展现出其价值倾向：改变这种不对称、不对等、不公正的关系，才能营造良好的社会条件，保障每个人全面自由的发展。马克思在其有限的生命历程中所做的具体研究，主要集中在揭示资本主义生产方式导致的社会不公正关系以及将此种不公正关系打造为"公正"理想的那些思想学说的谬误。其他来不及做的，还待后人去做。

西方近现代学者通常以"社会决定论""经济决定论""目的论""道德宗教""乌托邦理论""本质主义"等种种标签解读马克思主义，是因为他们站在自己的思维框架内来理解马克思主义，不能理解马克思主义完全不同于他们的思路。马克思主义没有自顾自地沉浸在认识论领域，既没有像自然法学说那样盲目信奉上帝意志或某种自然秩序、道德教条并通过演绎方法将先天的目标、教条内容套用在现实社会中，也没有像个人主义那样将个人某一侧面的心理行为特征作为构建社会制度的基础，亦不像实证主义只满足于对事物表象的分类归纳分析统计。

如果说马克思主义有一个研究重点，那么在我看来，就是对社会不公问题及其根源的探索，这也是树立社会主义发展方向的立足点，在此基础上，我们才能进一步领会社会主义法治的核心价值目标。

（二）在法的形成过程中理解社会公平正义

前面我们曾讨论到权利义务的问题，当主体提出自身的利益诉求并想将之上升为社会主流价值观、法律所承认的权利义务模式时，需要论证其诉求的正当性（除非其可以通过压倒性的力量无所顾忌地要求国家机关通过符合其诉求的法律），这就涉及主体的公平正义观。主体其身处的物质生活条件（掌握的资源、社会地位等）制约着他对自身和他人、组织之间关系的理解、评价和有关行动选择。当国家机关对权利义务进行划分时，也要先对

---

[1] 《马克思恩格斯选集》第 2 卷，人民出版社 1995 年版，第 33 页。

各方主体利益诉求作出正当与否的评价。以什么标准来评价？社会公平正义的标准。

或许有人会反驳我的说法，毕竟，常常被提及的法的价值目标有很多：自由、效率、秩序等，为什么单单把公平正义摆在这么重要的位置？而且，还有一些人信奉"价值位阶"，认为有其他价值目标要比公平正义重要。譬如，我就曾经在课堂上听学生用"自由＞正义＞秩序"的"公式"分析问题。[1]说实话，我接受过的教育从来没有让我接触过这样的"公式"竟然能把社会价值目标类比为可量化计算的东西进行排序。可能，在追求实证主义"科学"的憧憬中，人们已经忘了，不是任何东西都可以进行计算，价值判断尤其不能。不然，思考以一命换几命是否正当的"电车难题"也将不再是难题。而有些人之所以认为价值目标是可以排序的，原因在于他们把价值目标形式化、抽象化，没有将其放在社会现实条件中来理解其实际意义和限度。空洞的目标，当然可以在想象中被捏成各种形状，用于排序，无论作何种排序都可以，却毫无意义。

我将社会公平正义摆在突出位置，并非因为它的意义高于自由等其他价值目标，而在于法、法治与社会公平正义的关系。

法是调控社会利益关系的手段，它不仅要考虑个人的境遇、诉求，更要考虑社会关系、社会发展的方向，推动社会目标的实现。以自由为例，不同的人生活于其中的现实条件塑造着他们的行动选择，有的人可能更自由一些，有的人可能更不自由一些，有些人的自由建立在对别人的限制之上。如何调适他们之间的关系，评价特定自由的正当性，划定自由和纪律的范围、限度，才有益于化解冲突，是法着重关注的，这是法的基本功能所在。所以，评价正当性的标准就显得十分关键，法的价值倾向内在地由它型构。在我看来，承担这一功能的标准就是公平正义。

我们如何理解社会公平正义呢？还是以图示来说明（图6.3），请同时回想图6.1和图6.2描绘的法的形成和运作过程，一起结合起来看。在社会利益关系博弈阶段，人们的公平正义观是对自身利益诉求和社会利益关系的正当化编码，公平正义观的博弈受制于不同个体、群体的资源不对称、权力支配关系。在博弈中取得主导地位的公平正义标准，是能够得到人们普遍承认

----

〔1〕　经查明，这一公式经由一些司法考试培训教育传播。

的价值评价准则。当然，在利益分化明显的社会中，所谓"承认"分为多种情况：有些人发自内心地认为主导的标准符合自身的公平正义观、符合自身的利益诉求，可能是确实相符，也可能是他们认识判断上存在错误，错误地理解自身的利益诉求或主导的标准；有些人是被教化、诱导或迫于依赖关系、强制力承认主导标准的。社会中也必然存在一些反对主导标准的人。不过，在博弈中对经济生活方式、政治过程、文化导向更有影响的力量所支持的公平正义标准，更能得到社会的普遍承认，具备影响法律内容、走向的优势，更有条件、机会被法律确认为全社会应一体遵行的价值准则，被树立为规范人们行动的价值目标。当各方对利益关系的认识、博弈力量有了变化，价值准则、目标也会有所调整。因此，特定社会中各类公平正义观尤其是主导的公平正义价值标准，与法的内容、取向息息相关。

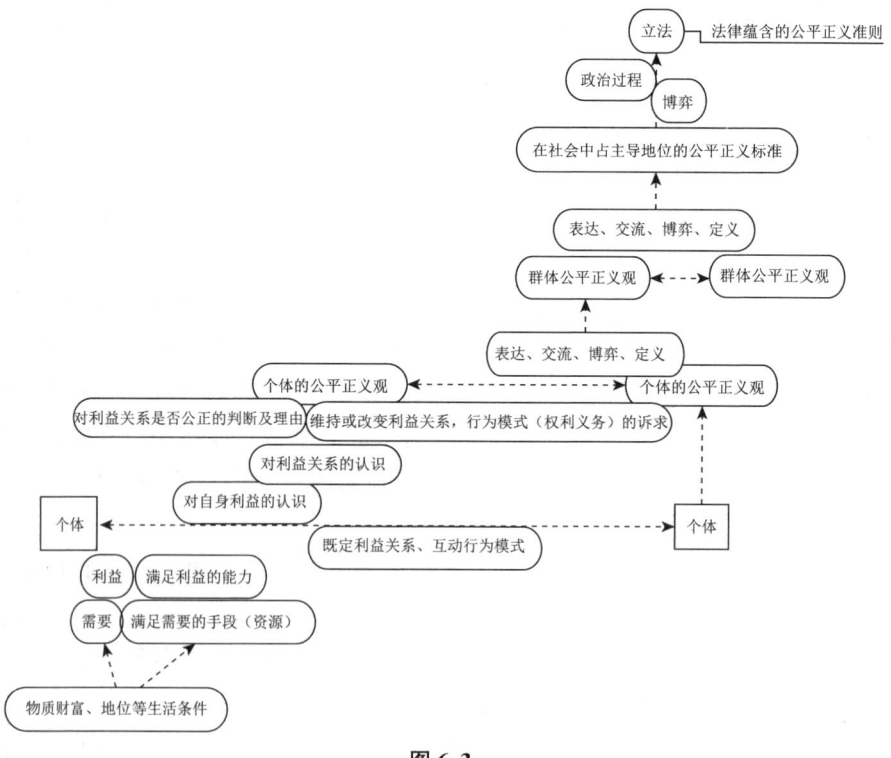

图 6.3

任何一个国家或地区的法律制度都有特定的价值倾向，蕴含着特定的社会公平正义标准。法治建立在法发挥其基本功能的基础之上，但法治所要求的公平正义标准内容需要进一步界定。法治要求遏制特权、促进平等、保障自由，但是，遏制谁的特权，促进什么样的平等，保障谁的自由，都需要从社会公平正义的视角来作出判断。社会主义法治和资本主义法治在价值目标上的区别就系于对这些问题的不同解答。

（三）马克思主义理论关于自由、平等等价值的理解与西方主流法理念的差异

前面通过对西方法律制度的运作现实、法治观及相关学说进行的详尽剖析，揭示了资本主义法律制度及自由主义意识形态着力提倡的价值观"自由""平等""民主"的实质和其所服务的经济、政治诉求。这个段落，主要围绕几个经常会谈论到的价值目标，阐明马克思主义理论与西方主流法理念之间的差异，在明确差异的前提下，才能勘定社会主义法治道路。

1. 自由

马克思主义将"实现每个人全面自由的发展"视为终极价值目标，但是，马克思主义对"自由"的理解与自由主义的"自由"、资本主义法治保障的"自由"是不同的。

在马克思主义看来，社会物质生活条件的差异，资源、地位的不对称，导致不同的主体在行动时面临不同的境遇，行为选择的可能性范围有着很大的区别。对于生活条件差，资源少，在利益关系博弈中处于相对劣势地位，其利益诉求容易被政治法律制度所忽视的个体、群体来说，他们在生活中将面对很难突破的障碍，自由度更低，拓展自由的机会、条件更少，也更难以拥有发展自身的能力。尤其是，若法律承认这种实质不均衡、不平等的关系合法并动用强制性的力量对其加以维护，处于劣势的个体、群体的力量将很难与社会不平等带来的压力相对抗，他们可能不得不主动或被迫学着接受不平等关系，在陷入更深困境的同时面临更多的心理挣扎，导致自由由外而内地丧失。要从根本上解决这一问题，就必须改变不同主体在物质生活条件上的巨大差异，改变社会不平等造成的支配与被支配的关系，唯有如此，才能为实现每个人全面自由的发展创造适当的条件。

而自由主义、资本主义制度承认的"自由"，是形式上的自由，是放任弱肉强食竞争的自由。在其看来，人们具备同等的天赋能力，若个人生活陷入困境，就是由于懒惰或运气不好、选择失误，总之，都是个人的责任，与社

会制度的好坏无关，制度的主要目标是保障竞争的自由。这样的观点出现在哈耶克等新自由主义学者的理论里，也出现在美国政治家宣扬的政策观点中。即使是被视为偏左派的自由主义学者如罗尔斯，也极力维护资本主义市场竞争及其带来的社会不平等。他认为形式上的自由最重要（正义第一原则），能够让最贫困的人受益的不平等是合理正当的（正义第二原则）。[1]他们不认为社会物质生活条件影响自由的实现，会造成不同的人享有不同的自由，有些人的自由建立在对其他人自由的限制之上，也不认为资本主义制度、主导价值标准、社会利益格局需要作出根本改变来为那些遭受社会不公压力、自由受限的人创造更好的生存发展条件，减少其对他人掌控资源、支配力的依赖、依附。他们坚持维护的只有资产阶级逐利优势所必须的私有制、契约自由，哈耶克认为法律的基础是正当行为规则构成的内在秩序，其描述的"正当行为规则"是自由主义经济理论基本观点的翻版，正当行为规则的核心内容就是确定的财产所有权和契约自由。[2]米尔顿·弗里德曼则说，"经济自由与政治自由在类别上没有什么不同"[3]，政治法律不应该对经济自由进行压制。

2. 平等

对平等的理解与对自由的理解相联系。有些人总喜欢将自由与平等看作相互冲突的价值目标。这是因为他们把平等理解为物质上的数量均等，局限于对物质的分配。

在资本主义社会，主导的生产方式是"钱生钱"，个人目标和社会目标由金钱所定义（应还记得前文里提到的内容，哈耶克把金钱作为实现一切生活目标的普遍手段），分配消费都被统领进"钱生钱"的体制：提高社会福利保障，是国家帮助企业消化、降低劳动力成本以保持利润的一种方式（如法经济学强调的将交易成本、风险外部化）；福利国家兴起的同时，门槛低的贷款模式、铺天盖地的广告刺激用于增强人们的消费拉动利润增长。由此，人们

---

〔1〕 更详细的讨论参见孙国华主编的《公平正义与中国特色社会主义法治》，中国人民大学出版社 2018 年版，第四章中讨论到的柯亨对罗尔斯学说的批判。

〔2〕 参见 ［奥］弗里德利希·冯·哈耶克：《法律、立法与自由》（第二、三卷），邓正来、张守东、李静冰译，中国大百科全书出版社 2000 年版，第 59 页。

〔3〕 ［美］米尔顿·弗里德曼：《经济自由》，载 ［美］约翰·杜威等：《自由主义》，杨玉成、崔人元编译，世界知识出版社 2007 年版，第 420~425 页。

的闲暇消费与工作纪律一起将所有生活纳入资本主义生产，体现为大型休闲商业中心兴盛、城市建设的"迪斯尼化"，闲暇时间被商场、旅游消费占据，以高档消费品为标识的"生活理想"文化加速赚薪金和快消费的过程，使人们的生活逐渐"粪便化"。[1]由于把财富增长作为第一位的价值目标，把追求财富的行为自由预设为首要的正当目标，所以，自由主义理论谈到平等、自由的时候，就很难摆脱二者冲突的思维。对于他们来说，自由追求的目标是物质财富，平等追求的目标也被限定为物质财富的分配，逐利自由要的是财富增长，平等却是对逐利自由、财富增长加以限制，它们之间的矛盾是不可调和的。

对于原教旨自由主义倡导者来说，自由的价值远远高于平等，不能通过国家再分配的方式来限制自由，因此他们极力排除国家干预，要求"大社会、小国家"，尊重资本家的私有产权和"企业家"精神，放任财富不平等，认为唯有不平等才能激励人们努力创造财富，社会才能受益。而对于罗尔斯、帕累托等似乎保持着一种"社会公正"观念的学者以及左派政治家来说，他们愿意做一点表面上的让步，首先，财富不平等形成的激励是需要保持的、是正当的，社会财富增长具有涓滴效应可使所有人受益；其次也要尽可能确保社会底层人群的生活不会变得更糟。然而"不会变坏"维护的只是一个很低的模糊标准，由此看来与哈耶克分歧很大的、仿佛更强调"平等"的罗尔斯甚至都谈不上看重"平等"，与哈耶克等人并没有实质的不同。以欧洲民主社会主义为代表的更激进一些的左派，在理论上对自由和平等的理解更为合理一些，认为社会平等是自由的条件，也确实作出了很多努力以遏制特权改变不平等的现实，甚至一度试图通过"社会基金"等方式改革资本主义生产方式，为实现平等创造条件，但因为20世纪70年代以后新自由主义、"第三条道路"的影响、社会民主党丧失原先的政治影响力，使他们与西方资本主义主流立场变得更为接近。[2]

不可否认，平等包含物质分配的层面，但不仅限于这个层面。对于人的全面自由发展来说，物质上的满足并非目的，绝对不能以物质分配结果均等

---

〔1〕 参见［法］让·波德里亚：《消费社会》，刘成富、全志钢译，南京大学出版社2000年版，第8页。

〔2〕 孙国华主编：《公平正义与中国特色社会主义法治》，中国人民大学出版社2018年版，第四章对于不同思潮关于自由、平等、公平等价值目标的理解，有更详尽的解释。

定义平等。促进人的全面自由发展，目的在于促进人拓展自由、发展自我的自主能力。平等的目标也基于此，重点在于创造尽量公平的生存发展环境，遏制特权，使人们有条件、机会、能力并尽可能地结合自身的特质多样性地发展。平等并不要求每个人获得物上的均等，也不要求每个人在任何方面都具备同等能力，踏上同样的生活轨道，成长为同一种人。

个人身处的物质生活条件毫无疑问是其拓展自由的客观环境基础，收入差距过大会促生特权，因此，坚持平等，首先就不应将不断扩大收入差距的体制正当化、合法化。收入差距并非仅仅是分配层面的问题，不能仅仅被视为蛋糕做好后的"分蛋糕"问题。社会生产方式，尤其是生产资源的不对称关系框定了收入格局。不对生产关系进行变革，想要局限于分配层面解决收入差距问题，是不可能的。在这方面，如何增强劳动者的自主能力和地位，使其真正参与经济生活生产分配决策是最关键的。

在此，还有必要澄清一个相关的问题。有些人在效率与公平有矛盾、生产效率和分配正义有冲突的意义上理解公平正义，也是对社会公平正义的窄化，将公平正义等同于物质分配。生产、分配、消费各环节是紧密相联的整体，生产资料所有上的优势，形成的支配格局，制约着分配、消费关系以及相联系的政治、文化关系。〔1〕把公平正义限制在分配环节，会导致对生产环节不公正问题的忽视，对经济领域不公正关系施加给政治文化领域不公正关系的影响的忽视。

当我们理解了促进社会平等的目的之后再聚焦于分配，就能明白，分配既包括物质的一面也包括非物质的一面。针对生活条件差、资源有限的群体，不仅需要对其作出倾斜性的资源分配，也需要通过其他方式，提供全面的、长期的、支持性的社会公共服务，以改变不同地区、不同群体之间资源严重不均衡的关系。眼下，城镇居民和农村居民之间的不平等问题，城市本地居民与外来务工人员之间的不平等问题都很突出。乡村地区的孩子、外来务工人员的子女很难享受与城市地区孩子同样的教育资源。专门为农民工子女提供教育服务的体制外机构，往往很难取得合法地位，而正规学校把优质资源分配给农民工子女又会遭受阻力，某小学作为"百年名校"设"隔离墙"就

---

〔1〕 关于这方面的争论，参见孙国华主编的《公平正义与中国特色社会主义法治》，中国人民大学出版社 2018 年版，第五章关于马克思主义公平正义理论的内容。

是一例。不仅学校教育资源分配不均衡，其他影响教育平等的社会资源分配也不均衡。我曾参与过某地青少年法治教育的调研，调研中发现，名校学生的家长不少是公检法机关的公务人员，能够为学生所在学校提供额外、可及的课外教育资源，而在以接收乡镇学生、外来务工人员子女为主的学校，学生家长文化程度低，多是打工者，双职工家庭很少，学生得不到专业上的帮助，只能靠自己摸索学习。自小学起，不同学校学生的学习机会、条件就有这样的区别，学习的成效和接触的信息不在一个层次上，学生之间的差距会不断扩大，最终会影响到他们成长的轨迹直至成年后在就业、社会地位上的差别。这差别，远远不是改变学校教育资源分配就能处理的，最终要回到对社会利益格局的调整上面。

社会主义法治的平等目标，需要着重关注社会不平等情况，致力于从根本上矫正不平等。而资本主义法治的平等目标，关注形式平等，投票意义上的平等，以求"平等"不会影响私人领域的逐利自由、物质财富增长，不关心不同主体物质生活条件差异造成的境遇、自主性上的差异及由此形成的支配压迫关系。

基于上述理解，自由、平等是内在统一的，不平等会导致自由丧失，平等是实现自由的基础，而缺乏自由的平等只会流于庸俗的平均。关键在于如何在一定的条件下调整社会利益关系、划分自由纪律（权利义务）的界限以引导人们的行为，更好地促进自由与平等。在这个意义上，社会公平正义界定自由和平等。

香港地区的电视台曾做过一档节目，让富商去体味底层群众的生活，相当于给站在金字塔尖的人一次社会调研的机会。香港地区实行的是自由主义理想中的那种非常"自由"的市场制度。有富商在参与体验之前接受采访时表示坚持"竞争自由"作为第一位价值目标，认为穷人只要有梦想肯努力就能改变地位，实现阶层流动。当他们真实体会到住笼屋的感受，做清洁工时受尽白眼，不得不为节省饭钱、交通费而挣扎，起早贪黑精疲力竭的生活状态，才发现在这个制度下底层群众根本没有条件和机会发展自己，"市场自由"确实带来很大的负面影响，社会公义更重要。[1]

富商们短暂地体验了底层生活后便会回到金字塔尖。他们或许会通过慈

---

〔1〕 参见香港电视台（RTHK）制作的一档真人秀节目《穷富翁大作战》。

善来进行弥补，但未必会推动社会制度的真正变革。然而，作为法学研究者、法律工作者，我们需要持续性地关注社会公平正义如何定义，如何通过制度实现。

四、马克思主义法学理论关于法的本质的观点——一个认识框架

在我们陆续探讨了法的形成和运作过程、权利义务的关系、权利与权力的关系、法的价值目标、法治与社会公平正义的关系之后，我们回到法的本质问题，深入理解法的概念。

孙国华、朱景文主编的《法理学》教材所阐释法的本质："法的第一级本质，是被奉为法律的统治阶级意志。……法的第二级本质，是被一定历史条件所决定的人们的行为自由与纪律。……法的第三级本质，是社会生活、特别是经济发展的客观需要。"[1]2015 年的第 4 版教材将第二级本质改为"法是一定价值观所确认的行为自由与纪律"。[2]这个变化体现出对价值问题、公平正义的重视。[3]

法的定义："法是由国家制定或认可并有国家强制力保证其实施的，反映着统治阶级（即掌握国家政权的阶级）意志的规范系统，这一意志的内容是由统治阶级的物质生活条件决定的，它通过规定人们在相互关系中的权利和义务，确认、保护和发展对统治阶级有利的社会关系和社会秩序。"[4]

结合图 6.1、图 6.2、图 6.3，我们既不能把马克思主义法学理论关于法的本质的观点当作"决定论""本质主义"来理解，也不能以法律实证主义的思路平面化、静态化地理解这个定义，而应以认识框架的模式来理解。马克思主义的认识框架，并不是对之前讨论到的西方近代哲学"认识论陷阱"

---

〔1〕 孙国华、朱景文主编：《法理学》（第 2 版），中国人民大学出版社 2004 年版，第 39~40 页。

〔2〕 孙国华、朱景文主编：《法理学》（第 4 版），中国人民大学出版社 2015 年版，第 24 页。

〔3〕 教材以前并未忽视法的价值问题，在法的内容部分讨论了价值观、正义观。参见孙国华、朱景文主编：《法理学》（第 2 版），中国人民大学出版社 2004 年版，第 43 页。

〔4〕 孙国华、朱景文主编：《法理学》（第 2 版），中国人民大学出版社 2004 年版，第 50 页。第 4 版的定义："法是由国家制定或认可并有国家强制力保证其实施的，反映着统治阶级（即掌握国家政权的阶级）意志的规范系统，这一意志的内容是由统治阶级的物质生活条件决定的，法通过规定人们在法律上的权利和义务，确认、保护和发展对统治阶级有利的社会关系和社会秩序。"第 2 版的定义注重法的内容，第 4 版的定义强调法律形式。

的延续，而是提供给我们用于深入理解法的产生发展过程、变化趋势的多层次框架，借由这个框架，无论是法的内容、外在特征还是法的价值导向，都可以得到理解，避免认识上的片面性。

法的本质三个层次，谈的是对法的功能作用、内容、价值倾向起着塑造作用的社会经济、政治、文化过程——以法律的形式给予政治博弈结果以承认和支持（第一层次）、社会博弈塑造利益关系正当性评价标准（第二层次）、制约博弈格局的社会条件（第三层次）。法的定义则体现出法的表象特征（规范系统）、法发挥功能的内在支撑力量（国家强制力）和蕴含着特定价值立场的行为要求（符合统治阶级经济需求、价值观正义观的权利和义务关系）。法的本质和法的定义引导我们关注法的形成和运作过程，关注法的变化趋势和原因，关注在其中起作用的各种主客观因素对法的内容、价值目标的影响，关注法的要求、导向对不同个体、群体生活境遇的影响，并非以决定论的方式用统治阶级意志、经济基础定义法。

在法律实证主义看来，除了法律本身展现出来的特征（Something of law）以外，不需要谈论其他问题，涉及社会价值目标的公平正义不属于"法律科学"考察范围，更无必要讨论法的本质。而马克思主义关于法的本质的观点，尽可能谈论所有与法有关的（Something about law）的因素，并以多维层次[1]来讨论各有关因素对于法形成运作的影响，将法律实证主义认为无须纳入法学视野的广阔领域纳入考察范围。

如果按照法律实证主义的理解，仅仅把法律看作一个规范体系，将其作为不证自明的、先天的"客观"标准尺来度量人的行为（图6.4），很容易只着眼于内在视角的两两对比，找寻标准强调的要素与行为特征的相似性，以尺上的刻度剪裁事实发生过程细节，以剪裁过的事实来认定行为的性质，而忘记尺子本身是为度量而设计，尺上的刻度是被有意设定的。

---

[1]　关于层次的讨论还可参阅附录2论文。

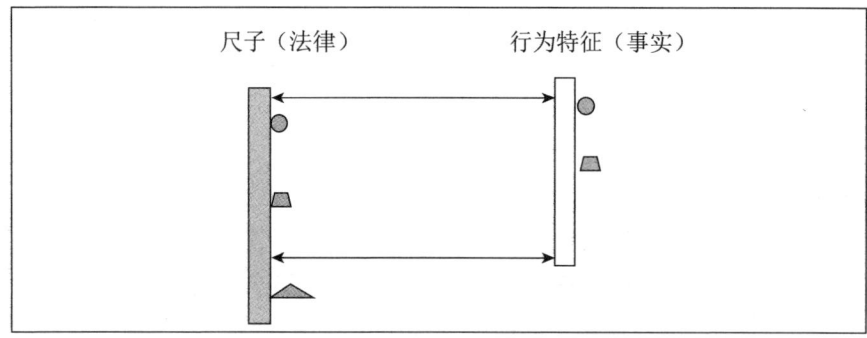

图 6.4　视野 1：法律实证主义的视野

如果始终记得尺度标准并非先天的、静态的，尺上的刻度需在深入理解社会公平正义实现条件的基础上进行调整（图 6.5），我们对法律的理解就会全面深刻得多。

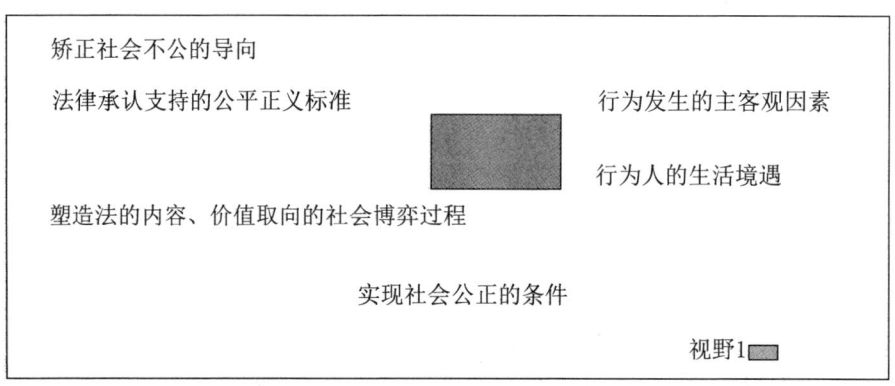

图 6.5　马克思主义法学理论的视野

在 2019 年 11 月于中国人民大学召开的"中国法理学的知识体系"研讨会上，朱景文老师作了题为《关于人大法理学特色的几个问题》的报告。他提到，法理学科随着法实证论、法社会学的发展使关于法律现象的研究从不同层面、具体领域展开，产生了分化，却也逐渐凸显出对"合"的关注不足，推进国家治理能力和治理体系建设成为当前的重要任务，使我们有必要深入回顾总结从合到分的趋势，正视历史上"国家与法的理论"教学研究方面的经验。

在我看来，分化是认识细致发展的结果而非认识发展的规律，细分过于狭隘容易"只见树木不见森林"。有些人认为法学应该"去政治化",将意识形态、政治学的内容与法学理论剥离开,对超越法律规范本身理解法的马克思主义法学理论持鄙视态度(或表面肯定实际上将其冷藏),特别体现在当前一些法理学者过度追求一种规范法学、法教义学"法理学"的立场上。还有些人以对现行制度政策的讲解作为法理学的主体内容。在我看来,这些做法容易将"法的本质"等法的一般理论中的核心问题边缘化。现实中,国家与法存在着内在联系,法总是产生于特定的社会结构中并体现着一定的价值目标(意识形态立场),深入对法的认识必须广泛联系政治经济文化体制问题来研究,而马克思主义关于法的本质的观点让我们正视现实的复杂性,只有在其提示的不同层次上综合统筹法实证论、法社会学研究才能更加全面深入细致地把握法律现象的本质、理解现行法律政策的意义。

进行深入法理思考的价值

Famous scientists aren't any more intelligent than those who aren't famous.
[Moreover,] I'm convinced that successful ones aren't right any more often than
their colleagues, either. I believe that the architects of science are simply more curi-
ous, more iconoclastic, more persistent, readier to make detours, and more
willing to tackle bigger and more fundamental problems. Most important, they
possess intellectual courage, daring. They work at the edge of their competence;
their reach exceeds their grasp... Thus, they not only succeed more often and out of
all proportion; they also fail more often and on the same scale. Even their failures,
however, better define the limits of science than the successes of more conventional
and safe scientists, and thus the pioneers better serve science. [1]

前面，我们说到过西方近现代哲学的突出问题——把本体论、认识论和
价值论区隔开看问题造成的认识扭曲，是当前法学教育和研究中"以规则为
中心"问题的根本原因，也说到过专业细分造成的"专业孤岛"问题。因此，
我在这里也不会仅仅就传统意义上的法学谈法理思考。

本章开头引用的这段话，来自一本集中讨论社会科学方法的著作。于我
的理解，它的大意是说：著名科学家并不比那些不著名的科学家更有才智。
成功科学家的认识也并不比他同行们的认识更正确。科学巨匠只是更有好奇
心，更敢于批判传统，更甘愿于坚持，更不怕走弯路，更偏爱应对宏大的、
基础性问题。最关键的是，他们拥有冒险探索的勇气。他们竭力打破自身能

---

〔1〕 John Gerring, *Social Science Method——A Unified Framwork*, Cambridge University Press, 2012,
p. 43.

力的限度，超越舒适区去考察未知。为此，他们更经常地犯错。然而，即便是他们犯下的错误，也能够比那些遵从传统、待在安全舒适区的科学家更好地定义科学领域的边界，只有这样的先行者才能对科学发展作出更大贡献。

我引用这段话的目的，并非是要提出什么期待，希望大家都成为"先行者"。我是想说，进行深度法理思考，需保有好奇心和批判力、跨出狭隘专业领域的勇气和思考基础性问题的兴趣。或者，可以反过来，学着作出深入的思考，可以刺激好奇心、增强独立思考和批判能力，领会走弯路的积极面，培养对基础性问题和跨专业探索的兴趣，扩展视野。

体验了前面的"法理漫游"历程之后，可能还是有一些人不能理解法理思考、马克思主义法学理论的意义。以下，我将立足于思维方式的转换来展现其价值。

一、打破固化思维

（一）垂直思考与水平思考

1. 传统法律逻辑思维的垂直思考特性

"以规则为中心"很强调"逻辑"。其所说的逻辑通常是指演绎式的三段论法律推理：大前提（法律规则），小前提（案件事实）──→ 结论（法律判断）。

当感觉法律规则不够严密，需要对其进行解释以将某些个案"涵摄"进规则时，就需要各种诠释论证方法来定义解释大前提。

当演绎不够用，出现所谓法律空白、漏洞时，还会用到归纳式的类推逻辑，将超越规则范围的个案以事实特征的相似性为依据放到已有规则处理范围之内来解决。事实上，既定的法律规则也是从行为事实的多种特征中拣选出几个来作为标准刻度用以确定事实类型给行为定性，类推不过是重新借用了法律规则生成所用的类型化手段。

总的来说，上述方法遵循同一逻辑，就是尽量通过对大前提包含的概念、理念和小前提涵括的类型、特征加以解释，将大前提、小前提圆满化，合理化最后的结论，以坚持三段论，坚持演绎方法。演绎，不仅是用于个案判断的法律逻辑，也是自然法学、法律实证主义的逻辑，这种思考方式是垂直思考，以既定的前提推出在该前提下被认为是合理的结果。由于它只关注与大前提、小前提解释相关的信息，不理会其他信息，从而具有封闭性，蕴含对其他思考路径的否定，排斥更多的可能性，可以回顾一下图 6.4 和图 6.5 的对比。

2. 相较于垂直思考，水平思考具有的优势

垂直思考是一种对系统外部信息缺乏敏感性的思考方案，适宜于处理从定点沿着固定路径传导到另一定点的技术型问题，但无法超出这一短链条的封闭技术体系观察问题得出洞见，更无法发现未曾发现的问题。而水平思考则更擅长应对垂直思考无法应对的问题。

垂直思考

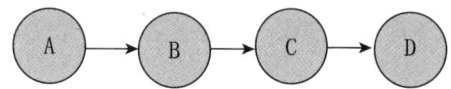

水平思考

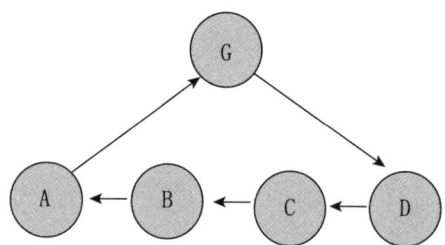

图 1　垂直思考和水平思考差异[1]

水平思考打破固定路线的掣肘，对所有相关或被框定为不相关（相关或不相关的标准是设定的，可变换）的信息都保持敏感性，不断变化的各种因素都可能在任何一个环节，以不同于以往的方式发挥作用，改变问题的性质，改变问题解决方向和手段。这种开放性的思考模式，不否定路径不同的思路，能够激发思维跳跃、更多的可能性，是获取长链条（普遍联系）洞见，发现被忽视的问题的方式。

回想图 6.1 和图 6.2，是不是感觉它们有些凌乱，像是没有整理好的毛线团？因为社会是如此复杂，法的形成和运作过程中有诸多因素绞缠其中，我也只能给出某些能影响事物发展的关键因素和作用路径。至于，在具体的社

---

〔1〕 ［英］爱德华·德博诺：《水平思考：如何开启创造力》，王瑶译，王琼审校，中国人民大学出版社 2018 年版，第 32 页。

会条件中，面对具体问题时，到底哪个或哪几个因素发挥了更重要的作用，这些因素通过什么样的路径发挥作用，都需要作具体研究。不要因毛线团的凌乱而把它当作错误的图画，否定它，而要将它当成未完成的图画，我们随时可以结合自己的思考添上几笔修正、充实它。

对哪一类思考方式更为重视，影响专业的定位。如果坚持"以规则为中心"框架下的垂直思考作为法学专业的核心，法学可以被定义为应用型专业。如果重视水平思考，毫无疑问，法学肯定不能被简单地定性为应用型专业。面对专业定位问题，你们会作出什么回答呢？

3. 从依赖概念、规则的学习到沉浸学习

学习有递进层次，初级阶段依赖概念、规则对表象特征作出一定了解，但深度思考需要抛开既定规则，避免视野僵化。

Dreyfus 的能力获取阶段性理论，可以帮助我们理解不同学习阶段的心理特点，以更好地探索如何提升思维层次，而 Bent Flyvbjerg 针对 Dreyfus 模式所作的进一步发展较为贴合社会科学的特质。我尝试结合前两者的看法，立足于法学教育的特点提出我的观点。需要指出的是，追求高层次的思维能力是法理学习的意义所在：

表1 阶段"一"表示初级层次，阶段"五"表示最高层次

递进层次	阶段（括号外是 Bent Flyvbjerg 采取的表述，括号内是 Dreyfus 采取的表述）	Dreyfus 模式[1]	Bent Flyvbjerg 模式[2]	法学教育的重点、目标

---

〔1〕 Stuart E. Dreyfus, Hubert L. Dreyfus, "A Five-Stage Model of the Mental Activities Involved in Directed Skill Acquisition", https://www.researchgate.net/publication/235125013_A_Five-Stage_Model_of_the_Mental_Activities_Involved_in_Directed_Skill_Acquisition，最后访问日期：2020 年 2 月 15 日。

〔2〕 Bent Flyvbjerg, *Making Social Science Matter: Why Social Inquiry Fails and How it Can Succeed Again*, London: Cambridge University Press, 2001, pp. 10-24

一	Novice	把握事物突出特征、抽象规则（去情景的、分解性的、分析性的学习）	初次接触该领域的给定问题和情形，了解与专业有关的客观特征和一般性规则	分析法律现象的特征、典型案例和抽象规则的要素
二	Advanced be-ginner（Competent）	将抽象规则适用于个别的具体事例（情境性的、分解性、分析性学习）	把第一阶段学到的内容与真实生活经验结合起来，注重事例的相似性	接触现实生活中的实际案例，分析其与典型案例的类似性
三	Competent performer（Proficient）	把抽象规则、个别事例与一般性的经验、长远目标结合起来（情境性的、整体性的、分析性的学习）	分析相关因素的重要性（相对不重要性），把分析与行动抉择相结合。从一种依赖规则的学习阶段向全面看待问题、注重行动的能力阶段过渡	能够较为全面地分析使不同案例相区别或相类似的因素，依不同情况作出判断，结合行为后果评价主体责任，结合实际生活经验思索专业学习的使命，逐步突破法教义学的思维
四	Proficient performer（Expert）	把前面几个阶段累积起来的经验与行动联系起来（情境性的、整体性的、直觉性的学习）	不再简单地依赖规则作判断，注重把过往行动、经验和对未来的预计相结合，更具前瞻能力	具备历史性、反思性的视角，能够针对法律制度现存的问题及可能造成的影响进行评价，思索法的价值问题（如法律制度是否公正/不公正），尝试提出修正现行制度的建议
五	Expert（Master）	不需要依赖规则，能全面深入把握不同的情势，选择合适的视角和行动（情境性的、直觉性的、整体性的、吸收式的学习）	第四阶段的能力是在相同的视角和目标下根据不同情形做出侧重不同的决策的能力。第五阶段需要具备全面综合评估目标的能力，批判性思考的能力	把法律现象与其他社会现象联系起来认识问题，研究影响法形成和运作的各社会因素，深入理解法律手段的局限性，把关于社会价值目标、个人生活价值目标、法的价值的思索与实现价值的法律和非法律手段联系起来作出评价和抉择

"以规则为中心"的法教义学依赖概念、抽象规则，注重对规则和具体案例的个别情境、特定要素进行分解性的分析，这种去背景化的、片段式的教学方式适合初级阶段的学习，但不适宜于培育持续性的、深度的思维能力。法理思维需要的、培育的是高层次的思考能力，借此能力可从整体上把握社会问题，洞察问题根源，结合长远价值目标来调整行动方向，在此基础上才能深入理解法的产生发展变化过程，法可以发挥的作用及其局限性。法理思考内在地要求不能局限于规则和个案的要素分析，而要尽可能拓展视野，培养把握宏观社会情境的长远眼光和突破既有认识框架的探索能力，尤其需要哲学层次上的引导，将法学和社会学等其他人文社会科学乃至自然科学联结起来认识问题。

二、注重法学与其他学科专业的联结

（一）人文社会科学和自然科学思维方式的区别与共通之处

1. 模仿自然科学的"法律科学"存在的问题

前面说到过，实证主义兴起于 18 世纪、19 世纪物理学、天文学、生物学大发展的时期，体现的是人类对自己掌控客观世界规律信心大增的心理，也是哲学认识论转向后逐步倾向于研究可感知事物表象的集中反映。以法律规则为研究对象、以演绎论证为方法的法律实证主义和如今依赖统计、相关性研究的经验实证主义社会学（包括受此影响的法社会学研究）都是实证主义哲学的展现。他们有一种共同的憧憬，希望模仿自然科学的模式。

法律实证主义意图找寻牛顿力学似的"完美"规律，来展现自身的"科学性"，利用对研究领域边界的明确定义和演绎法，发展出一套由基础规范推演出整个法律规范体系的"法律科学规律"，其缺陷前文已经反复讨论过。

在法律实证主义的问题凸显出来之后，法社会学中的经验实证主义传统被树立为当前的"科学"新模式。我国国内"法教义学"和"社科法学"的争论也算是前述两条"法律科学"道路的争论。经验实证主义坚守波普尔"命题证伪"认识论，认为只有能通过经验材料或实验证伪的命题，才是值得研究的课题。现代的经验社会学研究，排斥对社会结构问题的基础性研究，却对碎片化、仅昭示可能关系的相关性研究和仅能体现统计意义的数据极为看重，使研究结果成为命题的附庸，丧失了思想洞察力。相关性研究证伪的对象是研究者根据理论和自身经验树立的命题假设。比如，研究民主与经济增长的关系，将民主化为特定指标（如以一些民间组织的评分为指标），再把经济增长化为特定指标（如把 GDP 作为指标），通过对各国数据的搜集，考察民主指标和经济增长指标是否具有统计意义上的相关性。如果数据显示高度相关，则相当于验证了命题假设。以这种方式被验证了的"命题"往往被描述成事物发展的"规律"。而事物发展的真实社会过程和作用机制则往往被这种"科学"排斥在研究之外。

虽然经验实证主义意图弥补法律实证主义"以规则为中心"的缺陷，但由于其背后的哲学与法律实证主义是同一的，深陷于狭隘、僵化的命题验证技术方法，同样阻碍了洞察力的发展。法律实证主义不得不面对价值问题，时而需要联系道德讨论法律，而经验实证主义对于本领域内常见命题假设、数理方法的倚赖，使它从一开始便与价值问题相隔甚远。

2. 人文社会科学和自然科学思维方式的区别

从事自然科学研究、理工科专业的人士，通常对人文社会科学颇有微词，认为人文社会科学不属于"科学"，因为人文社会科学的研究不符合科学"范式"，受价值判断影响，不能生成任何可通过严密数理逻辑展现、计算并得出具有预测性结论的客观规律，被视为"幼稚"学科，也才有了"幼稚"学科向"成人模式"（自然科学）靠拢的模仿追随。但是，无论是鄙视人文社会科学的自然科学家，还是上赶着模仿自然科学的人文社会科学学者，都未能认识到两类科学的必要区别和共通性。

目前考取法学专业研究生的学生中，也有很多本科是理工科专业的学生，他们进入法学院学习后，会面临思维转换的问题，迫切需要这方面的引导。由于当前人工智能、医疗科技、环境资源等领域的变革性发展，越来越多不同领域的问题深刻影响到人的行为、人之间的关系以及人和机器、环境的关系。诸如，具有学习能力的人工智能产品是否具有承担责任的道德能力，机器发展是否可能引发大规模失业而社会保障制度该如何调适，人体植入辅助肉身和大脑工作的芯片是否会导致人类思想和行动的转型，网络算法导致认识偏差和思想极端化、歧视言论和语言暴力的问题需要怎样应对，基因编辑是否符合伦理、该如何规范等问题。法学研究、法律制度势必要面对这些问题，也需要原先学习人文社会科学的学生不再局限于文科思维。开放性的、注重多角度的法理思考，对于学生们打破固有知识结构建立融会不同领域问题的认识框架具有很重要的意义。因而，很有必要在此讨论人文社会科学和自然科学思维方式之间的关系。

贬低人文社会科学的自然科学学者某种意义上是在以"决定论"看待一切问题，抱持着掌握客观世界规律的优越感。秉承"决定论"的自然科学家们与他们自认为的权威地位有关，"决定论"不过是权威的附庸。在科学界，被"范式"正当化的权威观点、规范支配着对学科地位、学术影响的评价，以"价值无涉""价值中立"面目体现所谓的"科学性"，却忽略科学发展的价值目标。某诺贝尔医学奖获得者持基因决定论，发表种族歧视言论，被谴责，剥夺荣誉，正是因为他缺乏社会历史观，以"生物决定论"替代对社会不公问题社会根源的探索。然而，作为自然科学研究对象的物质世界和作为人文社会科学研究对象的人的行为、社会关系，性质有很大不同。即使是自然科学家，也不能用自认为的支配物质世界的规律来处理我们所面对的社会问题，对涉及人与人关系、价值抉择的事项作判断。自然科学家们也不是生活在真空中，常常需要对事关自身诉求和社会发展的重大事项作价值判断，这些问题不可能"价值无涉"。否则，我们也很难理解，爱因斯坦要写"为什么要社会主义？"这样的文章。既然研究的问题有性质上的区别，就不能要求采用同一种认识方法来研究，以自然科学为榜样来构建人文社会科学包括所谓的"法律科学"显然是不合理的。

3. 人文社会科学和自然科学思维方式的共通性

人文社会科学思维和自然科学思维存在共通性，使二者能够得以相互交流。在古代哲学的视野里，"科学"是"智慧"的同义词，既包含现代意义上的哲学，也包括现代意义上的自然科学（常常被直接称为"科学"）。近代以后，相互联系的知识体系才被划分为两种似乎截然分割的认识领域。只有深入到哲学中，才能发现人文社会科学和自然科学之间的共通之处。

以相对论、量子力学对牛顿力学的突破为例。牛顿力学以绝对的时空范畴为预设前提，而相对论发现了时空范畴的相对性而定义了牛顿力学的限度，量子力学则基于实验中发现的难以用牛顿力学解释的偏差，推演微观世界实体和能量转换的量子运动，改变了牛顿力学树立的物理世界观。自此，"牛顿世界观"不再完满，人们的认识突破了它设定的框架。相对论和量子力学的出现，立足于对传统理论无法作出合理解释之处作出革新，视角的变化引导了理论的变革世界观的变革。这些理论因能够比其他理论更好地解释问题而被当作"规律"看待。然而，从其发展的过程中，我们可以看到，自然科学领域所谓"规律"体现的是人类对客观世界真相的无限接近，无限接近立足于对前人理论的批判性发展。深受"科学范式"追捧的数理逻辑、概率统计仅是理论的表达形式，譬如概率可用于表达量子在运动中出现在某一位置的可能性。

我们一般人在数学教育中大多接触到的是用于代入数据加以计算的数学公式，往往将之奉为不变的定理。比如，我们做物理学计算主要是基于牛顿力学来进行的，很多人想当然地认为这就是"永恒规律"，其实不过是因为我们接触的是低层次的物理学。站在更高层次来看，站在哲学的层次来看，所谓的"永恒规律"依赖于牛顿力学关于物质、运动、时空概念的界定，其适用范围是有限的。对世界观、认识论的深入理解，保有批判性思维，是自然科学发展所必需的，这就是科技哲学研究的重要性所在。那些具有开创性成就的自然科学家，也往往在哲学上造诣颇深。人文社会科学（包括现在被划归其中的哲学）能够提供的恰恰就是塑造世界观、批判力的能量。这也正是人文社会科学和自然科学能够联结起来的关键。

美剧《基本演绎法》最后一幕演绎了一个大数据背景下的故事，一位有数学教育背景、掌握大数据的科技公司老板，提出一个设问：是不是每个问题都有即时解决办法？他给出的答案是肯定的。他通过科技手段监控、掌握人们网上活动的信息，依据人们购买枪支、发表愤怒言论、陷入生活绝境等信息，判断一个人的危险性。但凡监控到具有一丝"危险性"的对象，这位"信息世界的上帝"便雇佣杀手将其杀害。他自认为，这样的解决方式比现行的刑事司法体系更有效率，能够及时全面地维护社会安全。大数据技术似乎给了很多人极强大的信心，犹如牛顿力学在它的时代所创造的那种信心，认为每个问题都可如数学题一般以明确答案得到干净利落的解决。

然而，社会问题并非存于真空，人的认识和行动受到制约，每个人当前所迈出的每一步都建立在对过去的认知基础上，迈出的这一步产生的意外结果，又会引起人们的反思和调整，改变行动。人在此刻受限，但又有一定的改变限制的能力，促成下一刻的变化。因此，人的问题、社会问题，相互普遍联系着，在不断演变着，我们不能寄希望于用什么手段能"快刀斩乱麻"似的解开一切问题的结。甚至可以说，问题的干脆解决方式永远不可能找到，问题是始终伴随着我们的生活的。寄希望于依赖大数据来预测人的行为、社会问题的发展轨道并寻找解决问题的手段是不现实的。数据展现的只是人们留在网上的身份、言论、行动轨迹信息，既展现不出人们活动的立体性、丰富性，更不能预测人们的下一步行动。所谓用大数据推断出来的趋势性结论，都不是数据本身所展现出来的，而与研究者的取向有关，研究者如何挖掘数据，挖掘哪些数据，怎样运用和解读数据，都与其预先设定的立场、命题有关。

数据指标、统计结果的滥用屡见不鲜，如盲目相信数据，盲目相信研究者对数据统计结果的解读，盲目相信数据、科技的中立性，会使我们忽略很多值得重视的、非数据化（不能数据化）的信息，而正是那些无法量化的、被排除在数据之外的贴近人们生活实际的信息才能帮助人们掌握问题及关键矛盾所在。

不相信问题需要一步步探寻和解决，排斥相关信息以追求狭隘领域的精确答案的做法会促成过度自信，完全相信宿命论又易形成过度自卑，这些均源于世界观的不成熟、认识方法的偏狭、价值立场的极端化。我们需要正视自己的局限性，也不应为局限性所困扰。我们不得不时时面对局限、矛盾，不得不努力尝试挣脱局限、解决矛盾，这或许才是生活的本质。勇于面对矛盾，而非以"中立"的面孔裁剪事实，才能保有学术、思考、生活的真诚。这也是人文社会科学、批判力的价值所在。

（二）与哲学、社会学紧密联结是法学生命力所在

1. 脱离哲学思考必陷于浅薄

"理论哲学是在共同经验的基础上对常识的分析和反思。我们的常识知识是被哲学思考深化、启发和阐述的知识。几乎没有任何健全的哲学与我们的常识相冲突，因为两者都基于人类的共同经验而产生。"

"哲学事关每个人。后面这些学科都越来越趋向专业化，并成为专家学者们的领域。只有哲学，因为与普通人的常识知识紧密相关，保持了非专业化——一般性的领域，与每个人相关。"

"20世纪广泛流传的错误的重要之处在于将理论哲学降级到纯粹意见的范畴，在其他领域的学习越来越细分，专业化所主导的时代，这是一种文明的灾难。如果哲学思索不被尊重为对事实真理的追求，那么我们的文明将会不再产生拥有广泛知识的通才。"

"知识不是理智事物中最高的部分。具有更高价值的是理解和超越它的智慧。无论其在何种程度实现，它们都是通过我们的哲学思考变成我

们的东西……哲学不仅仅作为一种知识类型为人类作出贡献，而且通过哲学思考，我们可以理解我们知道的其他所有的事情。我们有理由希望从这些理解、成熟的判断和广泛的经验中，最终获取某种智慧。"[1]

——《哲学的迷途》

如今很多人仅仅把哲学作为一个学术工具，作为给研究成果锦上添花的装饰品，并不将它当作日常思考的一部分，这是对哲学的侮辱。正是由于对哲学的忽视，导致很多人未曾甚至从未有意愿去发现自然法学、法律实证主义的缺陷及其给我们的认识造成的负面影响，导致很多人错误地看待马克思主义及其在法学领域的意义，导致人们在日常生活中难以发现和反思错误的观点和做法。

哲学并不只存在于哲学家们的书斋内，哲学思考是我们关注现实，掌控生活的必要手段。互联网、自媒体迅猛发展，缺乏印证的信息自由快速流动导致人们的认知和判断出现偏差，民主参与的价值受损时，最应该被指责的难道不是我们自己吗？因为我们缺乏认知能力，急于判断，不愿深思，不愿持续地追究问题及其根源。哲学思考的缺失，使人们的认知流于浅薄。

法理思考，要求深入法律现象背后的根源，内在地需要高层次的哲学思考。脱离开对哲学的探讨，便也不存在法理思考。现代的专业细分，往往分别列明法哲学、法理学、法社会学甚至还有"部门法哲学"等专业方向，但这更多代表的是个人或团队教学科研工作的侧重，并不意味着这些领域应该被割裂。我对"刑法哲学""部门法哲学"这种称谓颇有异议。我认为，并不存在什么"部门法哲学"，从部门法特殊问题引申出哲学问题是常态，但哲学不可能限于、服务于某一特定部门法领域。在我看来，此类称谓的出现是"装饰品学术"发展的结果，是"以规则为中心"的学说寻求自我正当化的结果。

2. 社会学研究是法学理论立足现实的支撑

经过关于法的价值目标的讨论，我们应该很清楚，法蕴含的价值导向与社会发展方向、每个人的生活息息相关。常常有人说这样的话：法律是守护公正的最后一道防线，或，司法是权利救济的最后一道防线，诸如此类。我

---

[1] ［美］莫提默·艾德勒：《哲学的迷途》，刘冬冬译，中信出版社 2019 年版，第 115 页。

对这些话持保留意见，一定要说存在所谓的"最后一道防线"，我认为是人的底线。无论是从事法学研究的人，从事法律实践工作——立法、执法、司法的人，还是普通公民，如果缺乏对维护公正的坚持，怎么可能促成法律致力于社会公正的目标？

何谓公正，何谓不公正，法应当认可什么样的价值标准、公平正义准则才能推进社会朝着更公正的方向发展，有赖于我们对社会真相的深入认识和勇敢揭示，有赖于我们对社会公正实现条件和实现方式的不懈探索，而社会学研究能够帮助我们做到这些。我在这里说的社会学，并非是前面批判过的庸俗实证主义社会学，而是马克思主义展示的社会哲学进路。

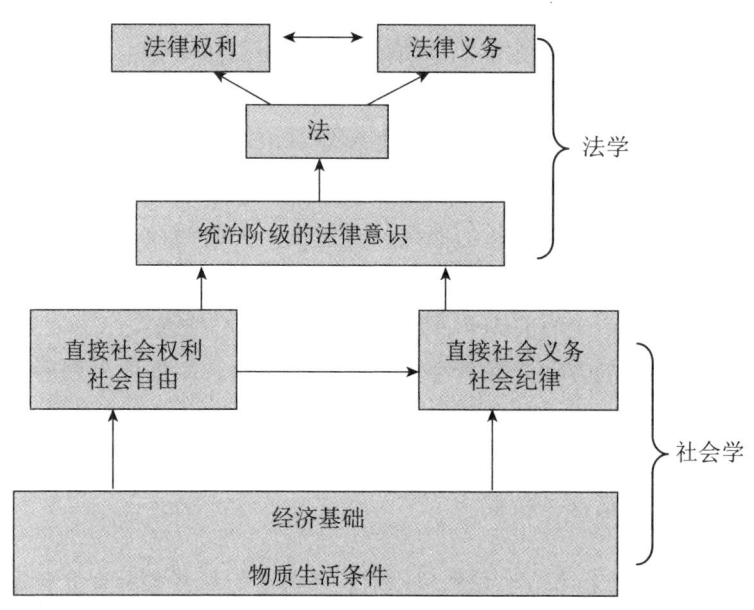

法的本质的不同层次的示意图[1]

"社会学想象力对不同类型个人的内在生命、外在的职业生涯都是有意义……能看到在杂乱无章的日常经历中，个人常常是怎样错误地认识自己的社会地位的。"[2]如果法学研究者、法律工作者缺乏社会学的视野，就很容易

〔1〕 孙国华、朱景文主编：《法理学》，中国人民大学出版社 2015 年版，第 26 页。

〔2〕 ［美］赖特·C. 米尔斯：《社会学的想象力》，陈强、张永强译，三联书店 2005 年版，第 3 页。

陷入"规则中心",以所谓的"内在视角"把法与价值目标隔离开看待问题,满足于自己"专业技术专家"的权威身份,而对他人的生活境遇、社会发展趋势、流行思潮内含的价值诉求缺乏敏感性,便很难发现社会不公正问题,丧失追究问题根源的洞察力、批判力,变得善恶不分。

法律实证主义认为,法律是最低的道德。宣扬"权利优先于善"的自由主义认为值得过的生活就是个人守法、功利性地权衡"理性选择"、尊重他人的权利和契约。以这种个人主观"底线"所设定的、与价值讨论保持距离的文化理想、法律要求,造成过度的权利意识和道德相对主义、法律工具主义的盛行,不关照人之间的差异和社会关系失衡,不注重义务,在这样的情形下,人们习惯于墨守成规甚至退而保守,社会责任感、正义感流失,构建政治法律制度也不重视社会公平正义的价值。如此,社会公正能够得到真正的维护吗?

马克思主义社会哲学是我们深入理解社会正义实现条件和作出恰当价值判断的框架。如果深入到社会过程中去考察法,便会懂得法律并非一定要做永恒不变的最低底线。若法律的底线一直过低,失衡的社会关系无法得到调整,现实中的社会不公将持续下去。只有在追究根源、理解真相、了解人们各种利益诉求何以产生的前提下,我们才能学会关心他人,产生社会责任感,树立社会公平正义的方向并保有动力推进社会变革、制度变革朝着更公正的方向迈进。

在此意义上,我们需要把社会学研究的使命和法学研究的使命联系起来,可借由两段话来思索这一联系:

"那些充满想象力地预见到他们工作前景的经典的社会分析家总是不断地问三种类型的问题:

(1)一定的社会作为整体,其结构是什么?它的基本组成成分是什么,这些成分又是如何相互联系的?这一结构与其他种种社会秩序有什么不同?在此结构中,使其维持和变化的方面有何特定涵义?(2)在人类历史长河中,该社会处于什么位置?它发生变化的动力是什么?对于人性整体的进步,它处于什么地位,具有什么意义?我们所考察的特定部分与它将会进入的历史时期之间,是如何相互影响的?那一时期的基本特征是什么?与其他时代有什么不同?它用什么独特的方式来构建历史？（3）在这一社会这一时期，占主流的是什么类型的人？什么类型的人又将逐渐占主流？通过什么途径，这些类型的人被选择，被塑造，被解放，被压制，从而变得敏感和迟钝？我们在这一定时期一定社会中所观察到的行为与性格揭示了何种类型的"人性"？我们考察的社会各个方面对"人性"有何意义？"[1]

"法的一般理论的对象是作为人的活动和社会运动、人们的社会关系的特殊形式的整个法律现实的产生、发展和发挥作用的一般和特殊的规律性。"

"法的一般理论科学必须回答下列问题。真正的法的本质和社会意义是什么？真正的司法和真实的法治[2]的重要意义何在？从自由、平等、正义的思想观点是否可能解释法律秩序？或者价值标准是否适合于法？马克思主义法的一般理论的任务就在于回答这些和许多其他的社会哲学的道德伦理的和政治社会学性质的并在相当大程度上是社会实践方面的问题。"[3]

法的内在价值基于广泛的社会价值，脱离社会结构、政治体制、人的思想行为及其发展变化来抽象地讨论法的本质、法的价值问题，是不科学的。在此立场上，法学与社会学有必要联结起来。举个例子，社会分层是社会学研究的重要课题，关于阶层分化的研究，诸如特定个体、群体如何通过权力、财富、资源、地位影响制度又如何通过制度将其获得的资源、地位及相应的获取通道合法化，特定个体、群体又为何以及如何被合法制度边缘化或排斥在外，行为选择被限制，对于我们深入理解塑造法的社会权力结构有非常重要的意义。

当前，很多学者在进行法学研究和教育时，要么把重心放在解读、解释法律文本内容及阐述字面意义的立法目的上面，要么直接求助于来自西方的所谓"普世的"经验智慧，嫁接于我国的现实。这样的研究，基本上只是在

---

〔1〕［美］赖特·C. 米尔斯：《社会学的想象力》，陈强、张永强译，三联书店 2005 年版，第 5 页。

〔2〕原书译作"法制"，1986 年我国还未提出"法治"，综观全书，个人认为作者说的应为"法治"之意。

〔3〕［苏］Л·С·雅维茨：《法的一般理论——哲学和社会问题》，朱景文译，孙国华校，辽宁大学出版社 1986 年版，第 4、6~7 页。

执行阐释性、描述性的功能。在这里，我想着力探讨一个问题，或者，更确切地说，提出一个问题：如果法学理论主要以阐释性、描述性的方式来认识和评价现行制度，是否符合马克思主义的内在要求？

个人认为，马克思主义最重要的价值在于它的批判性，失去批判功能的法学理论很难称得上是马克思主义法学理论。批判并不等同于对社会现实的粗暴解构、破坏，它指的是思维方式、认识方法上的批判性，目的在于揭示真相。西方社会学家偏向于把马克思主义理论定位为"知识社会学"（研究思想的社会定位，反对脱离具体的社会情境来考察思想及思想者，认为特定的思想给具体的社会情境提供合法性，需要通过厘清思想和思想者所处的社会环境的发展脉络揭示其背后的意识形态功能[1]）。虽然如此定位并不全面，但是很明显，社会学家非常重视马克思主义的批判功能及其对于社会学事业的价值。孙国华老师也曾认可人大法理学可称得上为"社会法学派"。[2]当然，我们所谓的社会法学与西方的社会法学派在方法、立场上存在差异，不过，社会学事业的基本目标是共同的：祛魅，揭露假象，揭示真相。实现这个基本目标需要批判，需要一种对权威"不敬"[3]的态度。

批判首先针对的是人们普遍接受的观念，揭示其背后的欺骗性和自欺性。用美国社会学家彼得·伯格的话来说：我们与木偶的不同在于，我们可以停止自欺，感知操纵我们的木偶线，这是走向自由的第一步。而马克思主义的批判是我们觉察木偶提线及其社会根源的有力方法。譬如，面对西方推广的"普世价值"，我们应作何理解：人权（先天的自然法赋予权利正当性）；自由（强调个体的理性自由/意志自由/选择自由，把个人的自由与人之间的利益关系以及他们身处的社会环境、历史条件割裂开）；民主（把民主的范围局限于选举，以社会契约的方式建构政治权威的合法性基础）；法治（将法律制度描述为自我运行的体系，只有在法律实证主义的视角下，法律制度才被看作是独立性极强、自我运行的体系）——统一体现着自然法学和法律实证主义的基本预设及其背后的意识形态，可以说，西方现在推广的普世价值是二者的现代继承者，以抽象的、形式化的价值诉求，掩饰社会差异、利益矛盾，

---

〔1〕 参见 [美] 彼得·伯格：《与社会学同游：人文主义的视角》，何道宽译，北京大学出版社2014年版，第126页。

〔2〕 关于这个典故的情况可参见附录2论文。

〔3〕 彼得·伯格语。

狭隘化人们把握社会问题、法律现象的视野和深度。

马克思主义对西方主流法学学说的批判能够让我们意识到，将资产阶级核心利益诉求包装为不证自明的"自然权利"予以神圣化、以"与生俱来"的自由平等掩饰实质的不自由不平等、通过"社会契约"的"利益和谐"图景正当化政治权威的自然法学以及将现行政治架构和法律制度合法化的法律实证主义的意识形态功能。马克思主义的科学性，集中体现在它的批判性上，它要求深入到表象的背后，在不断加深对影响社会结构变迁的各种因素及相互作用的理解的基础上来考察法律思想、制度的产生、变化、发展过程和性质。我们的理论研究一旦缺失了批判功能，也就只能以表面化、形式化的阐释、描述与西方理论的阐释、描述相竞争（或简单移植对方理念），难免自说自话、丧失立场。

换一个角度来说，如果理论研究主要执行阐释性、描述性的功能，西方这些理论模式足可以使用，为什么还需要马克思主义？若以阐释性、描述性功能定位马克思主义理论，是否在真正坚持马克思主义？我想，我们需要马克思主义的原因在于，我们需要一个不那么肤浅的视角来深入理解我们所面对的社会环境，开展批判是不肤浅的前提，而马克思主义的批判又不同于西方世界流行的文化批判，它立足于对社会经济结构的深刻认识。面对政治法律制度上的变化，一些学者们倾向于从文本或者根据所谓"普世性的"理论经验来探讨问题、作出评判，却缺乏一个更广阔的视角来认识制度的变革为何产生。

这几年全球政治发生的一系列瞩目变化，一个突出特点是，各国在政治上都很强调权威秩序、统一社会认同。西方国家的这一特点集中体现在保守右翼的崛起，与民粹主义结合，国家政策明显体现出强化权威秩序（强化内部认同、排外）的诉求。无论是发达国家还是发展中国家，从美国、英国、欧洲大陆国家到俄罗斯、土耳其，等等，都可以看到这一特点不同程度的反映。政治的变化，其实有深层次的经济根源，其塑造着当下和未来一段时期的时代背景，如果不了解这个背景，就很难恰当地认识和评价现行的制度，找到合适的改革目标和手段。

从一个比较近的节点来说，西方政治气候日趋保守是金融危机的后果，再看远一点，是20世纪70年代起新自由主义发展的结果。70年代，新自由主义政策成为西方国家的主流政策，放松对资本市场的管制、加强劳动力市场的弹性（限制社会保障和社会福利的扶助力度、广度，放任失业），一方面在国内外推进更自由化的金融投机来为资本寻找高额利润，另一方面以加强劳动力市场弹性的方式压低劳动力成本，中下层的生活处境自此长期处于下行状态，西方社会进入各阶层收入差距不断拉大的阶段（美国尤其显著）。金融危机及之后引起的欧洲债务危机，导致社会不平等继续加深。但是，无论是危机发生前还是危机发生后，美国及欧洲国家在政治上都没有采取任何改变经济结构的根本性措施，而是继续经济上的自由放任（维持新自由主义政策），不但如此，为了弥补资本在危机中遭受的损失，各国进行财政紧缩，削弱社会保障功能，社会不平等持续扩大，民主政治驯服资本的力量不断降低。为掩盖深层次的社会矛盾，维系有利于资本的新自由主义经济政策，执政党通过在政治上宣扬一种多元化的、文化上的自由主义，在形式平等的层次上推进黑人、女性、移民、性少数族群的法律权利以显示进步来维持对中产阶级精英选民的吸引力。但是，这种掩耳盗铃的方式维持不了多久，下层群体对于生活环境的不满终究要爆发出来，他们对现有制度不满，投票支持不走传统轨道、政治强人式的领导人。因为他们把自己的困境归咎于其他近些年获得更多"好处"的群体诸如女性、黑人、移民等，归咎于其他经济增长较快的国家，他们需要一个强硬的政治国家和领导人来重建秩序。比如，特朗普上台后，很快就着手改革涉及医疗保障、女性权益、移民权益等方面的政策法律，当然，在我们看来，是以一种倒退的方式进行的改革，这些改革的目的表面上是为了迎合选民诉求，实际上依然是为了继续维持新自由主义的政策。欧洲各国右翼保守势力的政治影响力不断增长，政府采取的政策也基本遵循同一路线。

　　全球范围内，表达强烈对抗性的保守意识形态（种族主义、性别歧视、民族沙文主义）兴起，民众对权威秩序的需求日渐强烈（在错误理解自身利益的前提下作出的选择），法律制度的倒退性变化，国家之间经济政治文化领域的纷争，其实都源于资本主义经济的根本性问题——资本不受控制所导致的社会不平等加剧——传统的民主政治无能为力。基于目前各国政治上的保守野蛮特色，左翼思想家称现在这个时代是"去文明化"的时代。[1]

---

　　〔1〕参见［德］奥利弗·纳赫特韦："去文明化——论西方民主的衰退趋势"，载［德］海因里希·盖瑟尔伯格编《我们时代的精神状况》，孙柏等译，上海人民出版社 2018 年版，第 205 页。

这种充满冲突、对抗、强权的世界形势，也势必会深刻影响到我们国家的选择，我们所走的道路。在我看来，我们眼下需要着重考虑的是，如何理解"去文明化"产生的根源，如何在一个"去文明化"的时代保持文明，继续推进文明化，一方面，既需要在混乱对抗中保持稳定不倒，也不能随波逐流地迎合对抗性的、保守的意识形态进入"去文明化"的轨道；另一方面，最为关键的是，我们要竭力去改革不公平的资本主义世界经济政治文化体系，从根本上遏制"去文明化"的趋势。

所以说，我们作制度上的考量、评价和选择时，不能丧失批判的视角和力度，不能脱离开对社会复杂现实矛盾的深层次考察。如果只看文本上能看到的东西，只考虑所谓"普世的"价值标准，认识会是很简单化的。要坚持马克思主义，就必须运用强大的批判力，联系社会历史发展的进程、国内外经济政治文化各方面的条件深入地理解我们的处境，考察导致制度变革的原因和趋势。面对这些问题，肤浅、抽象的阐释、描述是无法作出深刻解答的，我们需要批判，需要马克思主义。

写在最后

市面上有一种流行的观点"越是精英大学的学生越务虚"，法学专业教育如何定位的问题一直存在争议，应该以"精英教育"为导向还是以"实务教育"为导向？如果定位为"精英教育"，意味着提供较多"务虚"的、理论性强的专业课程、训练，而若定位为"实务教育"，则意味着要把"实务技巧"作为主要的教育内容，尽可能降低看似"无用"的理论课程比重。一流高校法学院系，更倾向于做"精英教育"，而一些二流、三流院校，更偏向于走"实务路线"，认为培养学生就业技能是第一位的，"务虚"越少越好，即使是理论性课程，也不应与现实脱节，而应服务于"法律实践"（主要指司法实践）。法理学相关课程一向被认为是"务虚"的课程，有时会遭到部门法学教师的贬抑，暗讽"多谈些问题，少谈些主义"。

我认为，上述争议之所以产生，是因为一些人认识上存在很大的误区。

第一，对"务虚"和"务实"所作的区分是否合理？不能立即、直接用于解答问题的"知识"就是"虚"吗？前文关于各种问题的哲学讨论，已经告诉我们，被视为"虚"的哲学问题与社会现实紧密相联系。正因为越来越少地谈哲学，崇尚"实证"，思考深度被剥夺，认识被遮蔽、价值判断被扭曲，而很多人对于自己忽略了事关自身生活的重大问题却毫无所知。

第二，理论与现实的"脱节"指的是什么？理论仅仅是为了服务现实而存在的吗？以我们谈过的主题为例，如果说法学理论涉及的大部分课题与具体的法律判断（三段论、类推等）没有直接关系算是与现实"脱节"的话，我愿意承认存在这种"脱节"。但是，如果说法学理论与社会现实、人们的生活"脱节"的话，我是不承认的。理论不是为了"侍奉"实践而产生的，我们经常所说的"理论和实践相结合"其意义在于二者的相互反馈，理论关注实践问题，但要与现实保持一定的距离，才能有空间对流行的观点和做法作出正当与否的反思和判断，推进认识的变革、社会的变革、人的变革。

从法与社会价值目标之间的关系来看，无论是从事法学研究工作，还是从事法律实践工作，面对的都不仅仅是"规则"，而始终要面对不断涌现出来的社会问题，作出价值抉择，承担维护社会公平正义的使命。正是在这个意义上，我对现行的学术型学位和专业型学位（法律硕士）的区分是有异议的，我不认为以"实务"界定专业型学位乃至所谓的"法律"专业是合适的。国家政策从"法制"到"法治"的变化，说明法治区别于法制，不再将法视为一种缺乏"灵魂"的工具，而法治与法制的核心区别在于法治与一定的社会价值目标相联系，如果缺乏高层次的思维能力，是很难把握价值目标内涵和法治精神的。无论是被"定"为法律人才还是法学人才，都应该具备这种能力，深度的理论教育不可少。

"务虚"的教育能够帮助学生开阔视野，增强领导力，而看重实际的、快速回报的学生往往会选择"实务"专业，视野上的差距制约专业的选择。在我看来，很多人以"务虚"或"务实"来标签化某专业或课程，只是基于其狭隘的眼光，并非该专业或课程本身的内在特性。立足于学校的层次（排名）、学生的资质（分数）和预计的职业地位、前景来考虑不同院校、学位应有不同的定位，是本末倒置的做法。培养人，应以人的全面自由发展为目标，而不应通过刻意设定培养层次框定人的发展方向，把人进行分类。在教育"科层制"下，无论是定位为精英导向的教育还是职业导向的教育，都是碎片化的。

与此相关，近年来面对大学扩张、高等教育"含金量"下降、高校毕业生就业难等问题，一些教育研究者致力于推广"教育分流"制度，引导缺乏相应天资、不适合接受高等教育的学生进入学习实用技能的"职业学校"。个人结合自身的条件选择不同的出路，无可厚非，但如果有意地把"教育分流"作为一项基本教育政策，就存在很大的问题。因为，这种分流始终立足于以职业前途为导向对教育层次所作的区分，并未立足于人的培养来考虑教育内容。抛开应试的评价来看，难道"资质差"的学生不配接受可为其提供广阔视野的高层次教育吗？通过人为划分教育层次、固化教育模式来"创造"眼界、地位高低不同的人，是不公平的。

以各类经费资金的支撑力度为主要指标来给大学评级，以毕业生就业情况来评价教育的"含金量"，使大学排名成为"精英"门槛的标识，可能才是教育领域里最大的问题。"分流"的设想、"精英"与"实务"的区分、有关学校专业定位的争论，都是上述问题导致的问题，而非解决问题的途径。[1]

即使是所谓"务虚"的精英大学，在如今的社会条件下，也很难教出拥有洞察力、批判力的学生。被职业前途、流行价值观牵着鼻子，没有能力进行哲学反思的学生们对待包括学习、生活在内的一切事物的态度往往是工具性、功利性的。约瑟夫·艾本斯坦在总结美国精英名校教育时谈道："作为教了近三十年书的人，我得出了一个比较悲观的结论：成功的教育主要得碰运气。首先，学生的内心要有激情的火种，这已经可遇而不可求；他还得在一群平庸的大学教授中，碰到那么一两个能够点燃内心火种的好老师。这就更是千载难逢的好运了。我们通常说的好学生，就像听话的小狗，主人随便扔出去什么东西都能立刻找到，再咬在湿漉漉的小嘴里叼回来…'好孩子，把它拿回来！要打印稿，双倍行距，页底的脚注标清楚''汪汪''真是乖学生！可以去找一份好工作了！"。[2]

我希望，我们的教育，不是简单地用碎片化浅薄化的技术应用思维灌输给学生，过于看重形式的标准化要求会泯灭学生心中的火花。

我对法学理论课程的期待是，燃起一点儿火花，阻止学生们的心朝着

---

〔1〕　推荐阅读［美］劳伦·A. 里韦拉：《出身：不平等的选拔与精英的自我复制》，江涛、李敏译，广西师范大学出版社 2019 年版。当前，我国一些"精英"学校对教育的界定、运作模式和具体做法在不断贴近西方国家，将职业资源、就业选择过深地嵌入学校，某种意义上引导学校成为塑造"精英"价值观阵地，这可能会带来很多问题，不仅涉及教育公平问题，更广泛地涉及社会公正的问题。

〔2〕　［美］约瑟夫·艾本斯坦：《势利》，马绍博译，天津人民出版社 2017 年版，第 123～124页。

"寸草不生"[1]挺进，让他们在学习和研究中始终看得到"作为活人"的社会行动者并始终找得到"作为活人"[2]的自己，由此人之间的共鸣才能产生，大家的社会责任感才能生长。

法是调整社会关系的手段，深入追问社会不公正根源的意识、能力以及对社会关系是否公正、如何推进公正实现的判断非常重要。只有通过增加学生们对人类社会问题与个人发展问题之间联系的敏感性，促使他们不懈地关心他人的处境和人与人之间的关系，才能够点燃他们追求公正的心，点燃他们的社会责任感，而仅仅构建和传播面貌"中立"、与问题根源有距离的信息与知识不但不能实现这一使命，还有可能使受教育的人变得更加迷茫、麻木。

> 人们一般不是根据历史的变迁与制度的冲突来确定他们所遭受的困扰。因为他们对自身生活模式与世界历史的潮流之间错综复杂的联系一无所知，普通人往往不知道这种联系，对于他们将要变成的那种类型的人，对于他们或许要参与其中的构建历史的过程意味着什么。那些对领会人与社会之间，个人生活与历史之间，自我与世界之间的相互作用不可或缺的心智方面的品质，他们并不具备。
>
> 正是由于不能理解自己所置身的时代对自身的生活意味着什么，为了维护自我，努力使自己仍是完全独立的人，他们在道德上变得麻木。
>
> 他们需要的不只是信息，尽管在这个"事实的年代"，信息往往支配了他们的注意力，并远远超过了他们的吸收能力，他们需要的也不仅仅是理性思考的能力，尽管获得这种能力的努力往往耗尽了他们有限的道德能量。
>
> ——赖特·C. 米尔斯

教育中存在的种种问题，跟当前时代的"人的类型"和社会环境有关。人们沉浸于对个人特定成就的追求和认可，将"达到成就"归因给个人的努

---

〔1〕 关于"寸草不生"的讽刺见导言。

〔2〕 学者项飙在他的著作中提到社会科学研究"正规化"造成的影响，"粘稠的术语和雕琢的论证，堵塞了对话，窒息了思考。在这些正规化的文本里，不仅社会行动者看不到自己，连研究者也找不到作为活人的自己"。参见项飙："序一（修订版序）让他看到饱满的自己"，载《跨越边界的社区：北京"浙江村"的生活史》，三联书店 2018 年版。

力并将此作为对个人的评价基准，对个人及其"成就"的赞颂替代了对人内在品质的看重和培养，于是，人们更多地在生活中对投入回报加以计算选择，总是问如何做，而很少问为什么做，从而失去对价值冲突的敏感性，失去认识和解决价值冲突的能力，越来越缺少对行动方向的思考。有人将此归因为从近代西方启蒙思想时代发展起来的"THE BIG ME"（大我）式的个人主义思潮，而现代精英竞争体制强化了这一文化观念。[1]推崇"个人成就至上"的社会流行文化，对"特色""差异"赋值过高，同时普通的人和事物"被贬值"。譬如，当今各类学校越来强调"特色"办学，将为学生提供有前景的特色发展道路作为教育目标，这实际上是教育产业化、过度竞争的后果，学校之间的竞争，个体"奋力"挖掘自身天赋以获取成就的竞争，与教育的内在要求无关，反而会造成实际上具有积极内在价值却显得普通的教育内容、方式以及普通的工作事务、生活内容被忽视、贬低，这样的评价标准不利于人的成长和培养。

　　十分值得我们思索的是，教育是否应该去适应所谓的"时代潮流"，还是说，我们应该通过教育克服时代弊病、自身的弊病？

---

[1]　See David Brooks, *The Road to Character*, Penguin, 2016, pp. 243~258.

■ 附录1

如何理解四要件犯罪构成学说和三阶层犯罪论的差异

引言

首先注意到三阶层犯罪论体系不合理之处（确切的说，是国内学者转述、发展来的三阶层犯罪论体系）的是我的博士生导师——孙国华老师。《检察日报》刊登了一篇陈兴良教授撰写的文章《定罪的四个基本规则》[2]。孙老师让我注意这个问题。我一直偏爱研究抽象理论，初接触三阶层犯罪论体系的时候，我只当它是刑法理论内部的一类观点，然而在回顾四要件犯罪构成学说和翻阅有关三阶层犯罪论体系的论著之后，我意识到这个问题与法学研究方法紧密相关。一方面，法学研究方法是否科学直接关系到法律实践是否合理；另一方面，法学研究方法是否科学决定于研究方法所依赖的世界观、价值观是否合理。三阶层犯罪论体系所展示出来的问题恰好提供了一个研究法学研究方法的出发点。

改革开放以后，西方法学论著大量地被介绍到国内，对"法教义学""法学方法""法律方法"的推崇与日俱增，德日三阶层犯罪论体系的引入及其倡导者掀起的两种"犯罪论体系"之间的争论就是一个鲜活的例子。2009年司法考试内容发生了一些变化，在刑法理论部分有了重大调整，原有的四要件

---

〔1〕 本文是由作者博士论文"从犯罪论体系之争看法学方法论"（中国人民大学2011年博士学位论文）的部分内容浓缩修改而成。本文有助于理解马克思主义法学理论与西方主流哲学立场、法律实证主义的实质区别，其还牵涉到前面导言和讲义稿中讨论到的诸多主题：意志论、决定论、个人主义、自由主义、事实与价值的区分、保障私权对抗公权等。收录此篇文章的另一层原因见导言中关于"法学知识去苏俄化"的讨论。

〔2〕 陈兴良："定罪的四个基本规则"，载《检察日报》2009年11月5日刊，第3版。

犯罪构成理论被三阶层犯罪论体系所替代。[1]在我当年博士论文的写作过程中，国家社科基金将"犯罪构成论体系比较研究"列入 2010 年度课题指南。2009~2013 年间，在重要的法学期刊和法学教材中，对四要件犯罪构成理论和德日三阶层犯罪论体系进行比较成为了热点，大量的论著着力对四要件犯罪构成理论进行批判，并积极提倡德日三阶层犯罪论体系；并且进一步地，在视德日三阶层体系为刑法理论基础的前提下，就德日三阶层犯罪论体系内部的不同观点进行争论。这种一边倒的情形，值得注意。

　　一方面，贬抑四要件犯罪构成理论所基于的理由不外乎几类：（1）四要件犯罪构成学说是政治干预学术导致的理论畸形；（2）四要件犯罪构成学说是错误理解三阶层犯罪论体系的结果；（3）四要件犯罪构成学说对三阶层犯罪论体系中的名词作翻译时发生错误。另一方面，对三阶层犯罪论体系，几乎都是溢美之词，甚至有学者认为该体系是定罪的"公理"，明确表示应当在刑法理论中恢复三阶层体系的地位，用法教义学的方法来研究刑法理论和认定犯罪。仅有的几篇对上述观点提出质疑的文章，或者只是如高铭暄教授发表的"论四要件犯罪构成理论的合理性暨对中国刑法学体系的坚持"主要表达四要件犯罪构成理论更适合中国现实的意思。[2]或者如缑泽昆在撰写的"三阶层犯罪构成体系：一个域外经验的反思与质疑"一文指出的，三阶层理论体系内部的"逻辑"有自相矛盾之处。[3]还有的学者如陈世伟在"我国犯罪构成理论研究的方法论初探"[4]中所示，三阶层犯罪理论的缺陷在于其方法论问题并点出其违背客观事实。但是，这些文章都没有进行更深层次的研究，没能全面阐释三阶层犯罪论体系提倡者所持观点的根本错误在何处，也未能提供认识三阶层犯罪论体系和四要件犯罪构成理论本质差异的思路。

　　在我看来，四要件犯罪构成理论和三阶层犯罪论体系的差异根源于法学研究方法，除非从哲学的层次来考察，否则难以剖析争论的实质，三阶层犯

---

　　〔1〕　之后没多久，三阶层犯罪论"下架"，四要件犯罪构成理论重新归位。但是，在刑法理论界，三阶层犯罪论依然盛行。

　　〔2〕　参见高铭暄："论四要件犯罪构成理论的合理性暨对中国刑法学体系的坚持"，载《中国法学》2009 年第 2 期。

　　〔3〕　参见缑泽昆："三阶层犯罪构成体系：一个域外经验的反思与质疑"，载《现代法学》2010 年第 2 期。

　　〔4〕　参见陈世伟："我国犯罪构成理论研究的方法论初探"，载梁根林主编：《犯罪论体系》，北京大学出版社 2007 年版，第 122 页。

罪论体系坚持的法教义学及其法律实证主义根基正是问题的关键。

一、国内刑法学者对苏俄四要件犯罪构成理论所进行的批判

(一) 批判的理由

陈兴良教授为批判四要件理论所写的论著数量最多，也最具代表性。他认为，德日的三阶层犯罪论体系相比四要件理论更优越。因为，中国传统的四要件犯罪构成理论继承自所谓缺乏中立性和科学性的苏俄刑法理论，其理由有三个层面：

一是，直指四要件犯罪构成理论建立在偏执的政治意识形态之上。[1]

二是，四要件犯罪构成理论将符合四要件作为犯罪成立条件是错误改造三阶层体系中构成要件的结果：Tatbestand 指的是三阶层犯罪论体系中的构成要件，四要件犯罪构成理论直接将之翻译成"犯罪构成"，而作为犯罪成立条件的三阶层犯罪论体系包括构成要件该当、违法、有责三个层次。陈兴良教授认为四要件构成理论将大陆法系三阶层犯罪论体系（犯罪成立条件）中的构成要件改造成犯罪构成，从而形成了犯罪成立条件、社会危害性和应受惩罚性融为一体的模式，这种犯罪构成的平面化容易导致有罪推定，不利于保障人权。[2]在他看来，这种犯罪构成理论的构建是因为对大陆法系三阶层犯罪论体系的错误理解，他引述肖中华对特拉伊宁犯罪构成理论的评论，即"那种误认德文中 Tatbestand 即是'犯罪成立'之意的观点，确实有实质的误导性，不能不予以认真地检讨。这种观点，在我国有关大陆法系犯罪构成理论的历史发展的论述中比较突出。究其根源，在于我国对苏联犯罪构成理论著作（以特拉伊宁所著《犯罪构成的一般学说》为代表）对于 Tetbestand 误译为'犯罪构成'未作原始考证甄别而以讹传讹地沿袭"作为其结论的支撑。[3]

三是，四要件犯罪构成理论在犯罪成立条件之外建立了"社会危害性"这一标准，以此突破法律。[4]

---

[1] 参见陈兴良：《走向规范的刑法学》，法律出版社 2008 年版，第 90 页。

[2] 参见陈兴良："刑法知识的转型与刑法理论的演进"，载《人大法律评论》2009 年第 1 期。

[3] 参见陈兴良：《走向规范的刑法学》，法律出版社 2008 年版，第 88 页。

[4] 参见陈兴良："社会危害性理论：进一步的批判性清理"，载梁根林主编：《犯罪论体系》，北京大学出版社 2007 年版，第 43 页。

在陈兴良教授看来，之所以出现后两种学理上的问题，也是政治干预法律所致，"在苏联犯罪构成理论当中，存在严重的意识形态化的倾向。其实，犯罪成立条件是一个纯学理问题，是对刑法关于犯罪成立的法定条件的理论概括，是技术性的、工具性的概念。但苏联法学家在批判大陆法系犯罪论体系的时候，充满政治上的敌对性、意识形态上的否定性"，"这种政治批判代替学术评论的风气，是苏联特定的历史环境下才有的，它从一种政治偏见出发，妨碍了对大陆法系犯罪论体系的科学认识"。[1]按照陈兴良教授的说法，四要件犯罪构成理论是苏联政治意识形态的产物、非科学，中国的刑法理论应"去苏化"。

国内刑法学界的其他一些学者虽然没有直接从政治意识形态的角度对四要件犯罪构成理论进行批判，但他们所持的理由基本上与陈兴良教授所持的最后一种理由相同。他们认为，四要件犯罪构成理论特别强调社会危害性对犯罪的决定作用，容易以此突破"罪刑法定"的法治原则，学者们较为一致地认为四要件犯罪构成理论带有西方刑法理论中"新派"的特点，肖中华教授就认为四要件犯罪构成理论是对西方刑法理论中社会实证学派（即新派）的复归，张明楷教授也认为苏俄的刑法理论具有西方刑法理论新派所谓强调主观因素、社会防卫的行为人刑法的特点，而新派一般被学界的学者认为具有突破"罪刑法定"原则的缺点。周光权教授从三阶层犯罪理论的角度来看待四要件犯罪构成理论，他指出，"特拉伊宁揭示了刑事古典学派犯罪论体系的客观结构和刑事实证学派犯罪论体系的主观结构之间的对立性"，该种理论强调必须将主观要素和客观要素结合起来认识犯罪行为并以此作为刑事责任的唯一依据，"这种犯罪构成理论的特点是：赋予犯罪构成以社会政治的实质内容，在社会危害的基础上建构犯罪构成，使犯罪构成成为反映社会危害性的构成；将大陆法系刑法理论中作为犯罪成立条件之一的构成要件论，改造成苏联刑法中犯罪成立条件之整体的犯罪构成论，形成了完整的犯罪构成理论"。[2]

然而，具有代表性的陈兴良教授发表的言论不但论证单薄，而且有许多自相矛盾之处。

---

〔1〕　陈兴良：《走向规范的刑法学》，法律出版社 2008 年版，第 90 页。
〔2〕　周光权：《刑法总论》，中国人民大学出版社 2007 年版，第 84~86 页。

第一，陈兴良教授直接借用日本学者上野达彦"批判资产阶级犯罪构成要件论"一文对苏联的犯罪构成理论的评价，将其描述为政治干预促生的"畸形"[1]。显然是偏见。

第二，陈兴良教授想通过切断费尔巴哈犯罪构成理论和"现代意义上"的犯罪构成理论来批判特拉伊宁的四要件犯罪构成理论。陈兴良教授一方面认为特拉伊宁错误地理解了费尔巴哈学说中的构成要件从而将构成要件扩展为犯罪构成，另一方面在论证学派之争早于犯罪构成理论的时候，否认费尔巴哈的犯罪论包含现代意义上的犯罪构成学说，认为犯罪构成理论在 19 世纪末 20 世纪初才正式诞生，并引述肖中华的结论"古典派的犯罪构成论，并不像我国一些学者所认为的那样，是指形式古典学派费尔巴哈、施就别尔等人的犯罪构成理论，而是指德国刑法学者李斯特、贝林格所提出的犯罪论体系"，"1906 年，贝林格在其《犯罪论》一书中，以'构成要件'概念为基础，即以形式的构成要件作为构成要件理论的出发点，构筑了新的犯罪论体系，'构成要件'概念在理论上始从犯罪概念中分离出来，由此形成了现代意义上的犯罪论体系之雏形"。[2]费尔巴哈的理论与现代意义上的犯罪构成理论，是否毫无联系？

第三，陈兴良教授一方面认为"社会危害性"是政治意识形态的工具，另一方面认为"社会危害性"与三阶层中的"违法性"功能相同，四要件犯罪构成理论的错误在于仅在犯罪概念中规定了"社会危害性"，却没有在犯罪构成中安置"社会危害性"这一要素。[3]之后，陈兴良教授又有了新的想法，他认为特拉伊宁的犯罪构成理论实际上与三阶层犯罪论体系十分类似，除了上述"社会危害性"与"违法性"相类似，特拉伊宁将责任能力即"责任"这一层次的主要内容放在犯罪构成之外来探讨。实际上令四要件犯罪论具有着与三阶层体系类似的构成要件、违法性、责任三个阶层的原因在于特拉伊宁在政治意识形态的指导下将犯罪概念与犯罪构成混淆在一起，才造就了奇怪的四要件犯罪构成理论，而这种错误的罪魁祸首就是所谓的翻译问题，

---

〔1〕 陈兴良：《走向规范的刑法学》，法律出版社 2008 年版，第 90 页。

〔2〕 陈兴良：《走向规范的刑法学》，法律出版社 2008 年版，第 88 页。

〔3〕 陈兴良："四要件犯罪构成的结构性缺失及其颠覆———从正当行为切入的学术史考察"，载《现代法学》2009 年第 6 期。

将 Tatbestand 翻译成犯罪构成而非构成要件。[1]

这些互相冲突的论断，让人莫衷一是。大概是因为陈兴良教授总是在不断寻找四要件犯罪构成理论的缺陷，却始终跳不出三阶层犯罪论体系的框，没有弄明白四要件犯罪构成理论，只能用三阶层犯罪论体系剪裁四要件犯罪构成理论，最终得出这些零碎的想法却无法达成自身的一致。

（二）三阶层犯罪论倡导者所认为的四要件犯罪构成理论展现出的"劣势"

1. 司法判断上的差别

陈兴良教授、周光权教授等认为，在定罪方面，三阶层犯罪论体系相比四要件犯罪构成理论有绝对的优点。三阶层犯罪论体系有利于司法实践和保障人权，通过构成要件（考察客观的、外部表现的要素）到违法性（考察法律判断的价值标准）再到责任（考察个人的主观要素）这种先形式后实质、先事实后价值、先客观后主观、先类型后个别的判断序列，更能够发挥辩护机能来保障人权。这种层次性有助于检验个案，避免制定过多条文并使不同情况获得不同处理，进行法律适用更简便，在既定的框架下促生新的规范；而四要件犯罪构成理论则往往容易导致"实质判断过于前置"，主观定罪，"经验判断和规范判断纠缠不清"，缺乏动态性，"重视控诉机制而轻视辩护机制"。[2]陈兴良教授推崇贝林格的古典三阶层犯罪论体系，并尤其重视"构成要件"这个概念及其在犯罪论体系中的作用，他认为构成要件是犯罪论的基石，是在罪刑法定主义的基础上建立的一个理论观念，是一种区别于构成事实的法律标准，并主要是对客观要素的纯粹记述。[3]其认为四要件犯罪构成学说则缺乏这种意义上的"构成要件"。

2. 法哲学上的差别

张明楷教授则致力于挖掘三阶层犯罪论体系的哲学基础。他认为刑法理论界分为旧派和新派，两派各自有其鲜明的特点：

旧派的犯罪论体系继承了社会契约论等观念，较多地体现了个人主义、

---

〔1〕　参见陈兴良："四要件犯罪构成的结构性缺失及其颠覆——从正当行为切入的学术史考察"，载《现代法学》2009 年第 6 期；陈兴良："四要件：没有构成要件的犯罪构成"，载《法学家》2010 年第 1 期。

〔2〕　周光权：《刑法总论》，中国人民大学出版社 2007 年版，第 91~100 页。

〔3〕　参见陈兴良："四要件：没有构成要件的犯罪构成"，载《法学家》2010 年第 1 期；陈兴良：《走向规范的刑法学》，法律出版社 2008 年版，第 66~70 页。

自由主义，因此在构成要件中更关注行为，关注客观要素，坚持罪刑法定，强调法益保护，在责任论中持自由意志说，在刑罚论中持报应刑说，重视一般预防；新派的犯罪论体系较多地体现了国家主义、社会本位，而具有反个人主义、自由主义的立场，因而在构成要件中更关注行为人（危险性格或心理异常），重视主观要素，容易突破罪刑法定，在责任论中持决定说，在刑罚论中持目的刑说，重视社会防卫、特殊预防；在兼有新派与旧派特点的基础上有后期旧派，后期旧派一方面强调严格的罪刑法定（具有重视保障人权的自由主义特点），另一方面继承了黑格尔等的国家主义，强调违法的实质在于对国家文化秩序的违反。[1]因为旧派更注重行为而新派更注重行为人，而形成了行为刑法和行为人刑法的对立，虽然两种类型的刑法都不否认主客观要素的统一，但是前者认为刑事责任的基础是表现在外部的犯罪人的行为及其实害（客观主义），而后者认为刑事责任的基础是犯罪人的危险性格（主观主义），由于"个人本位的法律观得以提倡，以权利为本位的法理念深入人心，自由主义的刑法观形成共识"，所以具有新派主观主义特点的旧刑法（包括四要件犯罪构成理论）应向旧派的客观主义转变，这样才能坚持罪刑法定、保障个人利益进而保护社会利益，才能区分法律与道德，才能保护私人领域对抗国家权力。[2]针对中国刑法理论中作为实质违法性判断标准的"社会危害性"这一概念，张明楷教授认为必须以体现个人主义、自由主义的法益侵害来取代，这样才能保障个人权利。[3]

陈兴良教授认为不涉及主观要素的平等适用于所有人的"客观的"法律标准——构成要件——有利于保障人权，张明楷教授认为保护个人利益的自由主义思想是犯罪论体系的哲学基础。

3. 三阶层犯罪论提倡者认为四要件犯罪构成理论具有的其他缺陷

（1）因果关系方面的问题

在陈兴良教授等人看来，哲学上的因果关系与刑法上的因果关系是不同的，前者属于客观世界的必然性，后者是刑法对法律事实的选择。三阶层犯罪论体系在构成要件中考虑的是行为的客观要素，在违法性这一层次考虑的

---

〔1〕 参见张明楷：《刑法的基本立场》，中国法制出版社 2003 年版，第 10~33、36~37 页。

〔2〕 参见张明楷：《刑法的基本立场》，中国法制出版社 2003 年版，第 38~39、66~78 页。

〔3〕 参见张明楷：《刑法的基本立场》，中国法制出版社 2003 年版，第 175、176~188 页。

是行为无价值或结果无价值，行为与结果之间在刑法上不存在必然联系，在罪责中讨论行为人是否具有罪过等令行为人背负罪责的主观要素。四要件犯罪构成理论将哲学上的因果关系与刑法上的因果关系混淆，把主观要素和客观要素糅合起来考虑。

（2）犯罪客体方面的问题

三阶层体系中有行为客体和保护客体之分，行为客体放在构成要件中的"客观要素"之中考察，保护客体即法益，是解释违法性的规范性概念，并非每个犯罪都有行为客体，但是每个犯罪都攻击保护客体。四要件犯罪构成理论则以"社会关系"作为犯罪客体，与"法益"这种精细化概念相比过于抽象。

（3）犯罪主体方面的问题

三阶层犯罪体系认为只要是有正常意志的人都有可能是犯罪主体，在认定犯罪时只需考虑具体人的主观罪过、责任能力等。四要件犯罪构成理论的犯罪主体理论是多余的。此外，四要件犯罪构成理论认为责任能力是负刑事责任的前提，不属于犯罪构成，忽视行为人的主观因素。

（4）正当防卫和紧急避险

三阶层体系将正当防卫和紧急避险作为阻却违法性事由，放在"违法性"层次来考虑。四要件犯罪构成理论却将二者置于理论体系之外讨论，不尽合理。

二、三阶层犯罪论体系提倡者对法律实证主义思维方式的坚持

陈兴良教授非常明确地将法教义学方法作为指导刑法科学的思维方式，并认为以法教义学为研究方法是法学这一学科成熟的标志。[1]在陈兴良教授看来，这种研究方法的哲学根据在于事实与价值的二元论。"休谟对事实与价值进行区分，他认为从事实不能推出应当，康德继承了休谟的事实和价值的二元论，认为作为事实存在形态的自然法则与作为价值形态的道德法则具有本质区别，法学是与价值有关的科学，在法学中，自然法与实定法的二元论

---

〔1〕　参见陈兴良：《走向规范的刑法学》，法律出版社 2008 年版，第 1~6 页。

以及规范、价值、事实的三元区分即事实和价值二元区分方法论的表现"。[1]陈兴良教授提倡"根据法律思考"、作为"司法论的思维"的法教义学，是与"法律的思维"或者说以法律为研究对象的"立法论的思维"相区别的；与法哲学（研究对象是价值）、法社会学（研究对象是制度事实）相区别的法教义学（研究对象是规范）方法，是以休谟的事实与价值的区分为既定前提的。[2]他认为运用三阶层犯罪论这种体系性思考方式即如同"自然科学上的方式"，用"对号入座"即能够在"一个逻辑顺序中，作出适用于所有犯罪的说明"。[3]

正是对这一思维方式的坚持，陈兴良教授等人对四要件犯罪构成理论的理解有失偏颇，进而对四要件理论和三阶层体系之间的比较也有所失当。在《走向哲学的刑法学》中，陈兴良教授很明确地说，注释法学是法学理论发展的必然，他的"刑法哲学"主要是寻求将 18 世纪、19 世纪以及 20 世纪的西方人文哲学资源特别是自然法哲学引入刑法思考中来，重点在于关注一些形而上的刑法理念。[4]在"刑法哲学"中，陈兴良教授主要关注三个主题：刑法的人性论基础、刑法的价值和刑法的机能。刑法规范建立和适用的合理基础是"经验人"和"理性人"统一的人性假设，维护社会秩序和保障个人自由是刑法为之服务的价值，刑法自身由此发展出社会保护和人权保障双重机能，而市民社会和政治国家的二元结构是刑法价值实现和刑法机能有效运转的社会条件。[5]刑法的人性论基础、刑法的价值和刑法的机能三个主题中的几对核心范畴："经验人"和"理性人"、社会秩序和个人自由、市民社会和政治国家都是西方主流哲学中常常出现的抽象概念，陈兴良教授花了大量篇幅来阐释西方近代政治哲学关于市民社会与政治国家分离、个人权利和国家权力对立的理论，认为资本主义时期形成的"市民刑法"——即以启蒙思想

---

〔1〕 参见陈兴良："法学知识形态"，载陈兴良主编：《刑法知识论研究》，清华大学出版社 2009 年版，第 1~4 页。

〔2〕 参见陈兴良主编：《刑法知识论研究》，清华大学出版社 2009 年版，第 4 页；陈兴良："立法论的思考与司法论的思考——刑法方法论之一"，载《人民检察》2009 年第 21 期。

〔3〕 陈兴良："体系性的思考与问题性的思考——刑法方法论之二"，载《人民检察》，2009 年第 23 期。

〔4〕 参见陈兴良：《走向哲学的刑法学》（第 2 版），法律出版社 2008 年版，出版说明第 2~3 页、第 1 版序言第 2 页、第 9~10 页、49 页。

〔5〕 参见陈兴良：《走向哲学的刑法学》（第 2 版），法律出版社 2008 年版，第 77~157 页。

所宣扬的个人权利为基础的、以"罪刑法定主义"为原则的刑法理论和实践是中国刑法理论和实践应该参照的最佳模版。[1]

陈兴良教授认识上的错误，一方面在于他的哲学思考颇为局限，一味照搬西方理论；另一方面在于三阶层犯罪论体系有其缺陷。

三、三阶层犯罪论体系的缺陷

(一) 典型的三阶层犯罪论体系

犯罪论体系，就是把受刑事惩罚的行为的条件，根据某种原理，在一个逻辑的次序中，作出适用于所有犯罪的说明，这种"体系化"的方法能够创设出一种适用于所有具体案件的牢固的顺序，保证同种案件得到同样处理。[2]刑法学派之争并不是对行为构成、不法、罪责这几个"基本范畴"有争议，不过是在各个范畴中放入的内容不一样，对各个范畴的解释不一样。[3]正是这些范畴构造了体系。

在三阶层犯罪论体系中，行为是犯罪的前提，所以"行为"概念是犯罪论体系的基础概念。关于行为的概念，存在因果行为说、目的行为说、社会行为说、人格行为说等，从构造犯罪论体系的重要性上来看，目的行为说占据主流。行为一般分为作为与不作为、故意行为与过失行为。对目的行为说的批判，主要在于其不能涵盖不作为、过失。因此，犯罪论体系通常将故意的作为犯罪与不作为犯罪、过失犯罪分开来，分别论述其构成要件该当性、违法性和罪责。

犯罪阶层构造是包括多层评价等级的体系。对于法教义学来说，构成要件的概念应采取狭义，不包括作为各个阶层评价对象的事实，也不包括阻却违法性事由、排除罪责事由等"将罪与非罪区别开来以及影响处刑高低的法定要求"。[4]此构成要件即"对以刑法相威胁的，违反了不应为或者应为之要求的行为的规定"，而"构成要件该当性只意味着，行为违反了刑法所许可

---

[1]　参见陈兴良：《走向哲学的刑法学》(第2版)，法律出版社2008年版，第118~157页。

[2]　参见梁根林主编：《犯罪论体系——全国中青年刑法学者专题研讨会文集》，北京大学出版社2007年版，第3~4页。

[3]　参见梁根林主编：《犯罪论体系——全国中青年刑法学者专题研讨会文集》，北京大学出版社2007年版，第5页。

[4]　[德]冈特·施特拉滕韦特、洛塔尔·库伦：《刑法总论Ⅰ——犯罪论》，杨萌译，法律出版社2006年版，第77~78页。

的禁令或命令".[1]从故意的作为犯罪来看，构成要件主要包括客观的构成要件和主观的构成要件。客观的构成要件考虑的是可能的行为人、行为等要素，主观的构成要件考虑的主要是故意。

"如果构成要件只包括构成不法的事实，那么违法性这一评价阶层包含的则是排除不法的前提，即阻却违法性事由"，"'违法性'这个概念不仅从字面上表明违反了法律秩序，还意味着超越了法律所设定的范围。它指向的是完全不依赖于该行为的个人责难的事实".[2]判断是否具有违法性需要考虑的要素包括：具体的阻却违法事由、主观的阻却违法要素和错误以为存在阻却违法的客观状况。具体的阻却违法事由主要有被害人的同意、推定的同意、民法上的紧急避险、正当防卫、阻却违法的紧急避险、职务行为、代替国家机关实施的行为、惩戒权等。主观的阻却违法要素即要求行为人行为时认识到了阻却违法的事实，阻却违法事由只能消除或抵消结果无价值，主观的阻却违法要素则能够排除行为无价值（无价值即违法，结果无价值即以行为造成了某种违法的结果而判断该行为违法，行为无价值即以行为本身具有违反法秩序的意义而判断该行为违法）。[3]在故意的作为犯罪中，错误以为存在阻却违法的客观状况是能够排除故意犯罪的要素。[4]

罪责，是对个人的非难，是适用适当刑罚的前提。在行为符合构成要件该当性和违法性之后，考察的是在法律上被评价为无价值的行为是否应该归责于行为人。罪责这一阶层需要考虑的要素包括责任能力、（可能的）违法性认识、可期待性即可期待行为人能够依法行为、超越法律的免责。

在被称为构成要件理论开创者的贝林看来，法定构成要件与犯罪类型是不同的，前者是类型化行为客观方面的典型特征，后者包括不法行为的主客观因素，因此前者是认识犯罪类型所包含的主客观因素的逻辑前提。对构成要件的解释可用例子来解说，如盗窃罪，取走他人物品这一抽象特征就是构

---

[1] ［德］冈特·施特拉腾韦特、洛塔尔·库伦：《刑法总论Ⅰ——犯罪论》，杨萌译，法律出版社2006年版，第78页。

[2] ［德］冈特·施特拉腾韦特、洛塔尔·库伦：《刑法总论Ⅰ——犯罪论》，杨萌译，法律出版社2006年版，第81~82页。

[3] 参见［德］冈特·施特拉腾韦特、洛塔尔·库伦：《刑法总论Ⅰ——犯罪论》，杨萌译，法律出版社，2006年版，第194~195页。

[4] ［德］冈特·施特拉腾韦特、洛塔尔·库伦：《刑法总论Ⅰ——犯罪论》，杨萌译，法律出版社2006年版，第201页。

成要件的内容，只有在取走他人的物品的行为已经实施的情况下，才能够认定实施盗窃的故意、非法占有的目的等构成不法行为的主观要素。认定了主客观不法要素，行为被判断为违法之后，就进入责任的判断，这样，就形成了三阶层犯罪论的逻辑体系。正如王安异所说，法定构成要件既来自于实定法，又被视为不带有价值判断的中性的纯粹功能性的概念，其内涵和外延都十分模糊，"既保持其客观、记述特征，又赋予其规定性功能，则一方面使其承担违法性、有责性的指示功能，另一方面却又作为客观基础要素，接受违法性、有责性的评价，扮演'评价的对象'和'对象的评价'双重角色。此价值理论，使评价标准与评价对象混为一谈，以评价标准取代了评价对象"。[1]

克劳斯·罗克辛在其《德国刑法学总论》（第1卷）中，对各阶层理念的历史发展进行了深刻而清晰的梳理。在刑法科学的前古典时期，根据黑格尔的理论，行为被作为意志的外在体现，意志是犯罪行为的核心。因而这一时期的刑法理论在行为的概念下将犯罪作为一个整体来理解，行为不但没有清晰地与罪责相分离，行为和行为构成也还没有区分开来。[2]犯罪论体系中的概念是逐步发展起来的，贝尔纳将行为概念作为犯罪体系的基石，之后冯·鲁道夫·耶林提出了一种独立于客观违法性的罪责概念，贝林发展出了行为构成这个概念，而弗兰克则进一步强调了罪责的规范性。[3]李斯特和贝林的犯罪论体系以自然主义的因果行为论为基础，强调行为人意志与外部世界改变的自然因果关系，由此"所有犯罪行为的客观方面的条件，都属于行为构成和违法性，而罪责是作为所有主观方面的犯罪因素的总和而适用的（所谓的心理性罪责概念）"。[4]之后，新古典体系则发现了构成要件应包括主观的不法要素如非法占有的目的，并认为罪责不仅取决于心理事实也取决于客观情况；另一方面，不法与罪责的区别在于前者的评价标准是社会危害性而

---

〔1〕 ［德］恩施特·贝林：《构成要件理论》，王安异译，中国人民公安大学出版社2006年版，第29~30页。

〔2〕 参见［德］克劳斯·罗克辛：《德国刑法学总论（第1卷）》，王世洲译，法律出版社2005年版，第148~149页。

〔3〕 参见［德］克劳斯·罗克辛：《德国刑法学总论（第1卷）》，王世洲译，法律出版社2005年版，第120~121页。

〔4〕 ［德］克劳斯·罗克辛：《德国刑法学总论（第1卷）》，王世洲译，法律出版社2005年版，第149~151页、第121~122页。

后者的评价标准是"应受谴责性"。[1]弗兰克发展了规范性罪责概念,他认为罪责包括三个因素,一是行为人通常的精神特征,二是行为人与行为之间的具体心理关系,三是行为人在行为时的通常特征,并将"可谴责性"作为统一三者的联系因素。[2]随之,目的行为论占据主导地位,由此犯罪论不仅注重结果无价值也开始注重行为无价值。将故意置于构成要件中,"故意,虽然在古典体系和新古典体系中被理解为罪责形式,并且人们在理解不法意识时也把它作为必要的构成部分,但是,在一个归结为因果控制的形式中,就已经作为行为构成的构成部分表现出来了。这就意味着不法被进一步地主观化了,相反,对于罪责来说,却意味着逐渐地非主观化和规范化"。[3]

罗克辛还指出了这一系列变化背后的哲学基础:前古典的犯罪论是与自然主义相联系的,并反映了当时自然科学式的经验研究方法;新古典体系的方法得自于新康德主义,以体现刑法价值的社会危害性和应受谴责性作为犯罪论体系化的核心;目的行为论则从人类学的角度来看待行为,并将此概念作为犯罪的中心,实际上是从人类学的角度复归了自然主义行为概念下的犯罪论。[4]当代占主导地位的是结合新古典学说和目的行为学说的犯罪理论,在此种理论看来,"不法是对构成行为的无价值评价,相反,罪责是对行为人的无价值评价"。[5]1970年代之后,出现了目的理性的(功能性)刑法体系,在这一体系中,有两个分支。一个分支发展了客观归责理论,"目的理性的角度使得对客观行为构成一种结果归责……并且,在这里第一次使用一种以法律评价为导向的规则性工作,来代替因果关系所具有的自然科学的即逻辑的范畴"。[6]另一分支则极端强调主观性特征对于罪责的意义,忽略罪责涉及的

---

〔1〕[德]克劳斯·罗克辛:《德国刑法学总论(第1卷)》,王世洲译,法律出版社2005年版,第122页。

〔2〕参见[德]克劳斯·罗克辛:《德国刑法学总论(第1卷)》,王世洲译,法律出版社2005年版,第560页。

〔3〕参见[德]克劳斯·罗克辛:《德国刑法学总论(第1卷)》,王世洲译,法律出版社2005年版,第151~154页、第122页。

〔4〕参见[德]克劳斯·罗克辛:《德国刑法学总论(第1卷)》,王世洲译,法律出版社2005年版,第151~154页、第122~123页。

〔5〕[德]克劳斯·罗克辛:《德国刑法学总论(第1卷)》,王世洲译,法律出版社2005年版,第151~154页、第123~124页。

〔6〕[德]克劳斯·罗克辛:《德国刑法学总论(第1卷)》,王世洲译,法律出版社2005年版,第151~154页、第124~125页。

客观现实情况。[1]

（二）三阶层划分并非必需

从以上对三阶层体系的简要概述中，我们可以发现该理论的一个特点，即把评价的对象与对象的评价区分开，将行为与行为人区分开，更确切地说，是将整个犯罪行为分割为若干部分，在各个阶层分别予以认识和判断，最大程度地强调规范性要素。但是，这种形式逻辑上的绝对区分在面对实践的时候就变得模糊不清了。

随着法教义学的变化，三阶层犯罪论体系逐渐强调事实评价与价值评价的联系，将行为作为一个整体来考察。如构成要件的实质化，构成要件转变成为不法类型，在构成要件该当、违法、罪责三个领域都强调客观要素与主观要素的联系。这既反映了人的认识处于持续的辩证发展过程中，也反映了典型三阶层犯罪论体系基本范畴之间的混乱。

韩忠谟教授在提及贝林格的"构成要件"时说，构成要件其实即"行为情况"之意，这本来非常明确，但是贝林格将"构成要件"作为犯罪类型的"指导形象"从而将它置于犯罪成立逻辑的首位，过于抽象。[2]此外，他认为客观主义和主观主义之分并不妥帖，应该摒弃，旧派虽然强调惩罚犯罪行为应以客观行为为限，但因为旧派持道义责任论，故对主观因素很重视，而新派强调的行为人危险性格也非个人的、主观的，而是心理、生理和社会等客观现实因素。[3]

实际上，构成要件该当性、违法性和罪责三阶层之间的划分一直都不是那么明晰。冈特·施特拉腾韦特和洛塔尔·库伦认为，可被视作考察犯罪积极要件的构成要件和考察犯罪消极要件的违法性虽然存在先后顺序，但也不必定要被划分为两级，而划分二者的意义在于，构成要件该当性能自始将不具备刑法意义的行为与具备刑法意义的行为区别开来，比如区别杀人和拍死蚊子两种行为。[4]用另一个例子可以解释构成要件该当性和违法性的区分，

〔1〕　参见［德］克劳斯·罗克辛：《德国刑法学总论（第1卷）》，王世洲译，法律出版社2005年版，第151~154页、第125页。

〔2〕　参见韩忠谟：《刑法原理（第一册）》，雨利美术印刷有限公司1981年版，第83~84页。

〔3〕　参见韩忠谟：《刑法原理（第一册）》，雨利美术印刷有限公司1981年版，第42~43页。

〔4〕　参见［德］冈特·施特拉腾韦特、洛塔尔·库伦：《刑法总论Ⅰ——犯罪论》，杨萌译，法律出版社2006年版，第79~80页。

精神病人也可以实施谋杀行为，在符合构成要件该当性后再通过阻却违法性事由来使该行为正当化。他们认识到，"在多大程度上将违法性作为独立的犯罪要素，才是合理而且有意义的"是一个问题。

面对争议，汉斯·海因里希·耶赛克和托马斯·魏根特在他们所写的《德国刑法教科书》（总论）中则将构成要件和违法性合为一个阶层，他们意识到了故意、过失等主观要件要素在违法性和罪责中都具有重要地位。在他们看来，在构成要件上，应该将体现行为无价值的要素如行为实施方式和方法、客观的行为人特征（特殊职务等）、主观不法特征、故意等和体现结果无价值的要素特别是对行为客体的侵害结合起来考虑，"必须将反映犯罪行为实体的不法内容所有特征纳入构成要件"，称为"不法类型的构成要件"。[1]构成要件和合法化事由则存在于违法性中的两个层次，构成要件是一般性的要求，合法化事由只能在具体行为中考量。虽然他们将违法性和罪责区分开，但是他们也指出故意具有双重功能，"作为行为控制因素，它是符合构成要件的行为不法的核心，作为属于罪责的行为人意志形成过程的最终结果，它还是罪责的组成部分"[2]。

日本刑法学家小野清一郎在刑事实体法与刑事诉讼法发挥功能的统一基础上考虑犯罪构成要件，将构成要件视为关涉违法、责任的行为各要素的整体。"构成要件和违法性在其规范性的实质方面是相通的。其差异只不过是：一个是类型的、抽象的评价；相反，另一个是个别的、具体的评价，所以，构成要件和违法性的区别，是相对的"。[3]对于构成要件与责任的关系，他认为，"构成要件不仅是违法类型，同时也是责任类型。道义责任本来就是规范性的东西，而不仅仅是主观的、心理的东西，不能只在与行为人主观方面有关系的要素上下判断。因此，道义责任以被类型化的形式体现在构成要件中。在这个限度内，这种主观性的东西既属于构成要件，又属于责任"，道义责任被构成要件限定了内容，"尤其对故意犯罪而言，只有行为人认识到构成要件

---

〔1〕 参见［德］汉斯·海因里希·耶赛克、托马斯·魏根特：《德国刑法教科书（总论）》，徐久生译，中国法制出版社2001版，第294~302页。

〔2〕 ［德］汉斯·海因里希·耶赛克、托马斯·魏根特：《德国刑法教科书（总论）》，徐久生译，中国法制出版社2001版，第300页。

〔3〕 ［日］小野清一郎：《犯罪构成要件理论》，王泰译，中国人民公安大学出版社1991年版，第30页。

性的事实并故意行动时，他才有责任……所以，责任的阻却自然足以阻却构成要件的责任"，因此小野清一郎将构成要件定义为"将违法并有道义责任的行为予以类型化的观念形象定型，是作为刑罚法规中科刑根据的概念性规定"。[1]对于违法性和责任的区别，他认为二者只不过是一种理论上的区分，而在事实上和构成要件时常是重合着的，"作为违法类型，业已以主观要素为必要，而作为责任类型，则首先要以主观要素为必要。这一点在区分违法阻却原因和责任阻却原因时，实际上或许具有某种意义"。[2]因此，对行为分析时，必须对主观方面和客观方面进行全面地观察，一方面，各种要素是与构成要件对应的；另一方面，主客观要素是相互规定的，"最终，还是要以一个主观和客观相统一的整体性行为来加以理解和认识"。这里所谓的"主客观因素"，不仅包括行为的事实，也包括"客观化"的规范因素，符合构成要件的行为是一个"充满伦理意味的具体的整体"。[3]

罗克辛认为，体系性思考的优点在于减少审查案件的难度，体系性秩序作为平等和有区别地适用法律的条件，使法律简化，具有更好的操作性，体系性联系则可作为深化法学的路标；而其危险在于忽略具体案件中的正义性，减少解决问题的可能性，不能在刑事政策上确认为合法的体系性引导，过于依赖抽象概念的使用。因此，体系性思考应该与问题性思考相结合，体系应对事实开放，体系性思考应建立在对事实的评价性目的的设定基础之上——犯罪行为永远是一个不可分割的整体，犯罪构造各阶层的范畴只能表明在价值评价方面具有刑法意义的各种要素。[4]因而，德日三阶层理论中存在着同等的违法性理论与不法行为理论，二者从不同角度研究犯罪行为，"违法性表示了符合行为构成的行为的性质，也就是对刑法禁止和要求的违反，与此同时，人们在不法中，把符合行为构成和违法性行为理解为这个行为本身，也就是把违法性评价的对象连同其价值称谓一起加以理解。在不法的概念中，

---

〔1〕 ［日］小野清一郎：《犯罪构成要件理论》，王泰译，中国人民公安大学出版社 1991 年版，第 9~10 页。

〔2〕 ［日］小野清一郎：《犯罪构成要件理论》，王泰译，中国人民公安大学出版社 1991 年版，第 38 页。

〔3〕 ［日］小野清一郎：《犯罪构成要件理论》，王泰译，中国人民公安大学出版社 1991 年版，第 50~51 页。

〔4〕 参见 ［德］克劳斯·罗克辛：《德国刑法学总论（第 1 卷）》，王世洲译，法律出版社 2005 年版，第 126~133 页，第 139~141 页。

因此就同时包含了行为、行为构成符合性和违法性这三个犯罪范畴"。[1]

约翰内斯·韦塞尔斯认为不法涵括行为的各种主客观要素，不法与责任区别的意义在于，不法考虑的是行为的法律—社会影响，责任阶层考虑的是行为人的责任（对法秩序提出的要求所抱持的有缺陷的态度）与刑罚必须相适应，这一阶层更多影响的是刑罚幅度。[2]

日本刑法学家大冢仁教授将历史中的犯罪论体系的代表性见解梳理为六种并概括了它们各自的特点：（1）区别犯罪的客观要素和主观要素的体系，如中国的四要件犯罪构成理论；（2）区别行为、违法性、责任及构成要件的体系，如李斯特、贝林等以被判断为实质的犯罪行为作为中心的犯罪论体系；（3）将犯罪的构成要素分为行为、构成要件符合性乃至侵害性、违法性和责任；（4）构成要件符合性、违法性和责任三阶层体系；（5）使构成要件包含在不法之中，考虑行为、不法和责任的体系；（6）行为和行为人的二元论犯罪论体系，如拉德布鲁赫的理论，对于行为，涉及构成要件符合性、违法性，对于犯罪人，涉及归责可能性和归责能力。[3]随之大冢仁教授发表了自己的见解，他赞同最典型的三阶层犯罪论体系，他认为：第（1）类仅仅"平板地对待犯罪的要素"，难以运用在认定犯罪的实践中；第（2）类将非定型的、实质性的判断放在定型的、形式判断之前并不符合认定犯罪的规律，未定型的行为只是刑法判断的对象，而非刑法判断的标准，将行为和构成要件符合性、违法性、责任均作为要素的犯罪论体系是不合理的；（2）（3）（5）（6）类体系把行为作为第一要件是不合适的；第（4）类是值得支持的，构成要件符合性、违法性和责任符合先进行定型判断、后进行个别判断的认定犯罪的逻辑。[4]虽然大冢仁支持三阶层犯罪论，对四要件犯罪构成理论有误解，但从他的梳理中，可以发现三阶层划分比较混乱，很难达成一致，这从一个侧面反映出划分的不合理性。

---

〔1〕［德］克劳斯·罗克辛：《德国刑法学总论（第1卷）》，王世洲译，法律出版社2005年版，第388~389页。

〔2〕参见［德］约翰内斯·韦塞尔斯，《德国刑法总论》，李昌珂 译，法律出版社2008年版，第85页。

〔3〕参见大冢仁：《刑法概说》（总论），冯军译，中国人民大学出版社2003年版，第104~105页。

〔4〕参见大冢仁：《刑法概说》（总论），冯军译，中国人民大学出版社2003年版，第107~109页。

肖中华教授也认为，大陆法系的三阶层体系"使要素的评价发生不必要的重复（如把故意、过失等构成要件看成是责任的类型，在责任领域又存在故意、过失以及责任能力等要素，其人为地分割罪过，实际意义值得怀疑），而且还使构成要件、违法与责任三者的关系与内在联系难以在理论上取得一致的解释，并且由此也使得这三个要件的含义莫衷一是，构成要件理论学说纷争异常复杂"。[1] 正因为如此，在三阶层体系中，构成要件从仅包含客观因素，到囊括主观因素，而构成要件该当性也逐渐与违法性融为一体。

三阶层犯罪论体系实际上是一种形式上的构造、规范性的范畴，它依赖于既定的法律体系和对法律规范的法教义学解释，这一构造内的各种概念都是对法律规范所包含的要素的提炼。在理论中，可以将评价对象和评价标准分离，将行为和行为人分离，将客观要素和主观要素分离。但是，由于这些因素在现实中是无法割裂的，所以很多人发现三个阶层并没有清晰的界限，要对特定行为的性质作出恰当评断，评价对象和评价标准、行为和行为人、客观要素和主观要素必然要结合起来考虑。

四、三阶层犯罪论体系背后的法律实证主义

三阶层犯罪论体系描述的是犯罪成立条件，因而在对三阶层犯罪论体系和四要件犯罪构成理论进行比较时，陈兴良教授等一致认为，四要件犯罪构成理论与三阶层犯罪论体系一样是犯罪成立条件，这正是他们未能理解四要件犯罪构成理论的原因。三阶层犯罪论认为法即法律，在三阶层犯罪论体系的视野中，只有两类东西：法律和对象。法律适用是将行为、行为客体、行为主体、行为结果等对象纷纷纳入不同的范畴、阶层，法教义学是在规范逻辑上分析法律的技术方法，这是典型的法律实证主义思维。

（一）三阶层犯罪论体系的实证主义特点

先系统回顾一下西方刑法理论的主要观点，梳理如下表：

---

[1]　肖中华：《犯罪构成及其关系论》，中国人民大学出版社2000年版，第59页。

自由意志选择违反道义（原因无定论）	犯罪原因	个人生理、心理因素和社会因素（决定论）
↓ （理性人）	犯罪人刑事责任的基础	↓ （生物人）
行为人具有自由意志		行为人具有危险人格（危险性）
↓		
按照行为受谴责的轻重程度 确定刑罚以与罪责适应。 （报应刑）	刑罚目的	按照一般预防（恐吓非犯罪人） 和特殊预防（矫正犯罪人）的目的 来确定刑罚。（目的刑）
↓		↓
侵害社会秩序的行为 （客观主义）	确定犯罪的主要因素	行为人反社会的意识 （主观主义）
旧派（古典）		新派（实证）

费尔巴哈受启蒙思想自由意志、个人权利至上学说以及边沁功利主义的直接影响，在自由意志论的基础上发展出心理强制理论，他认为只有通过立法的形式利用人趋利避害的欲望进行心理强制才能阻止侵害行为。正是心理强制说为一般预防论和报应刑说提供了支持。

之后，贝林格延续了"心理强制说"，"刑罚是一种法律制度上的痛苦，敦促特定不法行为的行为人能够遵守相关的法律秩序""所谓刑法理论研究的是，在何种意义上，以某种法律价值理论的立场，对这种国家法律制度上所施加的痛苦能由某种法律评价理论进行合法化的解释进行辩解"，刑法理论就是对立法者观念的解析，在此基础上，他解析出一种犯罪构造，犯罪是"类型性的违法、有责的行为，且无（事实的）法律的刑罚排除事由"[1]，用作为犯罪类型的观念指导形象的构成要件将刑法上有意义的行为与其他行为区分开，引申出构成要件、违法性判断、有责性判断的阶层体系。

资本主义发展进入垄断时期后，国内外各种矛盾激化，国家对被统治阶层的经济、政治、文化控制都不得不加强。社会实证主义特别是犯罪人类学兴起，刑法理论愈发强调犯罪人的危险人格是犯罪的原因，如李斯特认为刑罚应该针对的是犯罪人的反社会性，因此需要加强社会防卫措施，对特定的

---

〔1〕 ［德］恩施特·贝林：《构成要件理论》，王安异译，中国人民公安大学出版社 2006 年版，第 34、37~38 页。

犯罪人实施特殊预防，逐渐产生了将教育刑、保安处分等与刑罚并合的理论。

韩忠谟教授考察了旧派理论和新派理论产生发展的历史背景：封建时期，神支配下的报应刑是主导；16 世纪、17 世纪，人权思想兴盛起来后，以人的自由意志为基础的报应刑主义开始盛行；18 世纪启蒙思想发展，社会契约论、功利主义流行，欧洲正值资产阶级革命高潮，为稳定新建国家的秩序，目的刑观念占据优势；以自由主义秩序为根基的"法治国"稳定之后，报应主义的旧派观点又开始盛行；而 19 世纪末社会矛盾激化之时，新派观点又占据主导。[1]具有不同特点的两派理论能够适应不同的形势，当代的刑法理论基本上融合了两派理论的主要观点以求获得更大的适应性。[2]

在三阶层犯罪论体系中，行为被视为自然现象存在，构成要件对行为这一自然现象可观察到的外部形态予以中性的记述，违法性评价依赖的是实在法律表达的"客观"标准，罪责建立在尊重个人自由意志、自由选择的基础上。如汉斯所说，违法性是一种客观的尺度，对所有人提出的要求完全相同，而且每个人违反法律也会得到相同的结果，罪责则属于伦理的或者说个人道德的范围，违法性的前提是法对个人发出命令，罪责关注的是个人违反命令的能力和动机。[3]通过强调刑罚不是强制而只是通过作用于个人主观心理态度起作用，刑罚被粉饰为对拥有自由意志的人的罪责所进行的平衡。

三阶层犯罪论体系通过看似"中立"的概念解释行为，适用法律，贯彻法律实证主义，掩饰特定法律制度的政治立场、法的社会目标。

五、四要件犯罪构成理论与三阶层犯罪论体系的比较

在了解了三阶层犯罪论体系之后，我们回过头再来考察国内学者对四要件犯罪构成理论的理解及其对两种犯罪论体系进行比较得出的结论是否妥当。

（一）特拉伊宁的犯罪构成理论并非是对三阶层犯罪论体系中构成要件的错误改造

陈兴良教授认为，传统的构成要件概念只包含犯罪行为的客观要件，苏俄的犯罪构成理论将之改造为广义的犯罪构成，涵括主客观要件。

---

[1]　参见韩忠谟：《刑法原理（第一册）》，雨利美术印刷有限公司 1981 年版，第 18~20 页。

[2]　参见韩忠谟：《刑法原理（第一册）》，雨利美术印刷有限公司 1981 年版，第 42~43 页。

[3]　参见 [德] 汉斯·海因里希·耶赛克、托马斯·魏根特：《德国刑法教科书（总论）》，徐久生译，中国法制出版社 2001 年版，第 300~301 页。

特拉伊宁并未直接改造三阶层犯罪论体系，而是对三阶层犯罪论体系背后的哲学方法进行了批判，他从理论和现实两方面指出了德国犯罪论体系的方法论缺陷。按照特拉伊宁的研究，古典刑法学派的毕克梅耶尔、贝林格等人都认为刑罚的目的在于维护国家的法权秩序，"行为就具有重大的意义。同法权规范相抵触的是违法行为，因此，实际上应当惩罚的是损害'国家威信'的犯罪行为，但惩罚是通过唯一可能的形式，即对犯罪人判处刑罚的形式来实现的"，这是一种"不超出从形式上"解决法权问题的方式，这与"法在客观上对一切人平等对待"的法治国思想一致，"这样一来，正像在资产阶级的政治经济学中有抽象的'商品占有者'，在资产阶级国家中有抽象的'自由、平等的公民'，在民法中有失去社会特性的'权利主体'一样，根据'古典学者'的学说，由抽象的'犯罪人'——法律中所描述的犯罪行为的实施者，对一切人都'客观'、'平等'的法律的违反者"，然而在这种平等之下，工人阶级、白人以外的种族承受着经济、政治、文化的不平等甚至遭受着被滥用的私刑。[1]

特拉伊宁注重社会政治结构对法的制约性作用，他继续考察了资本主义国家进入新阶段之后的刑法理论。由于阶级矛盾的尖锐化，人类学派和社会学派的犯罪论把犯罪人的人身作为刑法的核心，容许对没有实施具体犯罪的人适用刑事制裁，破坏了刑事责任的主观依据——罪过，使得法院权限增大，诸如将刑罚与罚金进行置换以维护有钱人的自由，建立保安处分制度都是此等破坏的体现。

在其看来，从早期的行为刑法到后期的行为人刑法，无论是古典学派将行为作为犯罪论的首要因素还是人类学派和社会学派将行为人作为首要要素，都是在个别犯罪人和个别犯罪的意义上进行讨论：原子式的个体受其理性、意志支配或者受其生理心理特征驱使作出行为，至于其所处社会地位、可以运用的资源、可以作出选择的范围以及特定法律制度的阶级立场、价值立场都不在讨论之内，"'古典学者'根据最大限度的'客观的'原则来确定犯罪构成的尝试，和所谓的'时间、空间、生活以外'的某种现象一样""人类学者们把犯罪人置于时间和空间之外，把犯罪人看成是在任何时间和任何条

---

〔1〕　［苏］A. H. 特拉伊宁：《犯罪构成的一般学说》，薛秉忠等译，中国人民大学出版社1958年版，第18～19页。

件下都注定要犯罪的某种生物学上的个体"〔1〕。它们不在犯罪构成中讨论罪过，讨论主体的质，而交付由司法为代表的程序正义来考察行为人的质，无法保证对犯罪行为的客观评价。对构成要件是仅包含客观因素还是不但要包含客观因素还要包含主观因素的争议，也都是在规范和个体经验层面进行的，而不涉及主体的质，从而也无法对行为进行全面的理解。

苏俄四要件犯罪构成理论是基于对三阶层犯罪论体系背后哲学方法的批判而建立起来的，仅从名词上推断四要件犯罪构成理论对大陆法系犯罪论体系进行了错误改造，得出四要件犯罪构成理论是刑法实证学派的翻版的结论，实难成立。

（二）四要件犯罪构成理论不是犯罪成立条件

陈兴良教授认为四要件犯罪构成理论对三阶层犯罪论体系错误改造的一大原因就是将犯罪概念与犯罪构成混淆，这彻底造成了四要件犯罪构成理论这一畸形的犯罪成立条件。〔2〕

特拉伊宁清楚地表示，四要件犯罪构成理论并非犯罪成立条件。四要件犯罪构成理论的主要内容是，在历史唯物主义的基础上对犯罪构成的本质进行认识，以及为运用法律规定的犯罪构成提供方法论。

1. 犯罪构成理论与犯罪构成

陈兴良教授站在三阶层犯罪论体系的立场上，认为没有三阶层犯罪论体系意义上的犯罪构成就不能称之为犯罪构成，特拉伊宁将犯罪构成的一般学说看作是犯罪成立的一般条件，将描述主客观因素总和的犯罪构成视为犯罪成立的具体条件。〔3〕他认为，特拉伊宁的问题在于，构成要件的意义已经从初始对事实的描述转为一种抽象的法律概念，而特拉伊宁的犯罪构成理论保有了事实描述性的所谓一般的犯罪构成，源于其不理解构成要件的抽象性。〔4〕

四要件犯罪构成理论作为一种理论，并非犯罪构成本身。特拉伊宁认为，犯罪构成与犯罪构成理论是不一样的，如果某人的行为符合法律所规定的犯

---

〔1〕　［苏］特拉伊宁：《犯罪构成的一般学说》，薛秉忠等译，中国人民大学出版社1958年版，第21~22页。

〔2〕　参见陈兴良："四要件：没有构成要件的犯罪构成"，载《法学家》2010年第1期。

〔3〕　参见陈兴良："四要件：没有构成要件的犯罪构成"，载《法学家》2010年第1期。

〔4〕　参见陈兴良："四要件：没有构成要件的犯罪构成"，载《法学家》2010年第1期。

罪构成就有根据对其适用刑罚，而犯罪构成理论解决的问题是对犯罪构成的认识，以及为犯罪构成的运用提供理论支持，只有对犯罪行为进行正确的认定才能保障审判权的合理实施，并保证个人不承受不相应的刑罚，犯罪构成的一般学说的意义就在于，考察犯罪构成的本质以及有哪些因素属于犯罪构成。[1]樊凤林教授明确地指出，"不同类型国家不存在有无犯罪构成的区别，而是在犯罪构成的阶级本质、理论基础、内容结构和表现形式等方面存在着区别。这种区别归根到底是由不同类型的经济基础决定的"，"犯罪构成不是以资产阶级提出的罪刑法定主义为存在前提。……罪刑法定主义是资本主义国家确立、说明和运用犯罪构成的一种理论，它使资本主义国家的犯罪构成独具特色……"。[2]在这里，特拉伊宁并非批判"罪刑法定"原则，而是在批判法律实证主义式的罪刑法定。特拉伊宁说过，"一般构成引不起而且也不可能引起刑事责任"。[3]其所谓的"犯罪构成的一般学说"并非是犯罪成立的一般条件，而是对犯罪构成本质的认识。特拉伊宁对构成要件的抽象性不是没有了解，而是深入了解的。三阶层理论把构成要件变成了脱离生活事实的抽象的东西，是因为它不去认识犯罪主体和客体的性质，零散的事实并不能体现出社会关系结构，这就涉及对犯罪概念和犯罪构成之间关系的理解了。

2. 犯罪客体

三阶层体系对行为客体（对象）与法益进行区分，如汉斯认为，法益是价值观、目的思想，与行为客体之间的关系，是理想与现象的关系，它是构成要件形成的出发点和指导思想、解释基础，构成要件源自规范，而规范则源自法益。[4]

张明楷教授将四要件犯罪构成理论的犯罪客体与西方的法益说相联系，力图将犯罪客体转化为法益。在他看来，法益概念始终承担着对法的目的的解释性机能以及对违法性进行判断的机能。他认为传统的四要件犯罪构成理

---

〔1〕 参见［苏］A. H. 特拉伊宁：《犯罪构成的一般学说》，薛秉忠等译，中国人民大学出版社1958年版，第1~4页。

〔2〕 樊凤林主编：《犯罪构成论》，法律出版社1987年版，第333、335页。

〔3〕 ［苏］A. H. 特拉伊宁：《犯罪构成的一般学说》，薛秉忠等译，中国人民大学出版社1958年版，第81页。

〔4〕 参见［德］汉斯·海因里希·耶赛克、托马斯·魏根特：《德国刑法教科书（总论）》，徐久生译，中国法制出版社2001年版，第314~315页。

论中犯罪客体——"社会关系"难以把握，导致犯罪客体内容精神化，犯罪客体应为利益，犯罪构成理论应围绕法益建立，法益为构成要件提供实质解释。[1]

陈兴良教授认为犯罪客体是基于对犯罪本质进行解释而形成的概念，不是犯罪构成要件。其列举了以下几个理由：作为犯罪构成的要件，应当是犯罪的实体性存在，而犯罪客体不属于犯罪的实体内容本身，因而不能纳入犯罪构成要件体系中；犯罪客体与犯罪对象的区分缺乏理论根据；犯罪客体的功能在于揭示犯罪的本质特征，这一功能不是犯罪构成要件所要承担的，而是犯罪概念的功能。[2]

特拉伊宁明确地指出，"犯罪构成的使命是揭示犯罪的具体内容，因此在构成中可以而且应当划分的是表明犯罪的客体及其客观方面、犯罪的主体及其主观方面的因素"，有的教科书将犯罪构成和犯罪相混淆，将犯罪客体、犯罪构成的客观方面、犯罪主体、犯罪构成的主观方面作为犯罪构成要件，"把主体和客体同犯罪放在一起讲，而把客观方面和主观方面同犯罪构成放在一起讲"，"十分显然，没有统一根据的两重划分法——时而是犯罪的要件，时而是构成的要件，使人不能对构成因素进行正确的分类"。[3]犯罪构成是犯罪概念的具体化，犯罪概念是犯罪构成的指导方向。犯罪概念是犯罪构成一般学说的集中体现，其中最重要的概念就是犯罪主体和犯罪客体。

如前所述，犯罪主体是苏俄四要件犯罪构成理论中具有方法论意义的重要概念，要深入理解主体的质就必须研究因果关系与犯罪客体。三阶层犯罪论体系注重原因和结果这两种客观要素，但是不重视因果关系。从犯罪论整体来说，三阶层犯罪论体系在不同层次探讨原因和结果、行为人和行为，它在构成要件、违法性中讨论行为，在责任中讨论罪过。从实质违法性的判断这一方面来说，进行违法判断的时候或者说讨论行为的不法要素时所考虑的评价因素，主要依赖结果无价值论或行为无价值论，前者关注的是侵害法益行为的客观结果，后者关注的是行为本身对法律规范的违反。这种结果无价值论和行为无价值论的争议是未能将罪过和因果关系视作有机联系的整体而

---

〔1〕　参见张明楷：《法益初论》，中国政法大学出版社 2000 年版，第 178~186、338 页。

〔2〕　参见陈兴良：《走向规范的刑法学》，法律出版社 2008 年版，第 75~77 页。

〔3〕　[苏] A. H. 特拉伊宁：《犯罪构成的一般学说》，薛秉忠等译，中国人民大学出版社 1958 年版，第 99~100 页。

导致的，仅仅将行为或行为结果作为评价对象。像张明楷教授所说，"刑法上研究因果关系，主要是为了解决已经发生的危害结果是谁的行为所造成的，这种因果关系只是在犯罪行为与犯罪结果之间起一种桥梁作用，或者说，它是为认定犯罪行为和犯罪结果服务的，确定被告人刑事责任的客观基础是由因果关系连接起来的犯罪行为和犯罪结果，而不是因果关系本身。既然犯罪因果关系不是追究刑事责任的客观基础，当然就不应是犯罪客观方面和构成要件"。[1]在这种框架内，由于行为主体的质及主观因素特别是罪过不是评价因素，各种条件都可能是结果的原因，行为与结果以及二者是否具有某种一般倾向上的联系如条件说、相当说等就演变为似乎是"客观的"评价标准。

陈兴良教授认为犯罪客体是"苏俄刑法学四要件犯罪构成中的第一个要件，成为承载政治价值评判功能的一个重要要件"，因其含义难以捉摸，有空泛性的缺陷，在犯罪构成之外通过犯罪概念对认定犯罪起了价值判断的作用，犯罪客体应该去除。[2]张明楷教授则进一步想要把"形式化"的犯罪客体用德国犯罪论中的法益说来代替，他们的理解首先与对犯罪客体意义的理解错误有关。在四要件犯罪构成理论中对行为对象与客体进行区分，因二者在理论中居于不同层面，行为对象是表明犯罪客体的构成因素，"侵犯的客体，在它的具体的实际体现中，可能是物质有价物，也可能是政治上、道义上、文化上及其他方面的东西"，而对一切客体（具体犯罪构成的因素——行为对象）的保护始终是在一定的社会关系的体系中来保护的，行为对象"与作为一般客体的社会关系有着密不可分的有机联系，而且在逻辑上和实际上也都是并列的"。[3]社会关系并非是一种空洞的抽象，而是特定社会经济政治文化结构的所制约的社会利益关系，某种行为是否被视为犯罪、被视为何种犯罪以及何种程度的犯罪，取决于在社会博弈过程中取得支持和承认的对利益关系的正当性评价。

如陈兴良教授、张明楷教授那样将"社会危害性"降低为三阶层体系中判断实质违法性的客观不法要素，将使犯罪构成脱离现实的社会政治内容。

〔1〕 陈兴良：《走向规范的刑法学》，法律出版社 2008 年版，第 142 页注 2。

〔2〕 参见陈兴良："犯罪客体的去魅——一个学术史的考察"，载《政治与法律》2009 年第 12 期。

〔3〕 ［苏］A. H. 特拉伊宁：《犯罪构成的一般学说》，薛秉忠等译，中国人民大学出版社 1958 年版，第 102、107 页。

"认为社会危害性及违法性是与犯罪构成的其他特征并列的特征，就会得出错误的结论，即在每一个别场合都应该特别证明是否具有这些特征，这种结构不符合犯罪构成的意义"。[1]

3. 犯罪主体

要真正理解什么是刑法上的因果关系、社会危害性，就必须将犯罪主体与犯罪客体联系起来，研究犯罪主体的现实地位。特拉伊宁强调司法规律，认为犯罪构成因素只是犯罪成立的基础。犯罪构成因素是立法在对应适用刑罚的具有社会危害性行为的主客观因素中拣选出来的典型因素，仅仅具有犯罪构成因素并不一定成立犯罪，"虽然犯罪构成是具体的，但是它永远带有概括的性质，它包含的不是特定的特点，而是典型的特点。因此，在表明某个犯罪的事实特征和该罪的构成因素之间既无相同之点，更无完全吻合之处"。[2]必须从犯罪构成理论，尤其是犯罪主体和犯罪客体结合的角度来理解犯罪构成因素的总和，判断该符合犯罪构成所有典型因素的行为是否具有社会危害性，这是行为人负刑事责任的客观事实根据。[3]

行为人负刑事责任的前提是行为人及其行为的具体情况，必须通过司法来审查。特拉伊宁认为有两种因素是不能放在犯罪构成的因素中考虑的，一种是表明主体本身的情况，另一种是表明主体行为的情况。[4]前者包括刑事责任年龄和刑事责任能力，后者指的是犯罪构成因素之各种具体情况，二者不属于犯罪构成，但是它们是刑事责任的前提，是认定犯罪和量刑必须要考察的情况。[5]特拉伊宁之所以认为这些因素不是犯罪构成的因素，因为它们涉及的是行为人的具体情况，对刑法所规定的有限的犯罪构成因素的考察是无法深入了解这些情况的。除此之外，四要件理论将罪过和因果关系从构成

〔1〕 [苏] A. H. 特拉伊宁：《犯罪构成的一般学说》，薛秉忠等译，中国人民大学出版社1958年版，第64页。

〔2〕 [苏] A. H. 特拉伊宁：《犯罪构成的一般学说》，薛秉忠等译，中国人民大学出版社1958年版，第62页。

〔3〕 参见 [苏] A. H. 特拉伊宁：《犯罪构成的一般学说》，薛秉忠等译，中国人民大学出版社1958年版，第2页。

〔4〕 参见 [苏] A. H. 特拉伊宁：《犯罪构成的一般学说》，薛秉忠等译，中国人民大学出版社1958年版，第60页。

〔5〕 参见 [苏] A. H. 特拉伊宁：《犯罪构成的一般学说》，薛秉忠等译，中国人民大学出版社1958年版，第60~62页。

要素中突出，是强调对行为人具体行为的考察，以此才能具体判断行为是否有危害性，"罪过和因果关系划分出来与犯罪构成的其他因素一起作为刑事责任的根据，乃是刑法概念具体化过程的进一步表现，这种做法提出了刑事责任的又一个实质原则：法无明文规定（形式特征）的，不是犯罪，也不得惩罚；没有罪过和因果关系（实质特征）的，不是犯罪，也不得惩罚"，"刑事审判实践的任务并不在于确定所研究的行为是不是已发生的结果的原因，而是要确定有罪过地实施的这一行为是不是这种原因"。[1]

对于刑事责任能力是不是犯罪构成的因素这一问题，陈兴良教授等持不同态度，这种态度与三阶层犯罪理论没有犯罪主体这一概念相关。三阶层体系没有关于犯罪主体的理论，是因为其把社会中的每一个人都视为平等的，因此任何一个人都可以是犯罪主体，只通过罪责要素来考虑犯罪人的责任和刑罚。所以，对责任能力的考察包括是否达到法定的责任年龄等成为罪责的主要要素。陈兴良教授认为，将犯罪主体作为犯罪构成要件，会引起逻辑上的矛盾：到底是犯罪主体作为犯罪构成的一个要件先于犯罪行为独立存在，还是符合犯罪构成的犯罪行为先于犯罪主体被评价？其给出的答案是，将主体与责任能力相剥离，即将行为人与其罪过相剥离，使责任能力与罪过相贯通，才能对行为人进行主观归责。[2]

如前所述，在四要件犯罪构成理论中，犯罪主体并非犯罪构成，表明犯罪主体的构成因素才属于犯罪构成，表现在立法中，即某些有具体范围的主体和特殊范围的主体的犯罪构成，并不是任何一个有责任能力的自然人都可以作为某种或某类犯罪的主体。[3]犯罪构成的功能在于对犯罪事实的确认，在没有出现具体的犯罪事实的时候，就不可能通过犯罪构成对任何人进行衡量，考察其是否具备犯罪主体方面的特征，所以并不能得出任何一个有责任能力的自然人都是犯罪主体的结论。特拉伊宁将刑事责任年龄排除在犯罪构成之外的时候指出，"只要没有犯罪人就不会有是否存在犯罪构成的问题；此外，正如前面所指出的，没有达到法定年龄的有责任能力的人，也就没有刑

---

〔1〕 ［苏］A. H. 特拉伊宁：《犯罪构成的一般学说》，薛秉忠等译，中国人民大学出版社1958年版，第198~199页。

〔2〕 参见陈兴良：《走向规范的刑法学》，法律出版社2008年版，第79~80页。

〔3〕 参见［苏］A. H. 特拉伊宁：《犯罪构成的一般学说》，薛秉忠等译，中国人民大学出版社1958年版，第159页。

事责任和犯罪构成的问题"。[1]刑事法律惩罚犯罪人并不是因为他心理健康，而是在他心理健康的条件下来进行惩罚，因此刑事责任能力、年龄并非是犯罪构成的因素。[2]

"保安处分"是与犯罪主体相关的概念。保安处分的设置往往被冠以特殊预防、教育和再社会化犯罪人、人道主义的理由。它实际上代表德日刑法理论对犯罪主体的认识，用对个性的抽象认识代替对主体的质的认识。如考夫曼从自由意志论与决定论的对立出发，认为在判断行为人是否负有罪责的时候，意志自由论与决定论均无法对此进行全面解释，二者区分的难题明显体现在：意志自由论在确定刑罚中占据主导，而决定论在保安处分中占据主导，把人分为正常人和非正常人。保安处分，是对潜在犯罪人进行的处罚措施。"刑罚与保安处分之间……采用最简洁的方式来表述这个区别，那么可以说：各种刑罚都是以行为人在实施行为当时所具有的罪责为条件的，各种保安处分则是以行为人对将来的持续危险状态为条件的"。[3]

犯罪主体与犯罪人个性不同，前者是刑事责任的基础，回答的是在实施了刑法所给定的危害社会行为的情形下，谁（处于何种地位的人）能够承担刑事责任的问题；后者执行的是刑事责任个别化的任务，解决罪犯应当承担什么样的责任问题。[4]因而特拉伊宁认为刑事责任能力、刑事责任年龄等因素不属于犯罪构成，因为这些因素都属于犯罪人个性。[5]而这些个性因素是三阶层体系中"责任"这一阶层关注的对象。

4. 因果关系

对于认定犯罪最为关键的是对因果关系的认识。三阶层理论体系将规范性因素最大化，导致其只通过几个选择出来的因素来认识犯罪行为，必然会

---

〔1〕　[苏] A. H. 特拉伊宁：《犯罪构成的一般学说》，薛秉忠等译，中国人民大学出版社 1958 年版，第 158 页。

〔2〕　参见 [苏] A. H. 特拉伊宁：《犯罪构成的一般学说》，薛秉忠等译，中国人民大学出版社 1958 年版，，第 60 页。

〔3〕　[德] 克劳斯·罗克辛：《德国刑法学总论（第 1 卷）》，王世洲译，法律出版社 2005 年版，第 3 页。

〔4〕　参见何秉松、[俄] 科米萨罗夫、[俄] 科罗别耶夫主编：《中国与俄罗斯犯罪构成理论比较研究》，法律出版社 2008 年版，第 98~99 页。

〔5〕　参加 [苏] A. H. 特拉伊宁：《犯罪构成的一般学说》，薛秉忠等译，中国人民大学出版社 1958 年版，第 60~62 页。

以偏概全。三阶层犯罪论体系依赖决定论或自由意志论来理解犯罪行为，这两种理论都是机械主义的唯心论，它们都不考虑主体所处的社会物质生活条件尤其是主体之间的利益关系。决定论把单一的生物因素（如"天生犯罪人"的长相）或人的贪婪、贫穷等导致犯罪的直接因素作为各类犯罪的原因，自由意志论则把"自由意志"这一经验感受作为犯罪的原因，并以此界定犯罪行为的本质。如此，对犯罪的认识就流于表面。

陈兴良教授在其"刑法哲学"的奠基作品——《刑法的人性基础》一书中讨论的就是上述社会决定论和自由意志论之间的争议。在他看来，社会决定论是从社会必然规律的角度说的，犯罪作为一种社会现象是犯罪学研究的对象，自由意志论是从个人具有主观能动性的角度说的，犯罪作为个人自由选择的行为是刑法学研究的对象——只有从意志自由论出发，才能有刑法学研究的余地。[1]

按照笔者的理解，三阶层犯罪论体系对因果关系的基本认识始终停留在因果行为论的"意志—行为"的机械框架内，流行的目的行为论或人格行为论也不过是更为强调主观因素而已，它们与因果行为论没有本质的区别。照其理解，"意志—行为"这个框架以外的因素对犯罪行为的认定来说似乎是可有可无的。三阶层体系将人的行为分为若干部分，通过相应的标准来对每一部分进行法的评价，在构成要件的部分考虑行为（意志的外部表现），在违法性的部分考虑行为无价值或结果无价值，在罪责的部分讨论个人的主观意志，即罪责。而四要件理论则注重将罪过和因果关系联系起来考察，如前所述，罪过和因果关系是刑事责任的根据的核心，罪过与因果关系是行为人行为过程中紧密联系的两个要素，对行为进行评价的时候，绝不能把因果关系和罪过、主观因素和客观因素割裂开来进行考察。将行为人与其罪过相剥离，会造成罪过与因果关系相割裂从而无法全面地认识行为是否从实质上符合犯罪构成。因此，三阶层体系将因果关系和罪过放在构成要件该当性和有责性两个层面考察，是不适当的。

前面提到过，结果无价值论和行为无价值论的争议是因未能将罪过和因果关系视作有机联系的整体而导致的，而要么仅仅针对行为本身，要么仅仅针对行为结果作出评价。有的学者还提出了二元的行为无价值论，"评价犯罪

---

〔1〕 参见陈兴良：《刑法的人性基础》，中国人民大学出版社 2006 年版，第 234~236、272 页。

的对象基准是：行为以及结果，其中对行为的评价是核心。二元的行为无价值论认为，对于违法性的判断，应当以结果无价值论为基础，同时，作为对结果的违法性的限定，也应当考虑行为对于社会通常观念的脱离或者偏离"。[1]这种理论实际上是对结果无价值论和行为无价值论的糅合。德国刑法理论也致力于将行为无价值与结果无价值调和起来，如汉斯·海因里希·耶赛克和托马斯·魏根特认为法规范具有双重意义，一则是命令，一则是评价。行为违反命令（形式违法）涉及行为无价值，对行为事后所造成的后果的评价（实质违法）涉及结果无价值。因此，形式违法性和实质违法性应该结合起来考虑。[2]

实际上，形式违法性强调的是行为人的主观违法意识，实质违法性强调的是行为对抽象"法益"的违反，将二者结合不过是寻求"新"的评价标准来作为行为（违法意识）与结果（侵害法益）的中介，如罗克辛认为适当理论（哪一些原因情节在法律上是有意义的和能够向实施该行为的人归责的）作为一种归责理论是对因果关系（西方刑法理论对因果关系进行解释的主流观点：等值理论，即将造成结果的多种条件均视为结果的原因）的一项补充，因果关系用来确定一种符合法律的条件关系，而对适当关系的审查对行为构成具有重要意义，意在将行为无价值和结果无价值联系起来考虑。[3]照笔者的理解，在这种框架内，由于行为主体的质及主体的主观因素特别是罪过不是评价因素，因此各种条件都有可能被视为结果的原因，行为与结果以及二者是否具有某种一般倾向上的联系都由"客观的"评价因素来判断。所谓的"客观的"评价因素，实际上是以概率、远近关系、优势劣势等为基础的抽象分析，具有随意性。

陈兴良教授认为，将因果关系作为犯罪构成必要的客观要素是不合适的，如有些形式犯并不造成实际结果，事实上的归因关系不同于法律中的因果关系。[4]依陈兴良教授的梳理总结，刑法中的因果关系是一种在事实因果关

〔1〕　周光权："违法性判断的基准与行为无价值论——兼论当代中国刑法学的立场问题"，载《中国社会科学》2008 年第 4 期。

〔2〕　参见［德］汉斯·海因里希·耶赛克、托马斯·魏根特：《德国刑法教科书（总论）》，徐久生译，中国法制出版社 2001 年版，第 287~294 页。

〔3〕　参见［德］克劳斯·罗克辛：《德国刑法学总论（第 1 卷）》，王世洲译，法律出版社 2005 年版，第 134、163~164、244 页。

〔4〕　参见陈兴良：《走向规范的刑法学》，法律出版社 2008 年版，第 143 页。

系基础上经过选择的因果关系，条件说或原因说为法律上的因果关系提供事实根据，相当关系说则将事实上的因果关系转化为法律上的因果关系，这与将事实上的原因与责任的二元区分观点相联系，前者只是刑法研究的材料，而后者则是刑法评价的基础。[1]从相当关系说出发，形成了客观归责论，一种实质的、规范的归责判断在一定程度上取代了实质违法的判断，三阶层由此进化为二阶层——归因和归责两个阶层。前者用客观归责评价客观要素，后者用主观归责评价主观要素。[2]陈兴良教授也注意到，以往的德国刑法理论借助于因果关系的范畴研究事实，不涉及责任。[3]即使是客观归责的倡导者罗克辛也将客观归责作为因果关系的补充。但是，陈兴良教授却认为罗克辛的客观归责无法脱离因果关系论而具有不彻底性。因此，应该将事实与评价、归因与归责彻底区分。

三阶层犯罪论体系不认为因果关系是构成要件的核心，因为在实质犯（造成某种实质结果的犯罪）中，也只是在责任范围内考虑因果关系，即哪些是被法律类型化的导致结果发生的原因；而在行为犯中，根本不存在结果，更不用论及因果关系。[4]

对于此问题，犯罪学家们基于对犯罪现象的社会学研究所得出的结论要比普通刑法理论学者的想法深入得多。犯罪学家邦格探讨了有关犯罪原因的哲学——自由意志论与决定论的争执。他认为，自由意志论的基础在于"人们很难理解其意志的原因"，"人类感到（feels）在'作出决定'的过程中是自由的，有人觉得的是完全自由的，有人觉得是部分自由的"，这种幻想以及对决定论将导致责任和刑罚不复存在的担心，使得人们将犯罪的原因归结于个人的自由意志，实际上，自由意志论与决定论在实践中的分歧并不大，无论是根据自由意志论还是根据决定论，刑罚的实施都会不平等地降临在无法由自由意志决定的具有不同社会地位的人身上，如精神病人因其也具有"自由意志"而能作出犯罪行为，决定论则不认为应当完全平等地对待所有人。[5]

---

〔1〕 参见陈兴良：《走向规范的刑法学》，法律出版社 2008 年版，第 149、156 页。

〔2〕 参见陈兴良：《走向规范的刑法学》，法律出版社 2008 年版，第 178 页。

〔3〕 参见陈兴良：《走向规范的刑法学》，法律出版社 2008 年版，第 159~161 页。

〔4〕 参见［德］恩施特·贝林：《构成要件理论》，王安异译，中国人民公安大学出版社 2006 年版，第 79~80 页。

〔5〕 参见［荷］W. A. 邦格：《犯罪学导论》，吴宗宪译，中国人民公安大学出版社 2009 年版，第 17~19 页。

出于犯罪学的立场，邦格并未从法律本身来解释犯罪以及认定犯罪的司法程序，他的阐释为我们认识古典的犯罪论体系提供了一个更贴近社会现实的视角。中世纪后期及 16 世纪、17 世纪和 18 世纪的大部分时间正是古典犯罪论体系形成的阶段，邦格认为这一阶段的刑罚一直是极具威慑性的、残酷的，"主要考虑的是对犯罪的一般预防。不把进行犯罪行为的人看成是人，犯罪人仅仅是他人面前的一个'可怕的榜样'，最终考虑的是犯罪中包含的社会危险性的客观成分"，纠问式的诉讼程序的设置也表明，"被告人仅仅被看成是调查的对象；诉讼活动根据书面证据秘密进行，而且十分短暂"，直至法国大革命后，刑罚也依然严苛，"犯罪中人的因素被大大忽略了。一旦确认犯罪人有罪，犯罪人就变成了一起案件（case），就会像所有其他'案件'那样受到严厉的刑罚处罚"。[1] 另一学派则专注于犯罪人纯粹生理特征的分析，早期的精神病学、犯罪医学、犯罪人类学可以说是延续了神学时代将某些人的缺陷视为罪恶的观念。[2] 后期龙勃罗梭"天生犯罪人"等犯罪学的研究结论也都建立少量样本的分析与大量假设之上，缺乏科学性，这种非科学性已经为近期的研究所证明，这一理论带来的影响就在于将对犯罪行为的理解重心从"犯罪"转向"犯罪人"。[3] 任何犯罪都由个人因素和社会因素结合起来导致，但是这个公式不能简单地理解，尤其不能像犯罪人类学、犯罪生物社会学那样将某种类型的犯罪视为特定个人因素和特定社会因素的结合。如果这样，那些与犯罪无关的因素往往会被当作犯罪因素，因为相同的个人因素和社会因素会形成各种各样的行为。[4] 犯罪论体系的发展、犯罪学理论的发展和历史文化条件紧密不可分，在当时占主流地位的理性哲学、以社会契约论为核心的政治学、以自利心为行为基础的经济理论的影响下，古典犯罪学理论视人为理性、自利动物并能通过自由选择而行为。因此，古典的犯罪论体系也将自由

---

〔1〕 〔荷〕W. A. 邦格:《犯罪学导论》，吴宗宪译，中国人民公安大学出版社 2009 年版，第 24、31 页。

〔2〕 参见 Richard P. Halgin and Susan Krauss Whitbourne, *Abnormal Psychology*, New York: McGraw-Hill, pp. 12~18；〔荷〕W. A. 邦格:《犯罪学导论》，吴宗宪译，中国人民公安大学出版社 2009 年版，第 35~36 页。

〔3〕 参见 〔荷〕W. A. 邦格:《犯罪学导论》，吴宗宪译，中国人民公安大学出版社 2009 年版，第 44~62、91~98 页。

〔4〕 参见 〔荷〕W. A. 邦格:《犯罪学导论》，吴宗宪译，中国人民公安大学出版社 2009 年版，第 93~94 页。

意志作为犯罪人承担罪责的根基。在实证哲学思想的影响下，犯罪学理论趋向实证的生物学、心理学、社会学研究，犯罪论体系也开始重视犯罪人实施犯罪的生理、社会原因，在责任阶段注意考察行为人违法的意识和能力。此外，除了保留以自由意志为根基的刑罚，还采取针对某些群体的教育、矫正等特别手段。[1]由于三阶层犯罪论立足于上述既定的关于犯罪原因的预设之上，同时对"因果关系"的研究相对形式化，要么倒向"客观主义"，要么倒向"主观主义"。

正当防卫和紧急避险的例子正好可以用来说明三阶层犯罪论体系和四要件构成学说在因果关系认识上的分歧。在特拉伊宁看来，正当防卫和紧急避险不应放入犯罪构成理论中解释。陈兴良教授等则认为这是四要件犯罪构成理论的一大缺陷，因为三阶层犯罪论将二者放在体系内进行了合理化的解释。三阶层理论认为二者是法定的阻却违法性事由，将其放在违法性这一阶层进行考虑。而四要件理论则更关注二者与犯罪的区别，二者与犯罪的区别不仅仅存在于违法性阶层，把罪过和因果关系结合起来考察，构成正当防卫、紧急避险的行为从实质上不符合犯罪构成，这两种行为与犯罪存在本质上的不同。

三阶层体系首先通过构成要件该当对客观因素进行评价，然后对行为是否违法进行规范评价，再对主观因素进行有责与否的评价。违法性有形式违法和实质违法两种观点：以形式（规范）违法说来解释，正当防卫和紧急避险是违法阻却事由；以实质违法说来解释，正当防卫并未侵害法益，紧急避险是为了保护较大的法益而牺牲较小的法益。对正当防卫与紧急避险的认定，都是禁止规范与允许规范（正当化事由）共同作用的结果，"不法构成要件只是对犯罪行为的典型的要素的综合，并无其他用途。某一行为除具有一定犯罪种类的普通要素外，还可能具有阻却违法性判断的其他要素，因为，从不法的本质中可得出行为人可能会在整体上被法秩序肯定的结果"[2]。某些要素使得正当防卫和紧急避险突破因构成要件该当被判断为违法的一般情况，而例外地成为法律允许的行为。不同的是，正当防卫源自个人防卫权利，而

---

〔1〕 参见［美］乔治.B.沃尔德等：《理论犯罪学》，方鹏译，中国政法大学2005年版，第11~16页。

〔2〕 ［德］汉斯·海因里希·耶赛克、托马斯·魏根特：《德国刑法教科书（总论）》，徐久生译，中国法制出版社2001年版，第387页。

　　紧急避险植根于财富衡量的原则。[1]考夫曼提出"法外空间说"，他认为紧急避险这样的行为，法既不允许也不禁止，实际上是将空白留给法以外的道德原则如自行负责原则、宽容原则等来评价。[2]这些抽象的原则具体如何适用依照法官的自由裁量。陈兴良教授对苏俄四要件犯罪构成理论未将正当防卫和紧急避险放在体系内进行解释而对之责难，认为这样会造成犯罪构成的形式化，"在此，正当防卫、紧急避险等行为就被描述为形式上符合犯罪构成而实质上不具有犯罪构成的情形。因此，正当防卫、紧急避险等行为之所以不构成犯罪，并不是根据犯罪构成所得出的结论，而是根据行为不具有社会危害性这一实质判断的结果"，"大陆法系的犯罪论体系在违法性这一要件中已经将正当防卫、紧急避险等行为排除在犯罪之外。"[3]按照陈兴良的说法，"只有在我国及苏联的犯罪构成体系中，才会出现这种形式上符合犯罪构成与实质上符合犯罪构成之间的矛盾"。张明楷教授认为，按照三阶层体系，某一行为被排除违法性，即不成立犯罪，不再追究行为人责任，正当防卫和紧急避险与不具有犯罪构成的行为性质是相同的；而四要件犯罪构成理论则是在认定行为符合犯罪构成之后，再考虑行为是否属于正当防卫或紧急避险，往往会造成先定罪的情况。[4]

　　四要件犯罪构成理论之所以将正当防卫和紧急避险放在犯罪构成之外来解释，是因为二者免除刑事责任的基础是不同的，其解释了二者免除责任的根据。犯罪构成由两部分组成——因素的总和，以及作为犯罪的一定的、具体的、危害社会的行为。主客观因素总和这一形式要件与实质要件是不能割裂开来的，正是一切主客观因素的总和来决定行为是否具有社会危害性，在通常形成危害社会行为的构成因素的总和中缺少社会危害性的情况，是该种行为不具备犯罪构成和被排除刑事责任的根据。[5]正当防卫是出于完全合法的利益反对危害社会的侵害行为，综合主客观因素来看，其不构成具有社会

　　〔1〕　参见［德］克劳斯·罗克辛:《德国刑法学总论（第1卷）》，王世洲译，法律出版社2005年版，第134、163~164、424、468页。

　　〔2〕　参见［德］考夫曼:《法律哲学》，刘幸义等译，法律出版社2004年版，第320~330页。

　　〔3〕　陈兴良:《走向规范的刑法学》，法律出版社2008年版，第106页。

　　〔4〕　参见张明楷:"违法阻却事由与犯罪构成体系"，载《法学家》2010年第1期。

　　〔5〕　参见［苏］A. H. 特拉伊宁:《犯罪构成的一般学说》，薛秉忠等译，中国人民大学出版社1958年版，第267~269页。

危害性的行为，从而不具备犯罪构成；紧急避险是因为两种同样合法的利益发生了冲突，为了较大利益而牺牲无辜者的较小的利益，是具有社会危害性的，因为这种行为确实给他人的生活、生产手段带来了损害，只是因行为在法律所规定的严格限制条件内不被认为具备犯罪构成，一旦违背限制条件，整个行为将具备犯罪构成。[1]正当防卫不具有危害性，未侵害受法律保护的客体（可能伤害了人身等对象，但是没有侵害法所维护的社会关系，保护了人正当合理的生存需要），不可能符合犯罪构成。紧急避险有实质危害性，但是在一定条件下被免除刑事违法性（可能不免除民事责任或行政责任）。二者具有不同性质，却同时放在三阶层体系中的阻却违法性事由中来理解，并不全面。

按照四要件犯罪构成理论，正当防卫与紧急避险需要考虑的因素很不相同。前者自始不符合犯罪构成，后者则需要考虑危害性的程度，这都必须在认定行为是否具备犯罪构成的因素的过程中来确定。[2]而三阶层犯罪论体系在讨论紧急避险时难免自相冲突：比如，三阶层犯罪论体系将紧急避险分为合法化的紧急避险和阻却责任的紧急避险，前者基于法益冲突理论将紧急避险视为法禁止命令的撤回而使行为获得允许，后者根据相当理论认为紧急避险违反了禁止性命令，仅因为行为人受客观因素限制而作出行为不应该受到处罚，但是免责的紧急避险与合法化的紧急避险不能被严格区分，因为免责事由具有双重地位，既降低行为的不法程度又降低行为的责任程度。[3]

三阶层犯罪论体系试图用形式逻辑上的理论构造来完成认定行为性质的任务是不可行的，其未在深入理解社会利益关系的前提下进行判断，不以事实上的因果关系为基础对某种行为作评价，对行为的定性是不合理的、恣意的。

---

[1] 参见［苏］A. H. 特拉伊宁：《犯罪构成的一般学说》，薛秉忠等译，中国人民大学出版社1958年版，第272~278页。

[2] 参见［苏］A. H. 特拉伊宁：《犯罪构成的一般学说》，薛秉忠等译，中国人民大学出版社1958年版，第63、272、275页

[3] 参见［德］汉斯·海因里希·耶赛克、托马斯·魏根特：《德国刑法教科书（总论）》，徐久生译，中国法制出版社2001年版，第424~425、570页。

六、将三阶层犯罪论体系直接用于司法实践容易导致的问题

（一）以王某诈骗案为例

王某以虚假身份证明到某服装公司应聘驾驶员，上班第一天在出车途中借机将车开走，占为己有。其后，王某以相同手段占有三家公司的小轿车，王某通过各辆小轿车获取的非法所得在 10 万元至 20 万元不等。本案争议在于，王某应被定职务侵占罪，还是诈骗罪。[1]按照陈兴良教授的解释，依三阶层理论，王某显然应被定职务侵占罪。在他看来，定罪不同的关键就在于是先作客观判断，还是先作主观判断。如果先作客观判断，被告人的应聘行为就不是一个诈骗行为，即使是以诈骗为目的去应聘，那么应聘行为也不属于诈骗的构成要件该当行为。诈骗罪的构成要件该当行为是虚构事实、隐瞒真相，使被害人陷入认识错误而处分财物，并且非法占有他人财物，但应聘行为即便使用虚假身份证，也不能认为是诈骗的构成要件行为。王某的构成要件行为乃是利用其作为驾驶员的职务便利从而占有公司财物，这样一个客观要件就决定了该行为是职务侵占行为。在确定这一客观判断后再来判断主观要件，主观上有非法占有的故意。陈兴良教授在这里说明的一个原理是客观的构成要件具有故意的规制机能，其意思是客观行为不依赖主观故意而存在，但是主观故意却是依附于客观行为而存在的。就此案件来看，王某是利用职务便利占有本单位的财物，从客观行为来看是一种职务侵占行为；而从主观目的来看，他有诈骗的目的，根据是他取得职务身份的行为具有诈骗的主观目的，这一因素不影响定罪，只影响量刑。

陈兴良教授所说的"客观判断先于主观判断"，就是先对王某的"客观行为"进行判断，在这里，陈兴良教授把王某的客观行为局限为已经成为某公司职员的王某占有公司财物的行为。至于王某利用虚假的身份证明应聘成为公司职员的行为，不在陈兴良教授认为的"客观因素"之内。也就是说，这种活生生的虚构事实、隐瞒真相的诈骗行为被他简化为个人主观上的罪责因素。事实上，主观故意与客观行为的区分只是相对的，"主观"意指行为人行为时的心理，"客观"意指行为的外部表现，认为"客观行为不依赖主观故意

---

〔1〕参见徐少宁："以虚假身份应聘司机开走单位汽车如何定性"，载《检察日报》2009 年 10 月 14 日，第 3 版；陈兴良："定罪的四个基本规则"，载《检察日报》2009 年 11 月 5 日，第 3 版。

而存在，但是主观故意却是依附于客观行为而存在的"显然是绝对化了"主观"和"客观"的区分。在笔者看来，王某前后相继的行为明显体现出了他的诈骗意图，其非法目的彰显于其行为中，应当定诈骗罪。

法学学者们对此案各有不同的看法，有的认为应该定职务侵占罪，有的认为应该定诈骗罪，有的认为应该定盗窃罪，还有的认为王某的行为构成职务侵占罪和伪造、变造居民身份证罪和伪造、变造、买卖国家机关证件罪并按照牵连犯以职务侵占罪处理。〔1〕综合主客观因素，从王某所实施的一系列行为来看，尤其是多次运用相同的手段达成同一目的，可以看出其故意犯罪及非法占有财物的目的非常明显，用虚假证件应聘及其后的所谓职务侵占的行为仅构成其行为中的两个环节。机械地从客观要素到主观要素的判断，恐怕无法认识行为的全貌。

在关于此案例的讨论中，刘明祥教授认为，"犯罪构成理论体系是指按照一定的原理、原则，将犯罪构成要件及犯罪形态予以系统化，使之形成一个整体的证明理论体系。它不仅对立法起到指导作用，更重要的是，它是一种刑法解释方法论"，在不同的犯罪论体系中，定罪要考虑的因素没有多少差异，"实际上，采用何种犯罪构成理论体系与案件定不定罪以及定什么罪，没有直接联系"。〔2〕

然而，从前面关于四要件犯罪构成理论和三阶层犯罪论体系差异的分析来看，正确认识不同犯罪理论的差异，选择何种犯罪构成理论以及是否正确把握犯罪构成理论对于定罪来说是非常关键的。

（二）赵某持刀追逐马某案

陈兴良教授在其论文中分析过这样一个案例：赵某等人持刀追逐马某，马某被迫跳入河中溺水身亡，法院判决赵某等构成故意伤害罪。根据陈兴良教授的援引，法院判决的理由如下：赵某等人持刀追赶被害人马某时已具有伤害的故意，并且已着手实施犯罪，该伤害行为本身具有致人死亡的高度危险，赵某等人持刀追砍马某的行为与马某死亡的结果之间具有刑法意义上的因果关系，根据主客观相一致的定罪原则，应该对赵某等人以故意伤害罪处罚。

---

〔1〕 参见刘卉、刘金林等："不同犯罪论体系会不会影响司法统一"，载《检察日报》2009 年 12 月 11 日，第 3 版。

〔2〕 刘卉、刘金林等："不同犯罪论体系会不会影响司法统一"，载《检察日报》2009 年 12 月 11 日，第 3 版。

　　陈兴良教授认为法院以行为人的主观心理态度推导出赵某的行为符合故意伤害罪的客观要件，并由此定罪。在他看来，这种根据四要件犯罪理论进行的定罪是错误的，因为，按照三阶层犯罪论，赵某的追赶行为不符合故意伤害罪的构成要件，定罪过程应该就此结束。[1]陈兴良教授的说法显然脱离常识，把一个整体事件分解为人的几个外部动作，看这些外部动作是否符合构成要件中的"伤害"概念。不考虑犯罪人持刀追赶所产生的对被害人的压迫与其死亡之间的关系，将主观与客观，动机和效果之间的关系割裂。

　　这种问题，既源自陈兴良教授认识上的错误，也因三阶层理论的缺陷。三阶层体系从早期的纠问程序发展而来，司法官先收集证据，判断这些证据所标示的行为构成犯罪之后再抓嫌疑人来问讯，最后判断嫌疑人的刑事责任，即陈兴良教授所谓的先客观后主观、先形式后实质、先事实判断后价值判断这个定罪原则。司法程序只是一个不断收集证据的过程，不能简单地按照程序递进层次来对行为定性。笔者认为，凭借标示外部行为的零散证据来确定罪与非罪，是对"罪刑法定"的僵化理解，很容易造成对行为性质的错误认定，而应该在全面认识到主客观因素、动机和效果的因果联系上来判断行为的性质。侦查犯罪、追查犯罪人的过程，无疑是从证明犯罪行为存在的证据开始的，追查到行为人之后，才能深入调查行为人作出行为的心理、意图，这种追查意义上的不同"阶段"当然是客观上存在的。然而，上述阶段不能进化成犯罪成立的"阶层"，因为认定犯罪不是以侦查犯罪、追查犯罪人的过程为根据的，而应是在查实证据的基础上把握整个行为性质。用片面的事实作为定罪的依据，逃避犯罪该是多么的容易！

　　为什么认为只要看某个人的外部行为就可以认定某个人是犯罪还是非罪呢？这与法律实证主义对法律的理解有关。法律实证主义视法律为一个自洽的"客观"标准，人的外部行为动作与法律是否相符似乎是很容易判断的，因为法律是"客观"的，所以这种判断就是"客观"判断。这种判断往往是看某个行为的几个典型特征与法律拣选的概念化特征是否相符，聚焦于行为中的几个细节，以法律剪裁事实的同时把具体事实的全貌抛诸脑后，以此下判断。名为"客观判断"，实际上是一种极其依赖于司法人员解释形式概念的

---

〔1〕　参见陈兴良："犯罪构成论：从四要件到三阶层——一个学术史的考察"，载《中外法学》2010年第1期。

主观化判断。

陈兴良教授坚持形式解释论，他认为要坚持罪刑法定，就只能用形式解释论，用三阶层犯罪论体系来定罪，而像四要件犯罪理论那样以"社会危害性"解释犯罪（即所谓实质的解释论）则容易造成突破罪刑法定的后果。四要件犯罪构成理论并非不坚持罪刑法定，只不过，它要求不能以偏概全，不能完全依赖形式化的概念，而应全面地认识具体案件中行为人的行为情况，在确认该行为确实具有社会危害性的基础上按照法律的要求来定罪。社会主义国家的"罪刑法定"，形式与内容是不可分的，而资本主义国家的"罪刑法定"则是形式化的，以假定的"客观"包裹、掩饰恣意判断。

七、结语

三阶层犯罪论体现了两方面特点：一是囿于行为论上的唯心主义，二是执着于法教义学（法律实证主义）对法律概念的狭义解释。

在三阶层犯罪论的发展过程中，决定论和自由意志论是被讨论最多的两种行为理论，构成三阶层划分的基础。决定论——人的行为是受先天的各种条件决定的必然结果，自由意志论 ——人拥有自由意志，能够主宰自身的行为，可以说二者都是唯心主义的，将行为、犯罪与主体所处的物质生活条件、特定社会经济政治文化结构所塑造的社会关系割裂开来看问题，始终在个体的人及其行为的框架内讨论问题，将犯罪视为非法的反社会行为，仅因对犯罪原因的理解有差异而在责任的确定上存有不同。自由意志论持原因无定论，行为人作出行为是自由意志选择的结果，因此，不具有一般心理能力的人，如未成年人、精神病人等即使做出了侵害法益的行为，也不负有责任。社会责任论认为社会环境、个人的危险性格是犯罪产生的原因，犯罪虽无可避免，但是，每个人都有遵守社会规范的义务，未成年人、精神病人等即使做出了侵害法益的行为，也应该负起责任。"三阶层"立足于上述行为论的框架，将行为与行为人、外在的行为和内在的心理认知、评价对象和评价标准划分在不同的阶层，以行为为核心，考察行为涉及的不同因素，并予以概念化，突出强调与描述性的行为事实具有严格区别的规范性评价要素。在认识上，使行为与行为人以及行为人与其所处境遇、社会生活关系，事实与价值之间的割裂程度加深，不利于全面深入地认识真相，作出价值判断。三阶层犯罪论预设表现于外在的、可识别的行为是可以直接考察的对象，只要行为特征与犯罪构成要件相符合，就可以认定犯罪行为的存在，解决的是犯罪行为存在与否的问题。然而，构成要件作为入罪门槛，注重行为个别的、典型的外部特征，对主体的质及其行为原因、条件不重视，很容易导致错误的入罪、出罪。犯罪行为是不是具备违法性，取决于法官对于类似"法益"这样抽象社会共同价值观念的解释，又过于依赖法官的主观判断。一旦犯罪行为的违法性被确定下来，关于行为人是否具有自由意志的判断便能解决此人是否应负责任的问题，只要行为人拥有自由意志，行为人必然要负责任。总而言之，三阶层犯罪论对犯罪的认定，立足于对既定法律拣选的罪行典型特征的解释及其与个体行为特征的对比，将特定行为"涵摄"进相应的阶层、概念，以此得出法律判断。僵化地遵照这样的"阶层"及其教义，对人的行为正当性的判断容易失衡，衡量罪责的标准会愈加主观化，产生过大的自由裁量空间。

法教义学的特性——以规则为中心，使它很难反思自身的问题。法律并非在真空中运作，法律的解释应该以对事实的认知为基础才能发挥其应有作用，而不是相反，以法律"观看""拣选"事实。这里所说的事实，不是或不仅仅是指法定的证明某些事件的证据材料，而是个体行为及其危害、当事人纠纷所体现出来的社会利益关系，并且要明确在这一利益关系中如何作出以及作出何种价值抉择，而价值抉择与特定社会的政治立场、塑造利益关系的经济结构紧密相关。

如马克思关于盗窃林木罪的讨论，当时的法律把穷人捡树枝的行为认定为犯罪，是因为穷人的行为对于林木所有者的利益不利，而捡树枝作为家用是穷人满足自身生活需要的有限手段之一。维护所有者利益的法律，并不在乎穷人生活上的窘境。而站在马克思的立场上来看，这样的法律极为不公正。与此相类似，一个没有生活来源的穷人在毫无生存保障的时候去偷商店的面包是否能够被认为是犯罪？是值得考虑的问题。马克思主义要求在深入考察社会利益关系的基础上判断法律的正当性，判断个体行为的正当性。一定的社会关系从根本上决定于社会的生产方式，客观的物质生活条件从根本上决定了主体的自由范围和自由程度，决定了主体对生活需要及满足需要的手段的选择范围，特定的社会结构、主体之间的利益关系在客观物质生活条件的基础上更进一步地限制主体的选择范围和行动能力。法律制度的价值立场、抉择直接影响资源的分配、利益关系的调整，哪些人的需要和诉求会被优先满足。

四要件犯罪构成理论不是法教义学，它的首要目的并非为解释既定的法律、认定犯罪成立提供简明的操作手册。它是立足于马克思主义理论的一套认识方法，帮助我们理解法的本质，理解特定的法律为何将某种行为视为犯罪或非罪（作出这一选择的根源是什么），理解犯罪的实质，并促使我们不断反思现行法律制度、法学理论的合理性，进而指导我们在具体的案件中深入认识和把握行为主体和其行为的性质，作出关于特定行为是否具有社会危害性、是否应当视为犯罪、是否应当予以处罚的恰当判断，以更加公正地适用法律。

当然，三阶层犯罪论也有一定的合理性。它梳理了很多细致的要素，可帮助我们认识个体行为细节上的差异，突出脱责、豁免的情节，以更审慎地进行归责，很大程度上是有利于当事人的。譬如，构成要件认识错误和禁止性错误的区分，前者事关行为人是否故意的认定，甚至影响犯罪是否成立的认定，后者事关对行为人违法意识的认定，影响责任的大小。再譬如，期待可能性一定程度上考虑了当事人所处的特殊情况，若在一般人的期待中，在该情况下有可以通过自身选择做出违法或不违法行为的客观可能性（期待可能性），行为人依然选择做出违法行为就证明其有违反法律的意识，那么，他应该为自己作出的行为负责。但是，对细节的重视，不能代替对真相的全面揭示和实质价值目标的抉择。

三阶层犯罪论作为法教义学的衍生产品，有其特性和使命，可以在有限的范围内适用，但绝不能以其替代四要件犯罪构成理论给予我们的科学认识方法、价值立场。

论马克思主义法理学的使命 〔1〕
——从孙国华老师留下的问题谈起

缘起

2017 年 3 月中旬的一个周末，我在昆明接到两通孙国华老师手机打来的电话，接起来听不见人声，只能听见器物碰撞的声音。当下，我很慌张，随即同冯玉军老师联系确认孙老师状况。在得知并无高危情况之后，我仍放心不下，遂于下一个周末赶赴北京看望孙老师。在医院见到他时，他身体已经相当虚弱，戴着呼吸管，但他依然强撑着与我讨论学术问题，还笑称自己做理论工作已成习惯，脑袋无法停止思考。孙老师每讲一句话之后都要停顿很久，上下句之间的跳跃性很大，在我看来，停顿之时，他的脑子未停止转动，而他的身体在休息以积蓄力量说下一句，虽然讲话很费力，他还是努力着尽可能在有限的时间里把最想要表达的说出来。怕他太累，我不敢过多逗留，也不敢过多地展开讨论。在孙老师生前跟我这最后一场短暂的交流过程中，他留下一些只言片语，我关注到其中两句话，与他一直以来最关心的理论主题密切相关，也恰是能够刺激我思索欲的问题。而我还来不及去细细思索，更为确切地说，我还想等着孙老师身体好起来之后同我一起探索，却没想到，三周以后，他去世了。孙老师离去之后，我虽明知他留下的问题很重要，但提不起勇气去面对。近一年后，应着"纪念特刊"的约稿，我迫使自己重新开始思考孙老师留下的问题。

为什么定这个题目呢？其实我也是犹豫中在电脑上敲下"使命"这个词

---

〔1〕 原文刊载于《朝阳法律评论·孙国华教授纪念文集》，浙江人民出版社 2018 年版。收录进本书时对个别措辞作了修改，以弥补原文的错漏和不当。

感谢朱景文、张曙光、叶传星老师审阅本文，特别是叶传星老师提出了很多具体修改建议。有些问题在这篇短文中一时难以处理，只能待日后加以完善。

的。我作为一个三十岁出头的人，谈使命，是否会让别人觉得不过是妄谈？但我实在找不到其他更切主题的词。孙老师是一个使命感很强的人，他承担的这份无法衡量出重量的使命以及为履行这份使命作出的不懈努力，是我们难以企及的，也是我们应当追随的。而孙老师留下的问题关乎的就是使命。孙老师留下的问题都是具体问题，然而，孙老师想要做的，是从具体问题中透视和探索法理学的根本性问题。引起我特别关注的是孙老师说到的这样两句话，一句疑问，一句评价。疑问源自他关注到近两年社科法学和法教义学之间的争论，他问："该走什么道路？"评价针对的对象是朱景文老师近几年着力做的法治评估，孙老师说："搞这个太窄了！"[1]第一句疑问，很明显，谈的是法学研究方法与法学发展道路，这无疑是法理学的核心问题。而关于朱景文老师所做课题的这句评价，我大胆解读，应有两层意思。一层意思在于，法治评估这方面的工作还有很多不完善之处，避免不了偏狭，在我个人看来，无疑涉及研究取向和方法上的弱点，后文会再谈到。但我认为，更重要的一层意思在于，孙老师对朱景文老师有更多的期待，也可以说，对作为他学生的我们有更多的期待，他认为我们应该在根本性的理论问题上更有所作为。孙老师的这一句疑问和一句评价实际是相互联系的，归结起来，岂不就是使命问题吗？因此，我确定了这个题目。至于内容和观点，我力求不回避矛盾，力争写出自己的体会。孙老师曾说过，写文章只要能写出自己的体会就好。这一个看似很简单的要求，其实是很难达到的要求，因为说真话说实话不容易。朱景文老师在悼念文章中生动地描绘了孙老师与其他学者争论问题争得面红耳赤的情况。如今，这种情况很少见了，人们更多地有意回避或模糊、弱化争论，报功不报忧，"尊重"权威，惧提"批判"。若任我们自己裹挟在这种氛围中，何谈使命？只有如孙老师那般执着甚至是固执，才担得起使命。我就也先把犹豫放在一边，固执地选择"使命"这个大论题，哪怕被别人说太天真。

我不准备像邓正来教授那样以法理学的思维去谈"法学的使命"，[2]而

---

〔1〕 去探望孙老师当天的早些时候正好赶上人大法学院法理教研室组织的"法理论坛"第100期，由景文老师讲法治评估问题，由于我在地方立法研究院工作，参与到立法前评估和后评估工作中，便带着兴趣听了讲座，讲座后去见孙老师顺带提及之前去听景文老师的讲座及讲座主题。

〔2〕 《中国法学向何处去》系列论文，最早连载于《政法论坛》2005年第1~4期。后整理结集成书《中国法学向何处去》，商务印书馆2011年版。

是明确地谈法理学的使命，这是为了聚焦于法理学的特殊性，毫无疑问，法理学的使命与法学的使命是紧密联系的，但是，法理学承担着法哲学层次尤其是方法论上的特殊使命。虽然"马克思主义法理学的使命"这个论题很大，但并不意味着我要空谈些抽象的东西。以下，我将围绕孙老师留下的问题，结合孙老师重点关切的理论主题，以及孙老师和我在课题研究过程中发生过的争论，联系我个人近年来参与教学科研和社会实践的积累和感想，就马克思主义法理学的使命这个论题提一些观点。我个人的观点或许粗浅，而我的主要目标，不如说是，寄希望于通过在此提出一些问题能促使大家聚焦于孙老师对我们的期待。

一、法学发展道路的问题无法在法教义学和社科法学之争的层面上得到解决

（一）法教义学和社科法学的局限性

1. 法教义学的局限性

"法教义学"关注的是实在法的适用，以司法为中心，其倡导者认为法教义学应当是"法学的核心，法律思维的核心"，也应当是法学教育的核心。[1]近些年流行起来的冠以"法学方法论""法律方法论"名称的学说和课程主要以法教义学为导向，多以德国、美国等国关于法律解释（推理、论证、诠释）技术方法的学说为理论基础。虽然法教义学的内涵随着发展不断扩容，但基本上还是把眼界集中于实在法律规范，把法律体系视为可通过技术操作加以适用的自洽体系。刑法等法典化特点较强的部门法，在研究和教学中有比较突出的"法教义学"以及更为狭隘的"法条主义"倾向。[2]在法教义学倡导者的眼中，独有的研究对象和独有的研究方法是构成独立学科专业的前提，法教义学是唯一能体现法学学科独特性的方法，而法哲学、法社会学的研究论题和思考方式不属于法学的主要内容。

国外社会科学界早已在反思独特的研究对象和研究方法构成独立学科的这

---

〔1〕参见孙海波："法教义学与社科法学之争的方法论反省——以法学与司法的互动关系为重点"，载《东方法学》2015 年第 4 期。关于这场争论的相关论文还很多，本文不一一详述，只引注观点比较鲜明的几篇文章。

〔2〕前几年盛行于我国刑法学界的德国日本"三阶层犯罪论"就是一个典型，一度替代犯罪构成四要件学说成为司法考试的答题标准，法教义学的影响可见一斑。

一前提，认为其造成了一个个学科"孤岛"，妨碍对社会问题的充分认识。[1]依我在研究和教学中的发现，在法教义学的导向下，很多法学专业研习者和法律实务从业人员的眼界集中于司法过程或其中的审判环节、法律解释操作技术，易产生一种僵化理解法律文本的惯性，由于难以全面认识法的形成和运作过程，导致充分说理能力的缺乏，对阐明价值立场抱冷漠态度。

2. 社科法学的局限性

社科法学与法教义学的争论缘于社科法学在反对法教义学单一视角的旗帜下鼓励多元化视角，这有助于矫正法教义学的僵化倾向，集中体现了法学界对法教义学局限性认识的深化。倡导社科法学的学者通过揭示方法的差异来阐明法教义学的弱点，认为社科法学"能对立法、司法、执法的过程性质和后果进行全面的研究和审视，其理论能够实现法律和生活世界的关联，也因此能够不断努力去弥合法律和社会之间的差距""培养素养全面的法律人才需要社科法学"因其能塑造具有全面智识、健全常识的法律人才。[2]

但是，脱胎于经验社会学的社科法学很难摆脱所谓"价值中立"（或"价值无涉"）和相对主义的负面影响。"价值中立"使经验社会学的学者与价值判断保持距离，力图按照自然科学的"命题检验"模式来做研究。事实上，在对研究主题、视角和技术方法进行选择时，学者都带着自己的价值取向，而"价值中立"使他们忽略或忽视对其研究立场、视野、方法的深度检验。聚焦于地方性、民族性、种族性、文化性等方面的特殊性并以某一特殊性出发，以单一视角开展研究的经验社会学还易于因过度解读导致过于碎片化的认识而保有相对主义立场，形成"现实即合理"、拒绝作明确价值判断的倾向。

3. 对法教义学和社科法学进行"换位理解"式的互补性整合无法克服它们的局限性

社科法学和法教义学都有一种模仿自然科学路线的偏向，以为自然科学的研究模式才是真正的"科学"模式，偏离"科学"模式的研究方法都是有

---

〔1〕 关于社会科学研究方法的争议可参考以下著作：John Gerring, *Social Science Methodology：A Unified Framework Cambridge*, Cambridge University Press, 2012; Bent Flyvbjerg, *Making Social Science Matter：Why social inquiry fails and how it can succeed again*, Cambridge：Cambridge University Press, 2001. 法学作为社会科学的一部，应当介入到这种争议中去，有益于法学研究方法的深度讨论。

〔2〕 王启梁："中国需要社科法学吗？"，载《光明日报》2014 年 8 月 13 日，第 16 版。

很大问题或者说是很不科学的，造成它们忽视和回避难于以"科学"方法研究的论题，对利益、价值、权力关系等问题敬而远之。针对社会科学和自然科学是否应遵循同一研究路线的问题，争论和反思一直都在进行。社会科学研究涉及主体的行动抉择，价值问题至关重要，社会行动的复杂性无法依赖自然科学那种高度抽象化数理化的研究模式来开展，或者说，若以这种方式来研究很容易因忽略社会背景和主体条件导致研究过度简化乃至扭曲，阻碍人们对事实的全面深入认识。

在法教义学和社科法学的争议中，有些学者提出二者并非是对立的，可作整合。一种是法教义学主导下的整合，在法教义学研究和司法实践中吸纳社科法学提供的经验材料，类似于美国司法裁判中对社会学研究成果和经验直觉的吸纳。[1]另一种是研究技术路线的整合，既然法教义学和社科法学有各自擅长的研究层次，就应相互理解保持开放。[2]可以说，这种技术路线叠加式的整合从侧面证明近年来法教义学和社科法学的分歧更多地属于研究技术路线层面的争论，二者深层次的差异和争点还需要在哲学层次上加以深入探讨才能厘清。如果没有一个更高层次的、法哲学方法来统筹，表面上的整合只会继续维持二者各行其是、碎片化的局面。

（二）法教义学和社科法学的争论呼唤更高层次的哲学反思

在我看来，法教义学和社科法学在技术路线层面上的争论，可以说是多年前有关法学发展道路争论的一个窄化、浅化版本。关于法学发展道路的争论一直都没有停歇，而邓正来教授发表的《中国法学向何处去》掀起了距离我们最近的一个争论高潮。其中就涉及法教义学和社科法学，虽然当时二者间的冲突并非矛盾中心，但是，邓教授对"法条主义""本土资源论"（还有法律文化论、权利本位论）的批判已经触到法教义学、社科法学背后的哲学方法论问题，在邓教授看来，总体上它们的问题在于注重引入西方法学研究程式却脱离中国现实，对中国法学发展的图景缺乏自觉，奉行"现代化模式"的教条。在近年法教义学和社科法学争论中，有的学者竟然以为社科法学早于其批判的法教义学先行生成，称之是一种奇怪的现象。[3]加上之前提到的，

---

〔1〕　参见郭春镇："法律直觉与社科法教义学"，载《人大法律评论》2015 年第 2 期。

〔2〕　参见侯猛："社科法学的研究格局：从分立走向整合"，载《法学》2017 年第 2 期。

〔3〕　参见焦宝乾："法教义学在中国：一个学术史的概览"，载《法治研究》2016 年第 3 期。

争议主要停驻在技术路线层面，说明如今参与争论的学者较为不熟悉我国法学理论发展历史，也可以说是研究视野窄化的结果。不可否认，在技术路线的层面上，今天的教义法学和社科法学都更"成熟"（精细化的那种成熟），然而，从二者关心的论题上看，视野狭隘很多，反而更明显地呈现出邓教授批判的那种回避大论题的趋向，因为缺乏这种哲学上的自觉，如今的法教义学和社科法学忽视了很多自身一直未克服的问题，这可能是更大的问题。

二、回顾关于"法的本质"这一问题的阐释及有关争议有助于我们在更高的层次上探索法学发展道路——马克思主义法学方法论的价值所在

我认为，要深刻反思前面提到的问题，有必要回到马克思主义法理学关于"法的本质"这一问题的阐释。"法的本质"，从字面上看，容易让人产生一种"本质主义"的误解，从实际内容上看，它体现的实为马克思主义法学方法论的精髓。需要特别注意的是，这里提到的"马克思主义法学方法论"与以技术方法为内容并冠以"法学方法论"名称的学说并不是同一个层次上的方法论，马克思主义法学方法论是哲学层次上的方法论，是全面深入把握法律现象和作出法律制度改革等行动选择所依赖的认识框架、价值立场，是一种全景化考虑社会关系变化过程的思维方式。

法的本质的基本观点[1]是被"权利本位论"视为应着力克服的那种"阶级斗争范式"的核心内容。[2]当年，邓教授没有把这种所谓的"阶级斗争范式"纳入批判，因其不把此种理论视为有资格被他批判的对象，对于他来说，这种范式很大程度上已经被"权利本位论"所克服和替代。可见，当时的学者对"法的本质"存有很大的误解。孙老师生前并没有简单轻易地否定其他学者提出的"新范式"并进行针锋相对的全面批评，而是着力去思考"新范式"提出的一些具体观点是否得当，比如，孙老师提出疑问"权力和权

---

〔1〕 参见孙国华、朱景文主编：《法理学》（第3版），中国人民大学出版社2010年版，第31~37页。虽然教材的第四版也出了，但我比较偏好第二版和第三版，教材版本虽然有新旧交替，但基本观点并未发生变化。

〔2〕 参见张文显、于宁："当代中国法哲学研究范式的转换——从阶级斗争范式到权利本位式"，载《中国法学》2001年第1期。20世纪80年代末以来，张文显等学者已在陆续阐述权利本位学说，该文是一篇宣言性的论文。

利是一对矛盾吗?"〔1〕并加以深入研究。在这里,我感到有必要,对所谓的"阶级斗争范式"和"权利本位论"做一个厘清。这其实也是孙老师在其"马克思主义法学方法论"的提纲中想要处理的问题,翻看过《法的真谛——孙国华精选集》〔2〕的人,会在第 117~122 页发现一个"马克思主义法学方法论"的提纲,这是孙老师未竟的事业,在我看来亦是马克思主义法理学使命的核心内容,其中子课题 2"当前理论界若干重大问题的马克思主义法学方法论的思考",就力图回应"中国法学向何处去""范式转换"(权利本位论)等问题。〔3〕

　　正是由于对马克思主义理论的错误理解,对阶级分析方法和"以阶级斗争为纲"之间的区别未加甄别,导致了对"法的本质"的不当批评。我在中国人民大学求学期间,谢晖教授曾到法学院作过一次讲座,提到中国法学流派问题,当他谈起社会法学派时,孙老师笑着应和说"我们也是社会法学派"。孙老师的这个"附和"出乎很多人的意料,但我是理解他为什么这么说的。显然,孙老师所谓的社会法学派不等同于西方学术传统中的那种法社会学,也不等同于我国学者构造的"社科法学"。马克思主义理论的持久生命力立基于一个社会哲学框架,孙老师头脑里的马克思主义法学涵盖着一个广阔的法社会学框架,在这个框架中,阶级分析方法是一个关键,没有它,马克思主义理论就缺乏批判力度,马克思主义的法社会学框架也就与其他法社会学理论没有多大差异了。阶级分析方法,不像有些学者认为的那样是一种"阶级斗争"的政治话语表达,而是一种社会哲学意义上的方法。国内外着力研究社会分化问题的社会学乃至经济学、政治学研究,至今也没有放弃阶级(或阶层〔4〕)这一分析工具。当然,在当前的多数研究中,阶级更多是一种操作性的分析工具,以职业地位、收入高低等因素来界定其内涵并作为展开研究的起点,而较少作为分析社会中不同群体利益冲突和权力关系的基本立场,这

---

　　〔1〕　参见孙国华:"权力(Power)和权利(Right)是一对矛盾吗?",载《法学》2000 年第 2 期。

　　〔2〕　参见孙国华:《法的真谛——孙国华精选集》,中国人民大学出版社 2015 年版。

　　〔3〕　其实,在这篇论文的主体内容完成之前,我没有细读提纲每个子课题下面的条目。当我开始论文细节整修的时候,才又仔细看过。我没有想到,自己写的内容与这个子课题的内容不谋而合。或许,不能说是不谋而合,而应该说,孙老师留下的问题必然会引向这里。

　　〔4〕　其实阶级也好阶层也罢无非就是 CLASS 这个词。我求学期间曾接触过社会学的课程,一位著名教授说,我国社会学界现在不谈阶级,只谈阶层。在我看来,这种做法有种刻意回避的意思。

也是目前社会学研究的一个重要的局限性。但无论如何，在涉及法律制度的研究中，外国学者不乏采用阶级视角来把握问题的，而中国学者却对此避而远之，实在是一个值得思考的问题。此外，阶级分析方法也不是如邓教授所批判的那样，看不到人民内部矛盾的激烈性。[1]孙老师一直强调深入认识社会利益矛盾，对生活在不同条件中、掌握不同资源的不同个体、群体之间的利益矛盾进行分析，也属于阶级分析方法的范畴。比如，当下凸显的环保、城市规划和建设管理法律法规政策的取向与某些群体生计之间产生冲突的问题，并非执法个案问题，而源于普遍存在的利益冲突。北京某些地产项目因应地方政策要求在建商品房的同时配套"限价房"，两类房价格相差很大，居住者很显然分属不同阶层，不仅物业服务对两类房的住户差别对待，开发商甚至建立"隔离墙"。这都是明显的利益冲突问题，根源不在于个别开发商的行为，而在于城市的规划发展受制于地方政绩、地产经济、消费文化等利益导向的有力影响。这些问题依靠个人权利这一层次的范畴是得不到深度讨论的，只有深入到社会利益矛盾中去才能了解问题根源所在。理解了阶级分析方法，就明白这个方法不但与对"到目前为止的一切社会的历史都是阶级斗争的历史"这句话的教条式理解是两码事，与作为错误政治路线的"以阶级斗争为纲"更是两码事。所以，将"法的本质"观点视为所谓"阶级斗争范式"的呈现和不利于法学研究发展的政治话语加以批判，是极为不恰当的。[2]

由于有意忽视对"法的本质"问题进行深入研究理解，法学理论界怯于去深入讨论利益冲突、阶层分化这些问题，往往把这些问题划进社会学或其

---

[1] 参见邓正来在西南财经大学法学院所作的演讲："中国法学向何处去"。载法制网，http://www.legaldaily.com.cn/0801/2009-11/18/content_1183419.htm，最后访问日期：2018年1月18日。

[2] 类似问题在法学界并不鲜见，在未充分进行哲学反思之前直接引入某种理论并简单地用该理论评价立足于马克思主义阶级分析方法的法学理论，将其当作落后的政治话语进行全面否定，还突出体现在前几年倡导三阶层犯罪论体系的学者对犯罪构成四要件学说的批评中。提倡三阶层犯罪论的学者把在西方国家（主要是德国、日本）哲学上一直存在争议的一种操作性路线即三阶层犯罪论视为定罪量刑的公理，并用这种简化的标准批评四要件学说，认为其是政治话语、毫无科学性。犯罪四要件学说，是在马克思主义阶级分析的框架下结合客观社会环境和主观条件深入认识犯罪和刑法性质的理论体系，立基于哲学认识，并不是一个"公理性"、碎片化的简易操作路线，将二者摆在同一个层面上进行比较并用简化的技术操作路线来评价哲学认识的做法显然是因为缺乏哲学反思。孙老师在阅读学术期刊时敏感地发现三阶层犯罪论存在问题，促成我围绕此问题写就博士论文，这在促使我研究取向转变的方面起了很大作用，使我开始深入研究马克思主义法学方法论并更加关注部门法问题。

他学科范畴，很大程度上放弃了对社会问题根源进行的探索，逐步趋近规范法学或说法教义学的路线。"权利本位论"是此种趋势在法理学中的代表。在"权利本位论"中被视为基本范畴的"权利"以及围绕权利阐释的权利和义务、权利和权力的关系，展现的是对现象的浅层次理解。它与马克思主义法学方法包括阶级分析方法的地位是不同的，处于完全不同的层次上，以权利分析取代阶级分析是一种研究视野的窄化和研究层次的浅化以及对问题复杂性的简化，同时，还以这种窄化、浅化、简化的视角作为标准来评价阶级分析方法，势必导致不恰当的批评。在教学过程中，我发现大多数接受过法学本科教育的学生基本上不假思索地全盘接纳了权利本位论的观点，对"法的本质"问题的理解停留在把政治话语统揽进法学的层面。可见，当初的不当批评所造成的负面影响是很大的。我们应该对这一问题进行理论上的全面澄清（本应更早地做这件事），还应当在法理学的研究和教学过程中解决"两张皮"或者说"多张皮"的问题，[1]这理应是马克思主义法理学的一个重要任务。现在的学生们很容易接受法律文本、教材罗列出来的那些有名有姓的权利概念，并把它们作为研究的自然前提，但很少去问权利如何形成。其实，一旦追问权利如何形成，就意味着会发现权利不是自我形成的，也不是自我实现的，势必要深入到对更广泛的社会问题的考察中去，不再简单地把权利概念、个人权利和国家权力的对立作为认识问题的固定前提。

三、马克思主义法学方法论研究待进一步深化

前面已提到过，"马克思主义法学方法论"的研究是孙老师的未竟事业。孙老师生前并没有就此主题写出一部完整的著作，但是，孙老师晚年还是做了很多相关的工作，主要体现在他关于公平正义的研究中，[2]尤其"马克思主义关于公平正义的科学理论"这一部分，可以说是深化马克思主义法学方法论研究的重要的阶段性努力。在由孙老师、朱景文老师主编的《法理学》教材中，最让我印象深刻的是两张图，一张是"法的本质的不同层次示意

---

〔1〕　曙光老师很早就提出过这个问题，如今我有了较深的体会。

〔2〕　孙老师主持的最后一个课题是 2012 年度国家社科基金重点项目"促进社会公平正义的理论和实践研究"，后申请更改为"公平正义与中国特色社会主义法治"。

图"，另一张是"法的概念的基本方面的示意图"，[1]这是人大教材的突出特色。第一张图反映了孙老师头脑里的法社会学研究层次，第二张图反映的是"理"与"力"的结合这个观点，其中明确地在"理"中突出价值观、正义观这一要素。这两个图是密切相关的，其显示的是孙老师长期以来重点关注的主题。孙老师晚年对价值、价值观的兴趣潜藏在其早期关于理与力的观点中。那时，孙老师着重强调"理"的内容主要包括一定的客观规律和事实、价值观、智慧经验等要素，但对于这些要素包括价值观以何种形式传导进入法的内容，并未考虑得很细致。[2]叶传星老师在这方面做了一些更细致的诠释，讨论了法与利益的一般关系和利益选择、协调的过程。[3]（利益与价值、价值观之间是有紧密联系的[4]）针对这一点，张曙光老师的"权利资源"研究也是很有益的探索。[5]但是，总的来说，在很长一段时期内，包括孙老师在内的我们，对于价值和价值观问题的考虑还很不足，尤其是未深入联系法的本质来考虑它。在"马克思主义法学方法论"提纲中，也只谈了方法论本身的价值取向问题，并未突出价值问题。[6]在我看来，孙老师最后几年着力研究价值问题，大概是意识到这个问题应是马克思主义法学方法论的重要内容，作为课题一部分的"马克思主义关于公平正义的科学理论"主要就是在法的本质的层次中展开价值问题的研究。在此，我想围绕价值问题着重谈几点，涉及我跟孙老师、叶传星老师之间的争论，希望引发大家的进一步思考，能借助大家的力量更好地完善研究成果。

---

　　[1]　参见孙国华、朱景文主编：《法理学》（第3版），中国人民大学出版社2010年版，第35、37页。

　　[2]　孙老师在不同时期（包括与研究生合作）围绕"法是'理'与'力'的结合"写过多篇论文，参见孙国华、黄金华："法是'理'与'力'的结合"，载《法学》1996年第1期；孙国华："再论法是'理'与'力'的结合"，载《河南省政法管理干部学院学报》2001年第1期，等。这些论文基本上是围绕法的概念进行较为抽象的诠释，对法的本质的层次并未作更多的拓展。至于为什么在这里强调法的本质的层次问题，后文会有更详细的阐述。

　　[3]　参见孙国华主编：《法的形成与运作原理》，法律出版社2003年版。见第六章"法的创制的核心：利益的选择和协调"。

　　[4]　参见孙国华、朱景文主编：《法理学》（第三版），中国人民大学出版社2010年版，第49~55页。

　　[5]　曙光老师述而不作，只在教学中展现其观点，我的观点深受他的影响。

　　[6]　书中并未记载这个提纲的形成时间，从文献梳理部分判断，它形成于21世纪最初的几年。在我的印象中，孙老师对价值问题展现出特别的兴趣应该是在2008年左右，"论法的和谐价值"是该阶段的代表性论文。

（一）公平正义和社会生产方式的关系

这一问题是课题的核心问题，其实该问题在我国哲学界、政治学界和国外的马克思理论研究者中一直是个热点问题，围绕此问题，艾伦·伍德等西方学者进行了多年争论，虽然至今未有定论但确实留有很多值得学习的资源。[1]在这个问题上，孙老师和我之间也进行了激烈争论。孙老师认为，一定的社会生产方式必然有一套公平正义观和准则与其相适应，并能为多数人所认可。我的观点是，特定社会中的生产方式并不能决定有一套所有人或多数人能认同的正义观、正义准则的存在，一方面，人们接受一套观念、准则和认同它是有差别的，而且，无论是接受还是认同都可能出于很多因素，教育的因素、迫于强力不得已的因素、认识偏差的因素，等等；另一方面，处于不同生活条件、不同地位、拥有不同资源的主体，既然在需要、利益上有客观差异甚至是存在激烈冲突的，那么他们的价值判断包括正义观念也是不尽相同甚至激烈冲突的。而且，社会生产方式并非在一段历史时期内稳固不变，它的组织方式一定是不断调整的，它的微调和剧烈变化均会影响到人们的生活状态和认知判断，正义标准也在这个时空里不断产生变化。当然，这也不否认，只要社会经济结构、政治权力关系、各群体之间的力量对比不发生颠覆性变化，为法律制度所正当化、合法化的一些基本的权利义务模式包括划分权利义务关系的核心正义准则有较强的稳定性。我认为，这种阐释保留了层次性和灵活性。我还提出，如以适应性的功能论来理解社会生产方式和公平正义的关系，就得承认资本主义社会只能产生资本主义式的公平正义并为多数人所接受和认可，如此，就根本没有必要批判资本主义社会的不公正。后来孙老师也认同了我的观点。[2]

（二）价值的客观性、主体性和价值观的主观性之间的区别

孙老师一直坚持价值和价值观的区别，价值具有客观性、主体性，价值观具有主观性。[3]孙老师去世后，就这个问题，我曾经与叶传星老师讨论过。

---

[1] 参见李惠斌、李义天编：《马克思与正义理论》，中国人民大学出版社 2010 年版。

[2] 我在争论中甚至直接指出孙老师的思想带有机械论的特点，当时他还笑我从昆明到北京跑那么远来专门跟他辩论。辩论当天我们未达成共识，辩论之后过了几天，孙老师打电话跟我说经过思考他同意我的观点。可见，孙老师始终保持思维的灵活性，不僵化。

[3] 参见孙国华、朱景文主编：《法理学》（第 3 版），中国人民大学出版社 2010 年版，第 50 页。

叶传星老师提出一个问题：这个区分有无必要？他认为价值和价值观实际上是一个主体间性的问题。[1]依我目前的积累，关于主体间性的观点有几类，但差异不大，比较突出的观点来自于现象学，沿袭了康德、黑格尔哲学提出的主体理念意志之间的交互性，现象学学者的目标在于用主体容纳客体来消解主客之间的区别以克服西方近代形而上学的那种主客二分对立，与此同时，带来的是一种新形式的唯心主义，一种用"意义世界"来解释一切问题的哲学。其他的类似观点，无论是哈贝马斯协商民主式的主体间性，还是社会学意义上以主体互动经验和信息为载体的主体间性，都带有唯心主义的特点。虽然我们很大程度上不得不依赖对话交流来探索什么是需要、利益，什么是有价值的以及价值大小，什么是公平正义，并在这一过程中形成一定的价值观，但是，不足以就此把人对需要、利益的认知判断和人的需要、利益等同起来。价值的客观性、主体性和价值观的主观性之间的区别是有意义的，意义在于，身处于不同物质生活条件、不同社会地位的主体，拥有不同资源和手段而在满足自身诉求的能力上有差别的主体，他们的需要、利益在客观上是有差异的，甚至差异是很大的。这种差异可能反映在不同主体截然不同的价值观之中，但也有可能因为意识形态宣传、教育等原因而表现为价值观上的一致性。价值客观性、主体性和价值观的主观性之间的区别能够容纳更多讨论空间，保持批判性和灵活性。如把价值、价值观归结为主体间性问题，就很难深入认识社会利益矛盾。

由于对价值问题的特别关注，孙老师还专门写了文章"价值有普世性，但价值观没有"[2]来讨论普世价值。在此，我想对这篇文章作一补充，与孙老师的结论略有差异。我们批判的所谓"普世价值"实际上是西方国家的政治家和学者们推行的价值观，也就是他们所认为的对于世上所有人都有价值的一套理念原则、规则制度。如果能理解前文所述法的本质以及价值客观性、

---

[1]　在关于该问题的第二次讨论中，叶老师说他的确切意思是，是否对价值的客观性、主体性和价值观的主观性加以区别取决于对价值的界定。在我这里，价值是客体对于满足主体需要有积极意义的有用性。公共和日常讨论中经常提到的"价值"一般谈的是较为抽象的价值目标，在我看来，这只是语词的一个拟制用法，并非是对价值的科学界定。诸如自由、民主、公正这样的价值目标，最终还是要落脚到具体践行自由、民主、公正的手段和措施上面，相较于抽象价值目标层面的讨论，更具实际意义的讨论应针对的是这些手段、措施对于满足社会中不同主体的现实需要到底有什么样的价值，也只有在这个层面上展开讨论才能明确社会主义价值观和西方国家推行的价值观之间的差异。

[2]　参见孙国华："价值有普世性，但价值观没有"，载《人民论坛·学术前沿》2014年第15期。

主体性和价值观主观性之间的区别，就能够明白，在一定的条件下在一定群体能够认识到和可接受的范围内，价值观具有相对的普遍性，但绝不是普世的，适用于所有人的，因为生活于不同条件中的主体，其需要和利益、满足利益的资源和手段是不同的，换句话说，简单地接受外来的一套价值观，很容易造成主体自身的利益得不到满足甚至被忽视，这是我们批判"普世价值"的意义所在。相对于价值观而言，价值可能有更大的普遍性，因为，人类社会长远发展的客观需要使所有人拥有一定的共同利益，只是各主体未必能认识到自身与别人在需要、利益方面的共同之处并合理地评断什么是有价值的及价值的大小。而价值的这种普遍性还是要受制于一定社会发展阶段的条件和主体的生活境况，既然价值有主体性，就很难抽象地讲价值是普世的，只有那些能够满足人类命运共同体根本性的、长远的、重要利益的客体的价值，才能说具有普世性，[1]如果人们能够广泛认识到某些客体在价值上的普世性，价值共识产生和深化，会增进特定价值观的普世性。这最后一点就是我与孙老师的些许不同。

（三）如何充实马克思主义法学方法论研究

1. 保持批判力

批判是认识世界和改造世界的实践，马克思主义法理学不能丧失批判特性，丧失了批判特性和力度，就不是马克思主义。因视野广阔、层次丰富、阶级分析方法而拥有强批判力的马克思主义，是最能够激发哲学自觉的理论。如今，运用某一获得学术共同体或权威认同的"成熟"技术路线（或"范式"）开展精细化研究，成为了多数研究者情愿选择的安全选项。但是，这种选择却遮蔽了很多非常值得研究的问题，阻断了许多具有很强实际意义的探索。专业日渐精细化是学科发展的结果而非规律，换句话说，精细化只是专业细分的表现而非学科发展必须遵循的导向，失去广阔视野和批判力的精细化还容易导致对人类社会发展具有重要意义的问题的忽略甚至是忽视。以经济学发展所显示出来的局限性为例。马克思致力于研究的政治经济学，涵盖政治经济文化各领域问题，深入探索不同领域问题之间的联系。后来，政治学和经济学出现了分野，政治学关切的领域主要限制在民主制度及正当性、

---

〔1〕　对于普世（适）规律（法则）的追求，也可能是人的一种执拗，表达人类力图掌控世界的意图。一个东西再有普遍性，对不同主体的意义也依然有差别。

合法性等问题上，而经济学关切的领域主要限制在如何促进财富增长等问题上。[1]之后，经济学又产生了更多细分，形成目标不同的变体，在货币主义经济学、供给学派经济学流行之后，政府决策集中于财税目标，而在凯恩斯经济学时代为政府所重视的充分就业这一目标被忽视。[2]忽视充分就业的目标相当于削弱促进平等的努力，对于社会中下阶层来说，负面影响是长远的。这种由政治经济学到经济学再到集中于经济问题某一层面不断精细化（也是狭窄化）的变化，促使政府法律政策目标和手段发生变化，以经济学教条来处理现实问题而忽视不同主体之间的利益冲突，强化了对社会问题的片面化、碎片化的理解。如不在马克思主义的立场上对这种变化进行反思，我们肯定无法注意到被忽略的问题，更无法全面深入地把握问题的根源。

由此可见，哲学反思必须始终保持，丢失了考察宏观社会问题的大视野和有力度且层次丰富的认识框架，深度的反思与批判进行不了，也不可能产生富有价值的创新，不与哲学反思并行的"专业隔离"，不利于学科的长远发展，不利于增进人们的认识能力。但是，哲学反思并不是简单通过对某一观点或技术路线背后"哲学理论渊源"的回溯即可完成，而是要进一步对哲学背后的哲学进行反思，哲学的价值就在于时刻践行反思和批判。[3]要保持批判性就不能

---

[1] 这种分野一定程度上贯彻了近代形而上学政治哲学理论对公域和私域的划分，并维持二者的对立性，这是认识碎片化的第一个阶段。分野后的，在西方主流理论界，两个学科在方法论上有其一致性，都倾向于以个体理性选择为基点来认识划定范围内的政治问题和经济问题，导致对社会问题的认识更加碎片化。

[2] 货币主义认为抑制通货膨胀是主要目标，采取货币政策调整即可实现资本主义经济健康运行并自行成就充分就业。供给学派认为减税即可刺激个人和企业将资金自动转向生产投资，通过自动传导作用实现充分就业。因此，政府经济决策以实现货币和财税目标为宗旨，而不再如之前那般关心充分就业目标。经济学和政策的变化与工会与雇主的矛盾等社会政治经济背景有关，可参考［美］罗伯特·布伦纳：《全球动荡的经济学》，郑吉伟译，中国人民大学出版社2012年版。经济学思想也是社会现实情况的反映，美国二十世纪三十年代的经济危机源自资本积累障碍，也使阶级矛盾更为尖锐，凯恩斯经济学应运而生，采用投资基本公共设施等方式缓解资本积累问题，并促进就业以缓解阶级矛盾。当凯恩斯经济学无法再遏制资本积累导致的危机、出现高通胀时，新涌现的经济学理论就开始摒弃凯恩斯路线，以抑制通胀为重心，放松资本管制、减税，而对因危机而激化的阶级矛盾则采取压制态度。

[3] 与此相反的是，现在的很多学者在引入某些概念理论作为分析工具的时候并不同时或先行进行反思，甚至为了写论文的功利性目的直接移植某些哲学观点作为"点缀"。曾有一名部门法学者跟我说"哲学补一补就好"。这种情况在学科发展的初期，还是可以理解的，如今反而愈演愈烈，不得不让人忧心。得见学术的形式化标准对哲学反思的阻碍。这种学术的形式化标准使更多的学者专注于技术性产出，画地为牢，丢失了批判力。在这种情况下，研究法理学的人应该承担更多的反思责任，运用起马克思主义方法赋予我们的批判力，而不是迎合前述这种"潮流"。

遮蔽和固化视野，即使做精细化研究，也不能失去广阔的视野，否则无法跳出小视野来反省其局限性。比如，法教义学和社科法学划分各自研究视野，法律实证主义要求回避法哲学的讨论，都是一种遮蔽自身研究视野的做法。在这种遮蔽与分割之下，不同专业领域在研究目的、对象和视角上存在很大差异，即使进行学科的整合，也只是一种较为机械的整合，或者说一种杂烩式的综合。有些人可能认为，只有在社会剧烈转型时期才需要关心社会结构等大问题，才需要强有力的批判精神，在社会平稳发展时期专注于细分专业内部具体个案的解决和技术的精进就好。与此相反，我认为社会条件时时都在发生变化，需要始终保持批判精神，始终保持对大问题的关怀，事关人类选择和行动、社会未来发展道路的根本性问题都不能简单地靠技术路线层面的研究来解决。

2. 以"法的本质"为基本框架继续拓展马克思主义法学方法论的层次[1]

在我来看，马克思主义法学方法论应当以法的本质的层次为基本框架并加以不断拓展，层次的丰富化有赖于法社会学研究不抛弃阶级分析方法，关注经济生产分配方式、社会利益矛盾、权力结构、政治意识形态等因素在法的形成和运作过程中的关键影响和相互作用。前文已说到，孙老师晚年所做的关于公平正义的研究其实就是对法的本质的层次的拓展和充实，至于如何更进一步地拓展其层次，还待我们做出更多努力。

在哲学上把握社会科学和自然科学思维方式（而非技术路线）的共性，可使我们意识到拓展层次性的意义。从自然科学和社会科学的发展来看，随着人们认识的进步，理解事物的方式往往从某种以一个基本元素为核心的简

---

[1] 本文写作于 2018 年 1 月。关于层次性这个观点的灵感出自我 2017 年 12 月到 1 月初刚刚阅读过的三本书。包括《基因传》（［美］悉达多·穆克吉著，马向涛译，中信出版社 2018 年版）、《现实不似你所见：量子引力之旅》（［意］卡洛·罗韦利著，杨光译，湖南科学技术出版社 2017 年版）、《世界的逻辑：如何让我们生活的世界更理性、更可控》（［美］大卫·哈维著，周大昕译，中信出版社 2017 年版）。三本书分属不同的学科：生物学（物理学、化学、医学）和物理学、社会科学（政治经济学及社会地理学），但他们非常突出地展现了一种思维方法上的层次性理解。在写作论文期间，我突然有一种意识，感觉到"层次性"或许能够描述我想表达的意思。相对来说，理解哲学需要很强的抽象思维能力，一般的人很难恰当地去理解哲学观点更不用说用于反思哲学的方法了，运用"层次性"来阐明方法论的结构，能够保有框架结构的灵活性，也有利于增进他人对此问题的理解。回头去看法理学教材的时候，我才发现法理教材对"法的本质"的阐释和图示，突出了"层次"主题。之前我对其没有深刻的印象，但此时，我对层次性的感受更加明确化立体化了。

单"决定论"[1]逐渐演变到对影响事物的各因素互动的层次机制的探索，理论的解释力往往因为拓展了层次而增加，理解力的增进往往得益于对丰富层次的把握。[2]同时，要对事物有整体性的理解，也不能是层次的杂烩，而必须依赖于视野广阔而有弹性的认知框架，有框架才能有弹性，否则就是一盘散沙。

历史上出现的一些将马克思主义理解为本质主义、决定论、宿命论、机械论的观点，是因其自身思维方式的局限性，用形而上学的方式来理解马克思主义，而没有理解它在哲学上或者说思维方式上的颠覆性变革。马克思主义展示的是社会多层次体系中主要矛盾和次要矛盾不断演化的线索，是一个认识蓝图，并不是配方，提供的不是直接的、不可避免的因果关系。[3]在这里，我所谓的蓝图，指的是把握关键因素的认识框架，并不直接提供解决具体问题的完备答案，我所谓的配方是指技术路线，解决具体问题还需结合具体的主客观因素。强调这一点，我的意图在于，不要以形而上学、教条主义的思维方式来理解马克思主义，不能把马克思主义当作配方来认识，蓝图和配方是不一样的，蓝图能够帮助我们形成认识和改造世界所必要的基本立场，抓住矛盾的深层次症结并全方位地理解层次之间的互动机制。研究马克思主义的学者 R. W. 米勒认为历史唯物主义在社会科学领域是目前最有解释力的

---

〔1〕 对"决定论"的认识也有新发展，有助于我们破除对"决定论"的误解。即使物理层次是遵循决定论的，不会影响功能层次上和有意识的目标行动层次上变化的丰富可能性。物理层次的决定性即使是一个制约性因素，也不会直接导出某种具体结果的不可避免性。再一次地，层次性深化了我们的认识。可参见［美］丹尼尔·丹内特：《自由的进化》，辉格译，山西人民出版社2014年版。

〔2〕 无论在哪个领域，更好地理解世界都不再拘泥于直接性、线形的、链条简单的因果关系，而更多地意识到因果机制的复杂性和多样性、层次性。生命科学不断革新的历程，体现了这样一个趋势：从发现基因对于生命体的决定性作用到发现基因应答的多层次机制，包括 RNA 转译（逆转录）、蛋白质和酶对于基因信号传递（阻断、扭曲）的作用以及生命体所处环境因素对于基因应答的影响等。在人们对生命机制形成的环境条件和运转复杂程度还缺乏认知的时候，思维的局限导致僵化、简化的理解，集中体现为基因决定论，当人们突破之前的眼界以多层次的眼光理解生命形成发展的复杂性之后，人们开始不断反思自身认识的局限性并对认识的不断深化提供强劲推力。物理学的发展，从奉行被认为可处理一切问题的简明牛顿力学公式，演变为注重时空条件的图景式理解，革新来自于对问题层次的深化，相对论体现的是时空条件对于物体运动的影响，牛顿力学在不考虑时空条件的情况下满足人们在日常生活中需要处理的中观层次物理问题，量子力学处理的是肉眼看不到的微观结构，它们共同构成理解宇宙的图景。

〔3〕 在这里借用《基因传》的一个比喻，蓝图指基因包含生命体形成和变化的蓝图，展现倾向性、可能性，基因并不是配方，可以凭借其直接形成具体的生命体，每个生命体都是在基因蓝图制约的倾向性、可能性之内，在环境等各方面因素的作用下呈现出来的独特个体。

认知框架，主要就是因为它的结构性框架展现出来的层次性和灵活性。[1]哈维则在马克思主义的框架内提出了分析资本主义历史发展的七个互动层次（自然社会变迁演化、思想观念、社会关系、日常生活方式、制度安排以及技术条件）各层面都会产生变化，有超越其他层面的可能，又通过资本积累逻辑相互交织，推动社会发展。这些都可作为深化马克思主义法理学研究的理论资源。

四、以法治评估为例谈当前法社会学[2]研究的局限性以及未来可探索的方向

（一）法治评估的局限性

朱景文老师在《如何开展科学的法治评估》等文章中已经对评估的局限性作了一些探讨，[3]但主要是基于如何做好评估来谈局限性，而并非在哲学方法论意义上进行探讨。也有其他一些学者结合指标评估的历史发展脉络作了有深度的研究，提出了一些完善评估的建议。[4]我认为，此类评估存在的问题，是经验社会学不可避免的弱点所致，无法靠法治评估框架的内在调整来克服。在这里，我主要对评估的局限性作一点哲学上的反思，结合个人的研究兴趣，更多地联系当前法社会学的弱点来谈局限性并试着提出一些值得探索的方向。

1. 注重形式化特征导致视界遮蔽

中国人民大学进行的这个法治评估，建立在朱景文老师的比较法社会学

---

〔1〕 参见［美］R. W. 米勒：《分析马克思：道德权力和历史》，张伟译，高等教育出版社 2009 年版。

〔2〕 在这里用法社会学而非"社科法学"，是因为在学者中间对法社会学这个词有更广泛的认同。"社科法学"为一个小学术共同体所构造，对于没有作为社科法学一派介入到与法教义学一派进行争论、不属于该共同体的学者来说，用"社科法学"来界定其研究是不合适的。

〔3〕 参见朱景文："如何开展科学的法治评估"，载《中国党政干部论坛》2016 年第 1 期。对诸如主观评估标准和客观评估标准的不同适用性、"世界正义工程"法治指数存在的问题等作了分析。

〔4〕 参见以下论文——蒋立山："中国法治指数设计的理论问题"，载《法学家》2014 年第 1 期；鲁楠："世界法治指数的缘起与流变"，载《环球法律评论》2014 年第 4 期；孟涛："中国大陆法治评估运动的回顾、述评与前瞻"，载《人大法律评论》2014 年第 2 期；孟涛："论法治评估的三种类型：法治评估的一个比较视角"，载《法学家》2015 年第 3 期。包括脱离经济社会条件的"法治理想主义"，缺乏对法治发展深层次机制的研究易误导政策等，还有一些建设性建议，如通过社会国情指标弥补法治评估指标的不足，或通过调整不同指标权重、定量定性方法相结合来克服局限性等。

框架之下，强调不同国家和地区的法律制度共同具有的普遍性特征，认为有共同性才"可比"才可评估，否则"评估就没有意义"。[1]另外，由于评估的对象必须是可指标化、可量化的，意味着评估的对象主要是可通过直观感知的现象，尤其是在指标化的前提下，评估的对象很大程度上是被割裂的现象。因而，在法治评估中对法治的界定注定是比较形式化的，只有形式化的特征，才能感知的到。但是，相比法治的形式化特征而言，更重要的是法治的价值内涵，不同国家的法治要实现的价值目标是不尽相同甚至差异很大、对立冲突的。但这个东西显然是被划入"不可比"范畴的，而且其不能被指标化、量化，所以会被评估所忽略。我关注到立法科学性之下的子指标"立法合理公正程度"，看起来似乎最接近价值目标问题，但仔细看其内容，评估调查主要依赖的是对现行规则的认识：法律制度在规定公民法人和其他社会组织权利义务和国家机关权力责任方面是否合理公正，规则以外的视角很难在此加诸讨论。

细分指标会割裂对现实法治状况的整体性把握和深入认识。运用主观指标评估依赖于研究者的认知（体现在指标设置和问卷设计上）和被调查者的认知（体现在问卷回复上）将一些表面现象通过经验联系起来，但是，背后的体制机制等深层次问题会被忽略，换句话说，有些现象看起来符合表面的法治标准，但其背后的原因有可能是违背法治原则的，过度关注各个环节的功能、实施效果的评估而缺乏对正当性的整体认识判断。比如，评估立法的民主性时，分为三个子评估指标即立法公开、公众参与、专家参与。[2]专家参与立法是一个指标。从通常的经验来看，这已经成为一个普遍现象，各地的人大和政府都建有专门的立法咨询专家库或聘任提供立法咨询服务的法律顾问，在立项论证、草案稿论证的时候邀请专家发表意见，委托专家学者起草法规规章草案和开展立法评估也都不鲜见了。尤其是对于经常参与立法论证的专家学者来说，他们也会觉得专家参与立法是一个常态了。专家参与这个指标得分较高，但是，这一项得分高能否代表专家参与切实有效地提升了立法民主性？很可能事实是相反的，立法民主性主要体现为参与的深度和力

---

〔1〕 关于可比，参见朱景文：《比较法总论》（第3版），中国人民大学出版社2014年版，第11页。

〔2〕 参见朱景文主编：《中国法律发展报告2015：中国法治评估指标》，中国人民大学出版社2016年版，第68~75页。

度，深度和力度不仅仅体现为意见得到反映或反馈，"有反馈"可以说是很形式化、很低的一个标准了，因为，在实践中，即使有意见反馈通常是也是含糊的，对于采纳与否以及为何采纳或不采纳，立法决策机关并不充分说明理由。而且专家参与深度和力度不够很大程度上是由于立法体制、机制和程序上的问题，立法主体的政绩导向和权威导向，人大在制约政府提案方面缺乏力度，部门利益和地方保护主义，立法程序具有封闭性等，而不仅仅是"选"专家偏好等微观因素可以解释的。何况，还有些群体既无渠道参与立法也无渠道反馈意见，更为重要的是，这类群体本应是我们研究关注的重点，因为他们的诉求缺乏有力发声渠道也难以对立法议程造成影响，如果说其他有资源和渠道参与立法的人们相对来说还能对立法产生一点影响力的话。而有影响力的这些人即使代表其他被忽视群体发声，也未必会把被忽视群体的利益与自身利益摆在具有同等权重的位置上并为满足被忽视群体的利益诉求而施加足够的影响力。上述这些本来应对评估产生关键性影响的问题是没有也无法进入到评估视野中去的，甚至是被评估所有意忽视的，特别是当评估由被评估对象主导的情况下。评估注重法律实施的效果，但对立法目的（不是字面上规定的立法目的而是立法者或起草方意图达到的目的）和社会影响的评估是很欠缺，这样的评估无论是用于辅助法律制定还是评价法律效果，都是有问题的。立法过程中各参与主体的行为及动机、互动模式如何影响立法议题设置、立法议程、法律制度的目的和内容，哪些群体参与不到其中且无法对立法决策发挥影响，都是应该好好研究的现实问题，甚至可以形成一种立法社会学，[1]但少有人去触及。

2. 量化指标型研究的盲目性

用于评估的主观标准有其局限性，直接依赖数字统计分析的客观标准也存在很大问题。用于客观性指标的数据难于收集，但是客观性指标的最大问题在于其实质并不一定是客观的。国外已经有些关于量化指标数字操纵管理决策导致认知盲目性的研究。[2]

法治评估中应用的客观指标的设计依赖于研究者经验的构造，结果依赖

---

〔1〕　孙老师生前曾经给我展示过一本俄语著作《立法社会学》，后得知是张俊杰老师从俄罗斯带回给他的，无奈我不懂俄语，不了解立法社会学的主要内容。但凭我的理解，这些问题当属此范畴。

〔2〕　参见 Lorenzo Fioramonti, *How Numbers Rule the World: The Use and Abuse of Statistics*, Zed Books, 2014. 有关量化分析局限性的探讨也可参考前面提到过的有关社会科学研究方法争议的论著。

于一些总体性的数据或比率、平均数值以及相关性的计算。这些数值和计算方式忽略了不可测量的因素，也忽略了实际生活中不同主体之间的差异。用相关分析、回归分析等方式计算出来的相关性（所反映的两个指标间的相关程度）也只是个数字，只是个数理性的概率统计分析，它只是一种表达形式，表达的内容依赖于研究者的预设、解读，而现实问题背后到底是一个什么样的机制将不同的相关因素或指标联系在一起，不清楚，或者说，在进行翔实的具体分析之前，都无法得到扎实的印证，甚至有可能误导决策。在《寻求有尊严的生活：正义的能力理论》一书中，作者花了大量篇幅讨论了 GDP（人均 GDP/GNP）、单一化排名等总体数值、平均数值和评价排序方式遮蔽了对处于边缘化的群体、个体的实际困境和承受的不公正对待的认知，阻碍人们探究不公正问题的根源，阻碍人们提出和实施推进社会公正的恰当举措。[1]再举个例子，美国环境学者发现大气污染方面的法律政策制定及实施很大程度依赖于设置在道路上的监测器展示数据的年度平均值，有的监测器设置在人烟稀少之地无法衡量污染的真实强度，平均值也不能体现各季节和时段的污染特点（高峰期），也不能反映身体机能不同的人群（如更易受到污染伤害的儿童）受伤害的情况，虽然有监测数据统计数字这种"客观"证据，但其导致的结果是对现实问题的严重歪曲，依赖它作出的决策也势必是不科学的。这位学者设计的方法，是让他上学的女儿携带监测仪器上下学，追踪儿童在校车里、学校里面临的污染情况，其显示的数据与监测统计差异很大，除此之外，他还关注到城市土地利用密度低、通勤路程长加重了某些群体受污染伤害的风险。[2]在其呼吁之下，政府不得不改变了原先的一些治理措施。

　　总的来说，不管是主观指标还是所谓的客观指标，[3]很大程度上都是应某种经验预设构造出来的评估标准，存在很大的局限性。数理统计分析流行的时代，有人坚持认为定量分析显得更为"科学"，但是国内外社会科学界已经在反思这种流行趋势存在的问题。社会科学涉及人的行动选择，具有对情

---

　　〔1〕　参见［美］玛莎·C·纳斯鲍姆：《寻求有尊严的生活：正义的能力理论》，田雷译，中国人民大学出版社 2016 年版，第 33~36 页。作者在书中提到一种有助于克服现有评估缺陷的理论模式，着眼于能力的评价与测量，值得学者们参考。

　　〔2〕　参见 John Wargo, Green Intelligence: *creating environments that protect human health*. Yale University Press, 2009, pp. 213~214.

　　〔3〕　个人认为，不能因为其是统计数字就能称其是客观的，只能说其作为固定计算方法的结果，相对人们多样化的主观态度来说没有那么易变。

境条件的敏感性，相比量化分析，对价值、权力等问题的定性研究在社会科学中有着更为关键的意义。[1]

（二）法社会学未来可探索的方向

前文提到过，法治评估一定程度上立足于比较法社会学的方法立场。朱景文老师在《比较法总论》中讲到规则的比较和功能的比较，前者依赖规范性的评价标准，后者依赖法社会学的评价标准，我感觉，朱景文老师一定程度上更倾向功能的比较，因为更符合比较法社会学的框架。[2]但是，朱景文老师的比较法社会学框架，我认为还是有功能论的倾向，如何使它与马克思主义法学方法论提供的框架衔接起来，值得探索。在功能的比较中，比较评价的前提是调整同类或类似问题法律制度的政治、法律目的一样或者说发挥影响的方向一样，否则难以比较评价，也就是，必须控制立法目的这个因素，才能比较法律实施的功能和效果。我提出的疑问是，调控同类社会关系但立法目的不同的制度是否很难在比较法意义上进行比较？或者，更简化一点说，立法目的不同能否作为不可比的原因？我认为，不比较立法目的，就无法阐明立法的取向及其意在满足谁（不同群体、阶层）的哪种利益，也难以全面了解它的实际功能。制度的功能其实受制于立法目的（包括潜在意图），而且往往有多个目的，在实现不同利益之中作取舍协调，所以很难做到对立法目的的控制，另一方面，利益冲突塑造着立法目的，立法目的塑造着实际功能，不对促成立法目的的形成的社会利益冲突作深入研究，就无法确定目的和功能的取向，更无法理解法的影响和效果。所以，个人认为，比较法社会学的研究不能仅聚焦于解决某一问题的效果，好似问题和解决手段是技术性的、中立的，而忽略制度对于不同阶层群体的影响。我觉得，完全可以去比较不同国家在不同目的之下调控某类社会关系的法律制度的实际功能，不仅比较法律实施的成效，而且重点比较制度对不同群体、阶层所造成的影响，包括一定历史时期内的成长（倒退）性的影响，也就是比较如今与过去相比对于不同阶层的群体来说有什么变化。比如，在全球经济危机爆发并经历长期衰退以后，一些国家（既包括资本主义国家也包括社会主义国家）的法律制度有

---

[1]　See Bent Flyvbjerg, *Making Social Science Matter: Why social inquiry fails and how it can succeed again*, Cambridge: Cambridge University Press, 2001, p. 165.

[2]　参见朱景文：《比较法总论》（第 3 版），中国人民大学出版社版 2014 年版，第 39 页。

了不小的变化，对于不同阶层、群体的影响是不同的。尤其是税收、福利制度的变化对于某些群体来说影响是负面的，法治可以说是倒退的。特朗普上台之后，相比其他西方国家，美国一些制度的变化又是很剧烈的。我觉得，完全可以对同期历史条件之下不同国家和地区类似法律制度的变化和影响进行比较。这些比较能否成为一种有意义的比较？是否值得进一步探索？如果上述比较可行，比较的标准也就不应再限于规范的、功能的或抽象正义的标准，而要以一种实质的公正标准来评价不同国家和地区的制度，这就必须回到关于公平正义的研究上来了。如玛莎·C·纳莎鲍姆等提出的以能力（个体取得基本尊严和拓展自由的能力，包括政府为提升个体能力所创造的条件以及个体将资源转化为能力的机会等）衡量社会公正的观点，或可为法社会学作出评估或比较的标准提供理论资源。

我们的法社会学不能停留在功能论的层次上，而应当直面社会公正问题，做出应有的价值判断，着力研究促生社会利益矛盾生成发展的主客观因素及其对主体价值观、法律意识和立法取向的影响。多元主义框架下的社会学（跨学科、多学科）研究类似于大杂烩，碎片化的杂烩综合只能形成知识固化和叠加累积的局面，而不能产生理解世界复杂结构和关怀人类普遍命运的广阔视野和强大力量。只有马克思主义能够提供一个整合不同学科的多层次而不松散的框架。应在拓展马克思主义法学方法论层次性的前提下，为主题不同的研究搭建视角的融合，促成共同的研究目标。在我看来，如果法社会学和法教义学的分析能在关注的重点问题上有一个联结，就是整合的起步，对利益和价值、权力问题的敏感性应当是这个关键联结的核心，而要对这些问题进行深度探讨就有赖于马克思主义法学方法论提供的认知框架。

除此之外，应当持续展开对法社会学研究的哲学反思，"社会科学所形成的概念、范畴、关系和方法并不独立于现有的社会关系"。[1]社会科学重点研究的是主体的选择和行为、价值判断，所以，对社会科学研究所用理论概念进行的反思需要更加自觉更加审慎。在引入任何社会理论或研究路线、技术标准之前就应当先在哲学层面上进行全面深入的反思，考虑到由此可能带来的问题，承认局限性，有助于人们合理评估它的价值，避免在认识上犯武断

---

〔1〕 〔美〕大卫·哈维：《世界的逻辑：如何让我们生活的世界更理性、更可控》，周大昕译，中信出版社 2017 年版，第 8 页。

性的错误。"社会科学哲学要高于自然科学，因此社会科学与自然科学的最终融合可能不是通过'社会科学的自然化'而是通过'自然科学的社会化'"。[1]致力于研究马克思理论的学者哈维的这句话提示我们，只有哲学上的提升才能指引未来法社会学革新的方向。

结语

总结起来，我认为应由马克思主义法理学承担并不断探索的主要任务有以下三项（不限于这三项，不过，我认为最重要的就是这三项）：第一项，充实和拓展马克思主义法学方法论研究；第二项，在马克思主义法学方法论的框架下展开法社会学的革新；第三项，在法理学教材和教学中将落实前两项任务的成果传承下去。这三项任务是相互支撑、互为表里的。

在两年前的一次简短会面中，朱景文老师表达了对于马克思主义法理学后继无人的忧虑，我想，这种忧虑是源于很少有人持续投入到孙老师最关切的理论主题上，在我们中间，朱景文老师对孙老师的使命感有着最深的理解。我们要履行的使命，以达成一个具体目标如写成一篇论文或写就一部著作来界定，太过狭隘。即使我们能够就孙老师留下的问题和提纲成就一个纸面作品，也不意味着我们履行好了使命。履行使命与哲学反思、批判一样，需要时刻开展。对包括自身观念行动在内的一切进行反思，不惧批判，才是履行使命的最好方式。孙老师晚年对博弈论、价值问题等产生浓厚兴趣并着力研究，可见他从未停止对新近涌现出来的热点理论问题的关注，始终保持思维的批判性和开放性，既坚持马克思主义的基本立场和认识方法，也尽可能地容纳多层次的思考，这就是孙老师履行其使命的方式。朱力宇老师曾说"可凝结出一套'孙国华法学思想'"，他进一步解释"'孙国华法学思想'并非指孙老师个人的全部观点，而是其中的智慧凝结，包括以孙老师为核心的集体智慧"。随着社会条件的变化和学科的发展，我们的具体观点不可避免会跟孙老师以往的一些观点有所区别甚至冲突，但只要坚持马克思主义的立场来研究法理学问题，保持批判性，不断突破僵化的思维模式，就是不辱孙老师的期待。

---

〔1〕〔美〕大卫·哈维：《世界的逻辑：如何让我们生活的世界更理性、更可控》，周大昕译，中信出版社 2017 年版，第 11 页。

致 谢

作为一个懒惰、不太上进的人，我之所以还能保有一丝使命感，支撑我坚持到书稿完成，是因为孙国华老师一直以来对我的鞭策。他曾告诉我，写文章只要能写出一点体会就好。这个要求看起来很低，其实很高，因为需要独立思考、心有所感，而不是为了写文章而写文章。这一点，我自认基本做到了。

书中许多观点亦得自中国人民大学法学院朱景文、张曙光、朱力宇、叶传星各位老师的教导以及我与他们之间的讨论，在此感激他们。

也感谢在我教学过程中参与讨论的各位同学，让我反思自身教学上的不足。

谢谢亲友们包容我的脆弱与偏执，让我以平稳的心态写就此书。

还要感谢本书的责任编辑魏星老师，让我得以发表自己的真实所想。

最后，感谢过往的经历，无论是好的经验，还是坏的体验，都对这本书中的思想观点产生了影响。也希望，这本书的完成，能使我能进入一个更为自在的阶段。